PHILOSOPHY COULD
BE SO FUNNY

哲学其实很有趣

超有用超好看的哲学故事

星汉 / 编著

图书在版编目（CIP）数据

哲学其实很有趣：超有用超好看的哲学故事 / 星汉编著 . -- 北京：北京联合出版公司，2016.3（2023.10 重印）
ISBN 978-7-5502-7157-9

Ⅰ . ①哲… Ⅱ . ①星… Ⅲ . ①哲学 – 通俗读物 Ⅳ . ① B-49

中国版本图书馆 CIP 数据核字（2016）第 023238 号

哲学其实很有趣：超有用超好看的哲学故事

编　　著：星　汉
出 品 人：赵红仕
责任编辑：龚　将　徐秀琴
封面设计：韩　立
内文排版：杨玉萍　李丹丹
插图绘制：朱　杰

北京联合出版公司出版
（北京市西城区德外大街 83 号楼 9 层　100088）
德富泰（唐山）印务有限公司印刷　新华书店经销
字数 486 千字　720 毫米 ×1020 毫米　1/16　24.5 印张
2016 年 3 月第 1 版　2023 年 10 月第 3 次印刷
ISBN 978-7-5502-7157-9
定价：78.00 元

前言

Preface

哲学是启迪人生智慧的学科。人在一生中是否受到哲学的熏陶，智慧是否开启，结果大不一样。哲学在人生中的作用似乎看不见、摸不着，其实至大无比。有智慧的人，心是明白、欢欣、宁静的；没有智慧的人，心是糊涂、烦恼、躁动的。人生值得追求的东西，一是优秀，二是幸福，而这二者都离不开智慧。开启智慧，才会懂得如何做人，从而成为人性意义上真正优秀的人。也唯有这样，才能分辨人生中各种价值的主次，知道自己到底要什么，从而真正获得和感受到幸福。

哲学代表了人类内心深处的一种渴望，一种试图超越平凡的现实生活的渴望，一种试图解答那些凭人类现有思维能力还不能解决的问题的渴望，一种试图求得真善美获取智慧接近真理的渴望。这种渴望其实根植于每一个人的内心深处，不管他是否懂哲学。

哲学之有别于艺术、文学，就在于哲学的目的是引人思考。哲学不是拥有智慧，而是“爱智慧”，是对生活的一种态度，是保持心灵的开放，是探寻一切真相。哲学给我们以人生的指引，告诉我们该去向何处。一个人知道自己为什么而活，他就能忍受生活中的痛苦和磨难，他就能以恬淡平和的心态迎接沉浮起落的人生。

哲学对于人生有如此重大的意义，那么，我们如何才能走近它、得到它呢？深奥玄妙而抽象的哲学理论经典常常让我们昏昏欲睡，即使勉强读完了，也是云里雾里，不知其所以然。那些玄而又玄的理论究竟与我们的人生有什么关系？对我们的现实生活又有什么意义呢？

哲学不是学院的奢侈品，不是抽象烦琐的教条，更不是漫无边际的高谈阔论。所有的哲学问题和哲学思考都源于人类的生活本身，所以维特根斯坦说：“一部严肃伟大的哲学著作，完全可以用笑话写成。”无论是声名显赫的伟大人物，还是普通的教师家长，在讲述人生哲理时都喜欢运用一些经典的小故事来辅证自己的观点。对于读者而言，与阅读那些枯燥单调的理论相比，一些蕴涵哲理的小故事更易于理解和接受。给您讲1小时的大道理，不如为您说一个1分钟的小故事！

正是基于这样的想法，我们将一个个哲学的思考渗透到故事、寓言之中，编成了这本《哲学其实很有趣：超有用超好看的哲学故事》。本书汇集了经典、智慧、耐人寻味的哲学故事，选择了东西方哲学史上多位哲学大家，以各人的核心思想为主题，以故事为铺垫，一步步把读者引到相关的主题中去。它剥去了哲学深奥艰涩的外衣，形象而生动地讲述了哲学的分期、流派和思想，剖析了哲学发展的基本原理、规律和方法，揭示了哲学的奥秘。它以生动的语言、高超的分析技巧和深刻而冷静的洞察力向读者充分展现了哲学思考的真正旨趣，让你在轻松愉悦中领悟严肃哲学的趣味，回味生活的甜美，体悟人生的真谛。

当我们紧张的情绪需要释放时，当我们疲惫的身体需要放松时，当我们漂泊的心灵需要休憩时，我们拿什么来慰藉我们的心灵，拿什么来守护我们的精神家园呢？我们需要一个始终不渝的朋友给我们以方向的指导和教诲、慰藉和同情，那就是哲学，本书会伴你轻松智慧地走出生活的泥沼。

愿书中的这些哲学故事能成为点亮你人生的灯，在它的照耀下，把不快的忧伤变为欢欣的鼓舞，把午夜的黑暗化为黎明的曙光，使原本没有意义的人生之旅变得格外轻松、自由、快乐、达观。

目录

Contents

〉第二篇

开启思辨之门：冲撞理智的符号

〉第三篇

现代反思：和谐就是一切

〉第四篇

人性真相：人是万物的尺度

〉第七篇
抗争命运：这辈子只能这样了吗

〉第一篇

哲学的方舟：踏上精神的智慧之旅

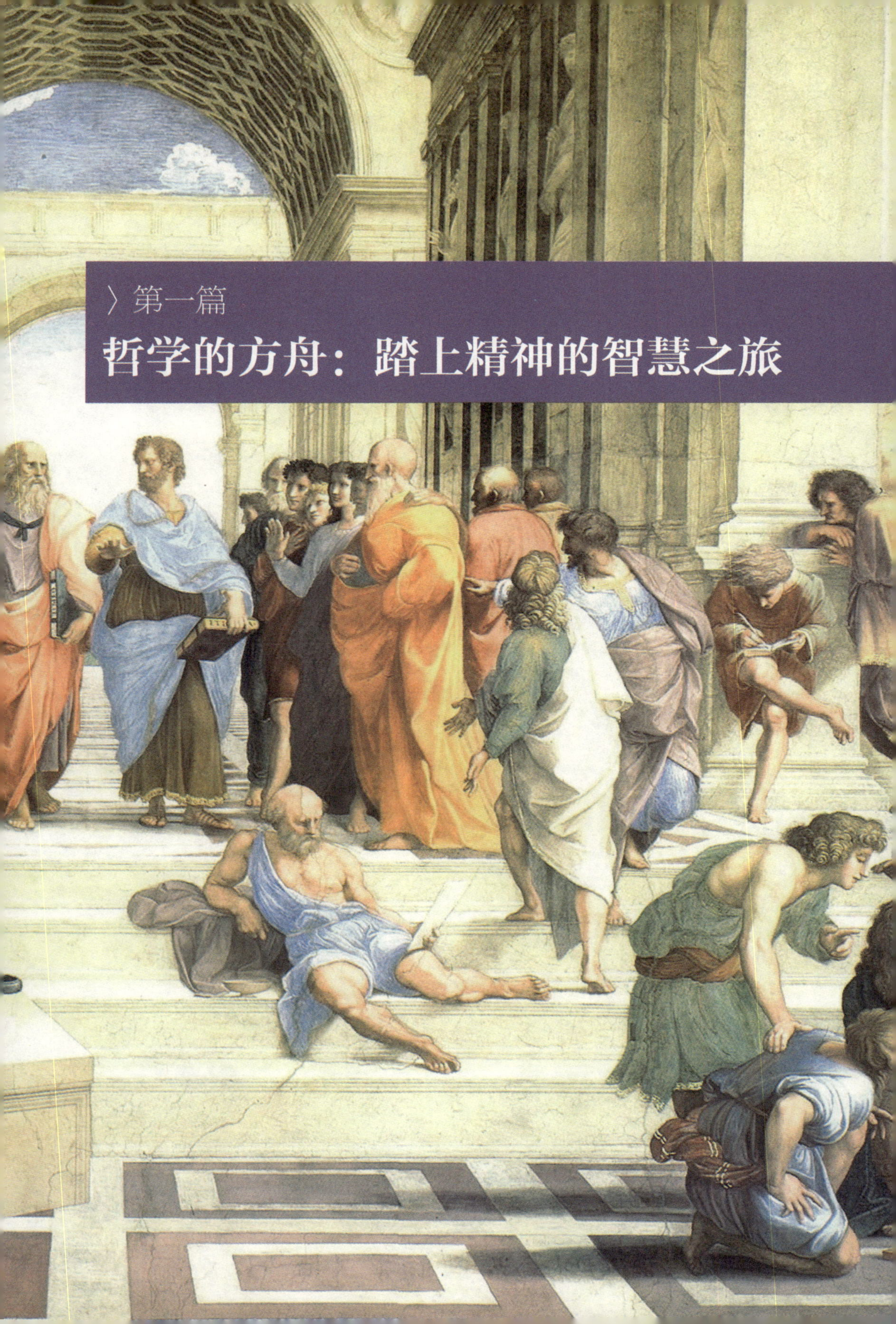

第一章

哲学的慰藉：在咖啡馆中遇见哲学

哲学："有智慧"还是"爱智慧"

我除了知道我的无知这个事实外一无所知。

——（古希腊）苏格拉底

不知从何时起，一说起哲学，人们首先想到的是高深莫测的语言、艰涩难懂的理论。哲学的本意并不仅仅局限于书斋中的枯坐参禅，也不是现实中的卖弄玄虚。哲学是一门"爱智慧"的学问。

"哲学"的英文单词是philosophy，这个词是从希腊语philo-sophia转变而来，philo意思是热爱，sophoia意思是智慧，哲学因此被称为"爱智慧的学问"。1874年，日本启蒙家西周在《百一新论》中首先用中文"哲学"来翻译philosophy一词。1896年前后，康有为等将日本的译称介绍到中国，后渐渐通行。

"爱智慧"与"有智慧"不是同一个概念，古希腊著名哲学家柏拉图曾举自己的老师苏格拉底和"智者"的故事来说明。

在古希腊前期的城邦中出现了这样一批"智者"，他们自称是有智慧的人，通过传授给别人辩论和修辞技巧来获得报酬。智者虽然是"有智慧的人"，但却不是以智慧为追求目标的"爱智慧的人"，与其说他们传授的是"学"倒不如说是"术"，智慧只是他们用来达到目的、获得报酬的手段。柏拉图站在哲学家的立场，把智者斥为"批发或零售精神食粮的商人"。在柏拉图看来，真正的哲学是不计较

功利目标的，真正的哲学家是“爱智慧的人”，典型的代表便是他的老师苏格拉底。

苏格拉底是古希腊最伟大的哲学家，他出生于雅典的中等阶级家庭，父亲是雕刻匠，母亲是一个助产士。传说苏格拉底面目丑陋，身材矮小，步履蹒跚，这与人们想象中的智者温文尔雅的形象相去甚远。他平时像一个智者一样生活，以教育青年为己任。但他与智者有本质上的区别：他从不收取学生的学费，更反对诡辩和似是而非的夸夸其谈，他自称是没有智慧但爱智慧的人。

哲学对于苏格拉底来说不是纯思辨的个人私事，而是他对当时自己所生活的城邦和时代所尽的义务。在此意义上，他自称是针砭时弊的“神圣牛虻”。苏格拉底的言论使有些人感到了恐惧，为此他遭到了所谓“有智慧”的智者的反击和污蔑，同时很多雅典人也不理解苏格拉底的意图，认为他既然没有智慧又何以教导雅典民众呢？苏格拉底最终被诬陷为“亵渎神明”和“腐化青年”而入狱，尽管他在法庭上发表了义正词严的申辩，仍被雅典民众以公投的方式处死。这不得不说是一种悲哀。

“爱智慧者”与“有智慧者”虽然只有一字之差，含义却根本不同。前者指追求确定真理的哲学家，后者指靠炫耀技巧赚钱的“智者”。毫无疑问，苏格拉底是有智慧的人，但是他更愿意把自己定位为爱智慧的人，一方面不断前进追求真理，另一方面不夸夸其谈卖弄炫耀。

“哲学”的本意告诉我们要“爱智慧”，要做一株虚心思考的芦苇，而不做一只夸夸其谈的乌鸦。

哲学的意义：走出洞穴的囚徒

> 每一个人在本性上都渴望求知。
>
> ——（古希腊）亚里士多德

哲学与哲学家最重要的精神，即批判精神和求真精神。所谓批判精神，是指哲学不会对惯常的说法、权威和传统屈服，而是敢于质疑一切，批判一切。所谓求真精神，是指哲学不会满足于停留在事物表面，而是要穿透表象，挖掘事物的本质和规律。

在《理想国》中，柏拉图写下这样一个故事：

有一群人，世世代代住在一个洞穴中。从出生起，他们就像囚犯一样，被铁链锁在固定的地方，甚至连脖子也被套住，不能转动，更不能回头，只能直视前方。在他们身后，有一堆篝火，在火与囚犯之间有一堵矮墙，墙后有人举着各种各样的雕像走过，火光将雕像的影子投射到囚犯对面的洞壁上。就这样，这些囚犯的一生都犹如在看皮影戏，他们不能相互观望，不知道自己的模样，也不能回头看这些影像是如何形成的。于是，他们都以为眼前晃动的影子就是真实的事物，并用不同的名字称呼它们。

囚徒们早已习惯了这样的生活，并没有感到命运的悲惨，也没有想过挣脱束缚他们的锁链。然而，有一天，一个囚犯偶然挣脱了锁链，他移动脚步，回过头来，生平第一次直接看到了炫目的火光，这使他感到刺眼，以致看不清原先已经习以为常的影子。

过了一段时间以后，他的眼睛逐渐适应了火光，终于能分清影子和雕像，明白了雕像比影子更真实。于是，他不顾眼睛的难受，朝火光走去，走到了洞口，被人一把从陡峭的洞口拉出了洞外。

当他第一次看到阳光下真实的事物时，再次感到眼花缭乱，比先前见到火光时更为痛苦。所以，他只能一步一步适应洞外的生活，先看阳光下的阴影，再看水中的倒影，再抬头看天上的星星和月亮。最后，他终于能直视太阳了，才明白太阳是岁月和季节变化的原因，主宰着世间的万事万物。

然而，解放的囚徒并没有得到一个好归宿。这个走出洞穴的囚犯，回想起往事，在庆幸的同时，开始怜悯他的同伴。这些囚徒中最有智慧的，也不过是善于捕捉倏忽即逝的影子，善于记住影子的形状，善于推测即将出现的影子而已，但仍然只是一条可怜虫。知道事物真相的人不会再留恋洞穴中的荣誉和奖赏，再也不愿回到洞中做囚犯。

为了解救他的同伴，走出洞穴的囚犯还是义无反顾地回到了洞穴里。可是，他从光明的地方重返黑暗的地方，已不能适应那里的生活。别人因为他看不清影子而嘲笑他，说他在外面弄坏了眼睛。没有人相信他在洞外看到的东西，他不得不到处和他们争论幻觉与真理、偶像和原型的区别，却因此激起了众怒，大家恨不得把他处死。

柏拉图用洞穴中的囚徒来比喻世人把表象当作真实，把谬误当作真理。哲学家就是那些挣脱束缚走到洞外的囚犯，虽然解放的历程要付出极大的代价和痛苦，但毕竟看到了真实的世界，而不是一辈子活在黑暗当中。

虽然走出洞穴的囚犯没能成功地帮助自己的同伴，但毕竟他走出过洞穴，看到过真实，经历过真正的幸福，他是值得称赞的，他的失败是因为光明不能适应黑暗。相反，他的同伴是可悲的，他们没能走出黑暗，获得解放。

反思的智慧：密涅瓦的猫头鹰

哲学的认识方式是一种反思——意指跟随在事实背后的反复思考。

——（德国）黑格尔

哲学是对于世界本质的思考，这种思考是剥离表象、褪去浮华的，因而有时候显得有些冷峻，有些不近世事。同时哲学又是带有反思性质的，它通常会以犀利的眼光穿透现实的迷障，让我们从纷繁的表象中看到隐藏在背后的知识和智慧，成为我们继续前行的良师益友。哲学也正是因为这种冷峻的反思才具有独特的魅力。在这个意义上，德国哲学家黑格尔将哲学形象地比喻成“密涅瓦的猫头鹰”。

在古希腊神话中，智慧女神雅典娜多才多艺，她同一只猫头鹰共同守护雅典平安。密涅瓦相当于希腊神话中的雅典娜女神，她们有着相同的神力和特征。传说正

是她把纺织、缝纫、制陶、园艺等技艺传给了人类。猫头鹰是密涅瓦的象征，代表智慧、理性和公平。所以，英语中有一句谚语：像猫头鹰一样聪明。猫头鹰眼睛明亮、目光锐利、洞察力强，浓密的眉毛给这种鸟深思熟虑的表情。古希腊哲人毕达哥拉斯将哲学定义为“爱智慧”，而象征智慧的猫头鹰也因此成了哲学的代称。密涅瓦的猫头鹰从此流传于世。

在黑格尔看来，密涅瓦的猫头鹰飞翔了，就意味着人类的智慧启动了。但猫头鹰不是在晨曦中迎旭日而飞，也不是在午后的蓝天白云间自由飞翔，而是在黄昏降临的时候才悄然起飞，同时用冷峻的目光扫视一切。

黑格尔借这个譬喻说明：“哲学的认识方式是一种反思——意指跟随在事实背后的反复思考。”按照黑格尔的说法，“反思”是“对认识的认识”“对思想的思想”，是思想以自身为对象反过来而思之。如果把“认识”和“思想”比喻为鸟儿在旭日东升或艳阳当空的蓝天中翱翔，“反思”当然就只能是在薄暮降临时悄然起飞了。

黄昏时起飞的猫头鹰同时寓意哲学的反思必须是深沉的、自甘寂寞的，同时是冷峻的。现实的压力和繁杂琐碎的事物使我们疲于奔命，在不停地运用自己的智慧和能力追求物质利益和享乐生活的时候，我们往往忽略了对生活和自我本身的审视。时代的艰苦使人对日常生活中平凡的琐屑事情予以太大的重视，让人们没有自由的心情去理会那较高的内心生活和较纯洁的精神活动。哲学所要反对的，一方面是精神沉陷在日常功利的兴趣中，一方面是意见的空疏浅薄。精神一旦为这些空疏浅薄的意见所占据，理性便不能追寻它自身的目的，因而没有发展的余地。哲学的反思需要“精神上、情绪上深刻的认真态度”，需要从“日常功利的兴趣”中超脱出来，需要排除“意见的空疏浅薄”。

猫头鹰是智慧的代名词，而哲学就是对于智慧的认识与应用。黄昏中起飞的猫头鹰给我们带来启迪和智慧，同时也要求我们排除纷繁杂念，用冷峻的眼光审视现实和自己。

旁观者的智慧

研究哲学是为了求知，不是为了实用。

——（古希腊）亚里士多德

哲学追求的是一种思辨的智慧，而古希腊人显然对此非常擅长。古希腊哲学是西方哲学的丰碑，它让哲学从一开始就到达了一个以后一千年都难以企及的高度。约公元前800年到公元前200年，古希腊哲学达到了一个高度繁荣的阶段，同时期的中国正处于诸子百家争鸣的时代，印度正处于《奥义书》形成的时代，20世纪的德国哲学家雅斯贝尔斯把人类精神的这一突破时期称为“轴心时代”。希腊哲学的成就很大程度上在于希腊人对哲学存在的本质和方式、对哲学家的地位和作用的认识。在希腊人看来，哲学家是热闹的竞技场中冷静的思考者。

古希腊人非常喜欢运动，竞技场通常是一个城邦中最热闹的地方，在这里，各种各样的人群聚集、竞赛、讨论。

在与人谈到人生的时候，古希腊哲学家毕达哥拉斯说：“人生有如一场奥林匹亚竞技，在这里，有一种人在参加竞赛，赢得光荣；有一种人在做生意，获取财富；而第三种人只在观看，他们就是哲人。”

运动会中的运动员通过自己的拼搏赢得比赛，得到荣誉，显赫一时；生意人通过自己的买卖得到报酬，心满意足；唯有哲学家始终保持冷静的态度，注视着场上发生的一切。

毕达哥拉斯眼中的哲人也是非常尴尬的。因为，哲学家本身也身处人生的竞技场，而不是像和尚与道士一样隐居。但是，他们更多的时候是像个局外人一样冷静地观察这个世界，而不能全身心地参与到竞争中去。

在毕达哥拉斯看来，哲学是孤独的，哲学家要有关怀世界的情怀，但又不能入世太深。最理想的状态莫过于中国古代士人所推崇的“内圣外王”的模式，也就是说，在心灵上超脱，在现实中进取。当然，要实现这一理想并不那么容易，因为这往往会导致人在现实中不知所措。从某种意义上说，中国古代士人的尴尬处境和古

希腊哲学家有类似之处。与现实保持适当的距离，不仅能避免被物质利益绑架，也是我们独立思考的基础。

在毕达哥拉斯看来，哲学家作为世界的观察者，需要保持天生的好奇心，即使是常人眼中习以为常之事，哲学家都要保持观察和研究的好奇心。竞技场上的哲学不是看热闹，而是在不停地面对现实观察、思考。我们也许不能每个人都成为像毕达哥拉斯那样的大哲学家，但如果我们能多一点竞技场上哲人的心态，生活就会变得更惬意一些，同时也更有意义一些。

物理学与形而上学

> 哲学是研究实体的本性和最确定的原则的。
>
> ——（古希腊）亚里士多德

早期哲学的主体是形而上学，其英语单词是 metaphysics，意思是“物理学之后”。那么，形而上学与物理学之后又是什么关系？这还要从古希腊著名的哲学家亚里士多德说起。

古希腊哲学家亚里士多德一生著述甚丰，涉及政治、经济、哲学、伦理学、美学、历史、数学、逻辑学以及当时所有的自然科学领域，可以称得上是一位百科全书式的天才人物。

亚里士多德死后200多年，他的后继者安德罗尼柯着手编纂他的手稿，在编完了《物理学》(*Physics*)之后，开始编亚里士多德关于第一哲学的手稿，然而安德罗尼柯想不出合适的名称，于是就取名为《物理学之后诸卷》(*Metaphysics*)，主要讨论的是实体、存在和神等玄虚的问题。Metaphysics一词源自希腊语metá，意思是“之后或之上”，而physiká在希腊语原意是“自然，自然的产物”，两个字根组合起来，Metaphysica的意思就是“在自然之后”。因此，这部编写于物理之后的著作所探讨的问题就成了现在形而上学研究的基本问题。“物理学之后”意味着形而上学研究的不是自然科学所关注的自然界的问题，而更多地集中在物质性的认知背后的本质、现象背后的真理。

20世纪，《物理学之后》传入中国，被译为《玄学》，表明书的内容和中国魏晋时期的玄学有相似之处，都以超感性、非经验为研究对象。后来，严复取《周易》中“形而上者谓之道，形而下者谓之器”，将之译为《形而上学》，“形而上学”由此而来。

形而上学是指通过理性的推理和逻辑研究，不能直接通过感知所得到的问题。

形而上学是指哲学的基本法则。形而上学关注理论哲学的核心问题，如基础、前提、成因、第一原因和基本结构，如所有真实存在的意义和目的。形而上学研究的范围很多时候是超形态的。

形而上学也叫“第一哲学”，如笛卡尔的《第一哲学沉思录》也被称为《形而上学沉思录》。亚里士多德把人类的知识分为三部分，用大树作比喻：第一部分，最基础的部分，也就是树根，是形而上学，它是一切知识的基础；第二部分是物理学，好比树干；第三部分是其他自然科学，以树枝来比喻。

皇帝挡住了哲学家的阳光

肉体快乐是不足道的，要紧的是精神安宁。

——（古罗马）塞涅卡

古希腊哲学家第欧根尼过着单纯的生活。他认为除了自然的需要必须满足外，其他的任何东西，包括社会生活和文化生活，都是不自然的、无足轻重的。他强调禁欲主义的自我满足，鼓励放弃舒适环境。作为一个苦行主义的身体力行者，他居住在一个木桶内，过着乞丐一样的生活。第欧根尼在生活中体现出了一种“犬儒”（原指古希腊犬儒学派的哲学家。他们提出绝对的个人精神自由，轻视一切社会虚套、习俗和文化规范，过着禁欲的生活，被当时人视为穷犬，故称。后亦泛指具有这些特点的人）的精神。关于第欧根尼有一则很著名的故事：

冬天清晨的阳光出奇地刺眼。第欧根尼的眼珠在眼皮底下骨碌转了两下，猛地睁开了眼。

“不错的早晨。”第欧根尼开心地对着空气说着，爬出了他的屋子。也许我们应该说得更准确一点：第欧根尼爬出了他居住的木桶。

第欧根尼吃完他的早饭，把头伸到广场上的水池里喝了个饱，然后靠着水池躺了下来。太阳暖洋洋地照在第欧根尼身上，他舒服地眯起了眼睛。

可是很快阳光就被一片阴影挡住了。

“我能为你做些什么吗？”

第欧根尼睁开眼睛，一个身披紫色斗篷、目光炯炯有神的年轻人站在他面前，而在此人身后，是黑压压的人群。

“这是亚历山大大帝，马其顿皇帝，希腊的征服者。快起来向他行礼！你算是走运啦！”一个穿着金色铠甲的侍从在第欧根尼耳边说。

“第欧根尼先生，我能为你做些什么吗？”亚历山大俯下身子，微笑着又问了一次。

“能。”这个衣衫褴褛、肮脏邋遢的人懒洋洋地说，“请往边上站一点，你挡住了我的阳光。”

短暂的惊愕之后，亚历山大平静地说：“假如我不是亚历山大，我一定做第欧根尼。”他知道，这世上，只有征服者亚历山大和乞丐第欧根尼是自由的。

第欧根尼的教导，一点也没有我们现在所称之为“玩世不恭”的东西，而是恰好与之相反，他对“德行”具有一种热烈的感情，他认为和德行比较起来，俗世的财富是无足计较的。他追求德行，并追求将道德自由从欲望之下解放出来：只要你对于幸运所赐的财富无动于衷，便可以从恐惧之下解放出来。在犬儒主义者看来，享受的权利从来不分乞丐与皇帝。你挡住了我享受的阳光，那么请你让开。

第二章
哲学之用：面包还是精神

无用之用，方为大用

> 人皆知有用之用，而莫知无用之用也。
>
> ——庄　子

在了解了何谓哲学之后，哲学何用便成为最迫切需要了解的话题。长久以来，古今中外的思想家一直在追问哲学的用途。确实，哲学并不能直接烤出面包，然而越是没有实际用途的东西，越是有大用，正如老子所说的“无用之用，乃为大用”。

哲学有什么用处？惠子和庄子关于这个问题有一段对话，被记录在《庄子·逍遥游》中。

梁国的惠施是庄子的朋友，他对庄子说：“国王赐给我大葫芦种子。我种在后院内，结了个大葫芦。匠人加工成容器，容量五十斗。用来盛水盛浆，担心容器薄不坚固，容易破碎；纵剖成瓢，仍嫌太大，因为舀水、舀酒、舀汤都用不着那么大。能说这大葫芦不够大吗？不能。可是大而无用，空空然在自大。”

大葫芦者，太糊涂也。庄子心里明白，一点也不生气。庄子说：“先生实在是不善于使用大东西啊！宋国有一善于调制不皲手药物的人家，世世代代以漂洗丝絮为职业。有个游客听说了这件事，愿意用百金的高价收买他的药方。全家人聚集在一起商量：‘我们世世代代在河水里漂洗丝絮，所得不过数金，如今一下子就

可赚得百金，还是把药方卖给他吧。’游客得到药方，去游说吴王。正巧越国发难，吴王派他统率部队，冬天跟越军在水上交战，大败越军，吴王赐土地封赏他。同样是使手不皲裂的药方，有的人用它来获得封赏，有的人却只能靠它在水中漂洗丝絮，这是使用的方法不同。如今你有五十斗容积的大葫芦，怎么不考虑用它来制成腰舟，而浮游于江湖之上，如此哪里还会担忧葫芦太大无处可容呢？看来先生你还是心窍不通啊！”

惠子又对庄子说：“我有棵大树，人们都叫它‘樗’（臭椿）。它的树干疙里疙瘩，不符合绳墨取直的要求，它的树枝弯弯扭扭，也不适应圆规和角尺取材的需要。虽然生长在道路旁，木匠连看也不看。现今你说大而无用，大家都会鄙弃它的。”

庄子说：“先生你没看见过野猫和黄鼠狼吗？低着身子匍匐于地，等待那些出洞觅食或游乐的小动物。一会儿东，一会儿西，跳来跳去，一会儿高，一会儿低，上蹿下跳，不承想落入猎人设下的机关，死于猎网之中。还有那斄牛，庞大的身体就像天边的云，它的本事可大了，不过不能捕捉老鼠。如今你有这么大一棵树，却担忧它没有什么用处，怎么不把它栽种在什么也没有生长的地方，栽种在无边无际的旷野里，悠然自得地徘徊于树旁，优游自在地躺卧于树下。大树不会遭到刀斧砍伐，也没有什么东西会去伤害它。虽然没有派上什么用场，可是哪里又会有什么困苦呢？”

世人都讲功用，有用的东西总是招人喜欢。人们对待知识也是一样，有用的学科总是热门专业。像哲学这样的学科，看不出有什么直接的作用，只好坐冷板凳。哲学就好比大葫芦和大臭椿，虽然无用，却得以长存——只要有人类，就有哲学。实际上，正如庄子所说，哲学不是没用，而是没有直接的用处。

哲学家的兴趣不在赚钱

只有那些永远躺在坑里而从不仰望高空的人，才不会掉进坑里。

——（德国）黑格尔

“哲学有什么用？”几乎每一个哲学家都被问过这样的问题，而古希腊第一位哲学家泰勒斯显然是第一个被问到的。在泰勒斯的时代，哲学家被认为思考的是世界本源的问题，但真正的意义在于改变世界。仅仅靠思考能获得经济收入吗？能养

活自己和家人吗？还不如脚踏实地老老实实赚钱来得实在。仰望星空还是脚踏实地？这是一个值得思考的问题。哲学家通常都被认为是仰望星空的思考者，但同时他们也对现实的大地有所关注。哲学家不是不会赚钱，只不过他们不愿意罢了。

有一天晚上，哲学家泰勒斯走在旷野之间，抬头看着星空，满天星斗，可是他预言第二天会下雨。正在他预言的时候，脚下一个坑，他就掉进那个坑里摔了个半死，别人把他救起来，他说："谢谢你把我救起来，你知道吗？明天会下雨啊。"

于是就有了关于哲学家的笑话，哲学家是只知道天上的事情而不知道脚下发生什么事情的人。人们嘲笑泰勒斯是一个商人，可是他不好好经商，不好好赚钱，老去探索些没用的事情。泰勒斯决定运用自己的知识来证明自己可以赚钱。

根据他对天象的观测，他预测到今年雨水颇丰，那橄榄肯定会丰收，于是在天还很干旱的时候他就租下了全村所有的榨橄榄的机器。当时大家以为泰勒斯又发疯了，因为明明是旱天，今年的橄榄肯定会歉收的。但是随后的时间果然风调雨顺，橄榄大丰收，大家不得不到处去找榨油机，但是所有的榨油机都在那个只知道看天象的哲学家手中。泰勒斯于是乘机抬高价格赚了一笔钱，以此来证明哲学家有更重要的事情要做，他有更乐于追求的东西要去追求，如果他想赚钱的话，他是可以比别人赚得更多的。

哲学家对普通人习以为常的事情感到惊诧，他们提出和解决这些问题，并不是为了达到什么实用目的，而更多的是为了内心的满足和人类认知的进步。他们常常像掉进坑中的泰勒斯一样不被人理解，甚至被人嘲笑。对租用橄榄机的例子，亚里士多德的结语是："这件事情表明，哲学家如果想赚钱的话，是很容易做到的，但这不是他们的兴趣所在。"

哲学烤不出面包

> 一切都是灰色的，唯生命之树常青。
>
> ——（德国）歌德

哲学是不能给我们提供任何知识和技能的，它无法让我们找到一份谋生的职业，更无法指导我们烤出面包。如果有一门哲学称自己能够经世致用，这门哲学肯

定不是真正的哲学。

古希腊时，一个青年来找苏格拉底，说："我想跟你学哲学。"

苏格拉底问他："你想学到什么呢？学法律，可以掌握诉讼的技巧；学木工，可以制作家具；学经商，可以赚钱；学了哲学，将来能做什么呢？"

青年无法回答。

哲学能做什么呢？哲学是没有什么实际用途的，既不能解决温饱，也不能防身。马克思也讲过一个关于哲学的故事。

一个哲学家坐在船上，他问船夫："你懂哲学吗？"

船夫说："不懂。"

哲学家说："那你至少失去了一半的生命。"

船夫沉默不语。这时一个巨浪把船打翻了，哲学家和船夫都掉到了水里。看着在水中挣扎的哲学家，船夫问："你会游泳吗？"

哲学家说："不……会……"

船夫说："那你失去了百分之百的生命。"

哲学真的没什么具体用途，关键时刻连命都救不了，还不如去学习一项具有实际用途的技能实在。但是“无用之用，乃大用”，越是没有实际用途的东西往往越有大的用途，哲学家不会烤面包，但有经世济民的“大用”。

人无面包不能活，人无思想同样不能活，生活因思想而精彩，思想因生活而丰富。于是，有了哲学的生活便有了厚度，有了意义。

哲学授人以渔

如果把哲学理解为在最普遍和最广泛的形式中对知识的追求，那么，显然，哲学就可以被认为是全部科学研究之母。

——（美国）**爱因斯坦**

人们常说，哲学便是智慧，但是如何在现实中用好哲学、体现出智慧却是不太好把握的。哲学带给人的不仅是灵魂的启迪，还有实际中的应用和好处。哲学可以教人方法，教人策略。田忌赛马就是这样一个例子：

根据《史记》记载，齐国的大将田忌和齐威王约定赛马。他们把各自的马分成上、中、下三等。比赛的时候，上等马对上等马，中等马对中等马，下等马对下等马。由于齐威王每个等级的马都比田忌的强一些，三场比下来，田忌都失败了，他感到很失落。这时，孙膑对田忌说：“从刚才的情形看，齐威王的马比你的马快不了多少……”

孙膑还没说完，田忌说：“想不到你也来挖苦我！”

孙膑说：“只要你再同他赛一

次，我保证让你取胜。”

田忌疑惑地看着孙膑：“你是说另换几匹马？”

孙膑说：“一匹也不用换。”

田忌说：“那还不是照样输！”

孙膑胸有成竹地说：“你就照我说的办吧。”

于是田忌找到齐威王，请求再赛一场。赛马开始了。孙膑让田忌先用下等马对齐威王的上等马，第一场输了；接着孙膑让田忌拿上等马对齐威王的中等马，胜了第二场；第三场，田忌拿中等马对齐威王的下等马，又胜了一场。比赛结果，田忌两胜一负，赢了齐威王。

还是原来的马，只要调换一下出场顺序，就可以转败为胜。世界上没有绝对的好和坏，只有相对的好和坏，同时，局部不优不等于整体不优，局部最优也不等于整体最优。通过调整马的出场顺序，可以使局部不优转变为整体最优，这是孙膑的赛马哲学，同样也可以应用在我们的日常生活之中。在生活中，不要太计较局部的得失，而应该从整体着眼，通过调整局部的顺序来达到最优的结果。

苏格拉底的苹果：怀疑才会产生思想

如果你想成为一个真正的真理寻求者，在你的一生中至少应该有一个时期，要对一切事物都尽量怀疑。

——（法国）笛卡尔

哲学家通常被认为是有智慧、会思考的人，而学会怎样看待问题、思考问题是很多人学习哲学的目的。但是学会思考却不是一个简单的过程，很多人学了一辈子也不知道该如何思考。让我们来看一个古希腊哲学家苏格拉底的故事：

苏格拉底在世的时候，很多年轻人都非常崇拜他，虔诚地奉他为导师。苏格拉底经常在雅典城的中心广场给学生讲课，或者探讨各种各样的问题。他发现学生太尊敬他以至于迷信他的思想、依赖他的分析，没有自己的主见。于是，他想了一个主意。

这一天，苏格拉底又来到中心广场，很快就有很多青年人围拢过来。等学生们

坐好以后，苏格拉底站起来，从短袍里面掏出了一个苹果，对学生们说：“这是我刚刚从果园里摘下的一个苹果，你们闻闻它有什么特别的味道。”

说完，苏格拉底拿着苹果走到每一个学生面前让他们闻了一下。然后，他问离他最近的学生闻到了什么味道，这个学生说闻到了苹果的香味。他又问第二个学生，这个学生同样回答是闻到了苹果的香味。

柏拉图坐得比较远，轮到他回答的时候，前面的十几个人的回答都是一致的——闻到了苹果的香味。当苏格拉底示意他站起来回答，他看了看同学们，然后慢慢地对老师说：“老师，我什么味道也没有闻到。”

大家对柏拉图的回答感到很奇怪，因为他们都闻到了苹果的香味。可是，苏格拉底告诉大家：只有柏拉图是对的。接着，苏格拉底把那个苹果交给学生们传看，大家才发现：这竟然是一个用蜡做成的苹果！

这时，苏格拉底对他的学生们说：“你们刚才怎么会闻到了苹果的香味呢？因为你们没有怀疑我。我拿着一个苹果，你们为什么不先怀疑苹果的真伪呢？永远不要用成见下结论，要相信自己的直觉，更不要人云亦云。不要相信所谓的经验，只有开始怀疑的时候，哲学和思想才会产生。”

苏格拉底的用意是想让学生明白：任何时候都要用自己的大脑去思考，只有这样才能获得真正的知识。不仅是哲学家，任何人都要记住：独立思考，自己判断。思考是人区别于动物的最重要特征，如果一个人自己不知道思考，可以说他还没有真正学会做人。只有爱思考的人，才会有所成就。柏拉图就是一个敢于怀疑老师、独立思考的人，所以他成为继苏格拉底之后又一位伟大的哲学家。

死亡练习：哲学使人勇敢

哲学不是别的，只是为死亡做准备。这大概是因为潜究和沉思往往把我们的灵魂引到我们身外来，使它离开躯壳活动，那就等于死的练习或类似于死；或者因为世界上一切理性及智慧都聚集在这一点上，教我们不要怕死……”

——（法国）蒙田

死亡，是哲学的一个永恒话题。哲学离不开死亡，在死亡面前，所有的意义都将消解。在死亡面前，任何人都无处可逃，因为死亡是无人能代替的，只能你自己去面对，自己去承担。也许只有在面对死亡的时候，人们才会意识到：世界原来可以是这个样子。在死亡深处，这个世界的“意义”才开始像泉水一样向我们涌现。所以，很多伟大的哲学家都痴迷于死亡，柏拉图甚至将哲学称为“死亡练习”。

在《费德罗篇》中，柏拉图讲了这样一个故事：

宙斯率领诸神去赴宴，次等的神和灵魂跟在后面，装载他们的马车由一些顽劣的马拉着，御马者也缺乏技巧。在经过悬崖时马车失去了控制，他们被顽劣的马拽落到地上。灵魂被折断了翅膀，不能上升到天国，而只能寄居于肉体当中。

在柏拉图的哲学体系中，理念是高于现实世界的存在，是绝对纯粹和美好的。灵魂在未跌落之前，对理念领域有所观照，包含着天赋的知识。灵魂附着在身体上之后，由于身体的干扰或污染，它忘记了过去曾经观照过的东西，只有经过适当的训练，才能回忆起曾经见过的理念。这个过程就是回忆，也就是说知识本身天然地随着理性存在于我们的脑海之中，而学习的过程只不过是让我们回忆起曾经经历过的理念。而哲学，便是最好的训练回忆的方法之一。

在这个意义上，柏拉图说，回忆是“死亡练习”。他的理由是，原初的知识既然是灵魂在降落到肉体之前获得的，那么，只有尽量净化肉体的污染，才能更接近知识。最彻底的净化是灵魂与肉体的完全分离，这意味着个人生命的终结，灵魂重新回到对理念的观照，最高的智慧只有在死亡之后才能达到。

哲学是一种“死亡练习”。学习哲学的人是不惧怕死亡的人，不惧怕死亡也就不惧怕其他任何东西，因而是最勇敢的人。

郭橐驼种树：哲学教人认识世界

> 自然哲学是对自然规律的认识。
>
> ——（英国）培根

哲学是一门系统的学问，它关注的不仅仅是人内在的思想，还有外在的世界。如何认识我们生活的世界是我们必须面对的难题，而哲学便提供了方法论上的指导。柳宗元在《种树郭橐驼传》中讲述了这样一则故事：

郭橐驼，不知道他最初叫什么名字。他患了脊背弯曲的病，脊背突起而弯腰走路，就像骆驼一样，所以乡里人称呼他为“橐驼”。橐驼听到后说：“很好啊，这样称呼我确实恰当。”于是他索性放弃了原来的名字，也自称起“橐驼”来。

他的家乡叫丰乐乡，在长安城西边。郭橐驼以种树为职业，凡是长安城里经营园林观赏游乐的富豪人家和以种树卖果盈利的普通商人，都争着把他接到家里奉养。橐驼种的树，即或是移植来的，也没有不成活的，而且长得高大茂盛，果实结得早而且多。其他种树的人即使暗中观察，羡慕效仿，也没有谁能比得上。

有人问他种树种得好的原因，他回答说："我没有能够使树木活得长久而且长得很快的能力，只不过是顺应树木的天性，来实现其自身的习性罢了。它的天性是根部要舒展，它的培土要均匀，它的土要用原来的土，给它捣土要紧密。这样做了之后，就不要再去动它，也不必担心它，种好以后离开时不再回头看。

"栽种时就像对子女一样细心，栽好后就像丢弃它一样，那么它的天性得到保全并且它的本性能够充分地发展。所以，我只不过不妨害它的生长罢了，并不是有能力使它长得高大茂盛；只不过不抑制、减少它结果罢了，并不是有能力使它的果实结得又早又多。

"别的种树人却不是这样，树根拳曲又换上新土；培土的时候，不是过紧就是太松。如果有和这种做法不同的人，却又太过于溺爱它们了，早晨去看了，晚上又去摸摸，已经离开了，又回头去看看。甚至有人掐破树皮来观察它是死是活，摇动树干来察看土的松与紧，这样树木的天性就一天天地远去了。虽说是喜爱它，实际上却是害了它，虽说是担心它；实际上却是仇视它。所以他们都比不上我啊，我又能做些什么呢？"

认识事物不能只看表面，要对事物发展的本质和规律有系统的认识，因律而为、因势而动方是明智的选择。哲学就提供了这样的思考方式，它不是从表面看问题，而是更关注事物的规律性。在现实生活中，如果我们能用哲学的眼光穿透现象把握规律，必能像郭橐驼一样得到好的"结果"。

盲人摸象：全面看待问题

> 管中窥豹，只见一斑。
>
> ——《世说新语》

认识事物背后的规律是我们认识世界的前提，但如何全面看待事物仍然是我们要面临的问题。每个人都有自己观察世界的角度，每个人都按他自己的看法、观点看世界，这并没有什么可反驳的。他们一个看到的是坏的一面，另一个看到的是好的一面，怎么能说他们哪一个不对呢？他们都没有说错，只是都说得不全面罢了。有一则"盲人摸象"的故事就说明了这个道理：

在一个镇上，住着几个盲人，没见过世面却喜欢评头论足，对事物发表评论。

有一天一个人牵了一头象过来，几个盲人听说了，都很想知道象是个什么样子，便急忙围拢上去。

第一个盲人先摸到了象的牙齿，他就说："我知道了，大象就像一个又大、又粗、又光滑的萝卜。"

另一个盲人摸到了象耳朵，立即说："象原来好似一把蒲扇，还挺大的呢。"

第三个盲人摸到了象腿，便反驳道："不对，象长得像根柱子。"

第四个盲人摸到了象尾巴，不同意地喊道："你们说错了，象长得像一根绳子。"

于是，几个盲人便争吵起来，谁也说不服谁。

那位牵象的人在一旁笑道："不要争吵了！你们最好把象的全身都摸遍再来发言吧。"

很显然，几个盲人犯了以偏概全的错误。中国古语有云：兼听则明，偏信则暗。看待问题要全面，只有把事物的各个方面结合起来，才能知晓事物的真相。如果只从一个方面看事物，就会像盲人一样得出错误的结论。

现实生活中，很多人都是这样或那样的"盲人"，我们虽然有双明亮的眼睛，但对事物却看得不全面。我们在观察任何事物、做任何事情之前都要有个全面的了解，这样才能事半功倍。

第三章

我思故我在：永不停息的探索

存在即感知

只承认自己的感觉，是唯心主义形而上学的原则。

——（法国）狄德罗

英国哲学家贝克莱是典型的主观唯心主义者，“物质是观念的集合”“存在就是被感知”是他的主要观点。这是什么意思呢？他解释说：“我看见这颗樱桃，我触到它，我尝到它……它是实在的。你如果去掉柔软、湿润、红色、涩味等感觉，你就是消灭樱桃……我肯定说，樱桃不外乎是感性的印象或为各种感官所感受的表象的结合。”世界上的万事万物都是个人的感觉，依赖我们的感觉而存在，如果没有被感觉到，它们就不存在。

有一次，贝克莱与一位朋友在花园里散步，这位朋友一不小心踢到了一块石头。朋友对贝克莱说：“我刚才没有注意到这块石头，那么这块被我踢了一脚的石头是否存在呢？”

贝克莱略加思索后说道：“当你的脚感觉到痛了，石头就是存在的；而如果你的脚没有感觉到痛，石头就不存在。”

中国明朝的王阳明也有类似的观点，他认为：“心外无物，心外无事。”人心是整个世界的本原和主宰，天地万物都离不开人，都存在于人的心中。

据说，有一次王阳明同朋友在一个叫南镇的地方游玩，同行中有个朋友指着山中的花树问王阳明道："天下无心外之物，如此花树在深山中自开自落，于我心亦何相干？"

王阳明回答说："你未看此花时，此花与你心同归于寂；你来看此花时，则此花的颜色一时明白起来，便知此花不在你的心外。"

这就是说，人没有看到花时，花就不存在；只有当人看到花时，花的颜色才会在人的感觉中显现出来，所以"花不在人的心外"。

德国哲学家费尔巴哈曾经针对贝克莱的观点进行了形象而诙谐的反驳。他说："如果小猫所看到的老鼠只存在于小猫的眼睛中，如果老鼠是小猫视神经的感觉，那么为什么小猫用它的爪子去抓老鼠而不是抓自己的眼睛呢？这是因为小猫不愿让自己挨饿。在它看来，对唯心主义的爱只是痛苦。"

法国哲学家狄德罗把主观唯心主义者比喻为一架"发疯的钢琴"，"以为它是世界上仅有的一架钢琴，宇宙的全部和谐都发生在它身上"。闭上眼睛就否定世界的真实性，这种观点的确有点疯狂。

我思故我在

人的全部尊严在于思想。

——（法国）帕斯卡

哲学通常被认为是最高深的学问，太过于"抽象""高深"，甚至"玄虚""神秘"。其实这是对哲学的一种误解。哲学不过是哲学家在人人都司空见惯、习以为常的地方，去发现问题、反思问题。并不是世界上每个人都能成为哲学家，因为从平常处发现问题并不是一件容易的事情，这需要万分敏锐的心灵和追根究底的怀疑精神——这正是哲学精神的精髓之一。笛卡尔的名言“我思故我在”今天几乎无人不知，而这正是哲学家不停探索真理与知识的最好佐证。

笛卡尔1596年生于法国，父亲是法官，母亲在生他之后不久便离开了人世。1618年，笛卡尔参加了荷兰的雇佣军。他随军到过德国许多地方，在做文职工作之余从事学术研究。1622年，笛卡尔离开军队，在欧洲各国游历，结识了许多著名的学者。

1628年，笛卡尔定居在当时的欧洲文化中心荷兰，在那里度过了相对宁静的20年时光。期间，笛卡尔几乎闭门谢客，专心研究。虽然笛卡尔几乎没有正式出版任何作品，但笛卡尔的思想仍然受到攻击，他被指责为无神论者，“亵渎神明”。

1649年，笛卡尔应瑞典女王克里斯蒂娜的邀请，赴斯德哥尔摩宫廷讲学。女王要求笛卡尔必须早上5点就和她讨论哲学问题，这改变了笛卡尔以往中午才开始工作的习惯。北欧的寒冷天气损害了哲学家的健康，笛卡尔曾感叹，瑞典是个“熊的国家，处于岩石和冰块之间”。1650年，笛卡尔还没有来得及离开瑞典就匆匆离世，终年54岁。

“我思故我在”是笛卡尔哲学的第一原理。在《第一哲学沉思录》中，笛卡尔声称要为人类知识找到最可靠的“阿基米德点”。

笛卡尔寻找这个支点的方法就是怀疑一切。什么才是可靠的、真实的？眼前的世界吗？不是。闭上眼睛，世界就从眼前消失了。一棵树，我看到它的时候它是真实的，我走后它还是真实的吗？我们对事物的感觉难道不是某种幻觉？我是真实的吗？

先看我的身体，身体是真实的吗？不知道。我做梦的时候身体在哪里？有精神病人认为自己是一条狗，或者自己没有手脚，这能说明他就是这样的吗？再看人的意识，我的思想是真实的吗？我怎么证明呢？上帝是绝对真实的吗？……就这样，一步一步地，笛卡尔最终找到了他认为绝对可靠无误的“阿基米德点”，即“我思故我在”。

笛卡尔说：“我可以怀疑一切，但有一件事情却是无法怀疑的，那就是我在怀疑。”怀疑是一种思想活动，因此这个思想着、怀疑着的“我”是存在的。如果一个东西思想着，却否定他的存在，这显然是荒谬的。

庄周梦蝶

> 道可道，非常道。
>
> ——老　子

笛卡尔的梦为我们揭示了一种普遍怀疑的可能性，进而找到知识确定的基础及不可怀疑的地方。他也因此被称为近代第一位哲学家。然而比他早 1800 多年的庄子（名周）早就对此有所阐释。《庄子·齐物论》中讲述了一个故事：

庄周梦见自己变成了蝴蝶，一只欣然自得地飞舞着的蝴蝶，他感到多么愉快和惬意啊！不知道自己原本是庄周。突然间醒过来，惊惶不定之间才知道自己是庄周。不知是庄周在梦中变成了蝴蝶呢，还是蝴蝶梦见自己变成了庄周？庄周与蝴蝶必定是有区别的。这就叫作物、我的交合与变化。

这个故事一般被称作“庄周梦蝶”。在一般人看来，一个人在醒时的所见所感是真实的，梦境是幻觉，是不真实的。庄子却以为不然。虽然，醒是一种境界，梦是另一种境界，二者是不相同的；庄周是庄周，蝴蝶是蝴蝶，二者也是不相同的。但在庄周看来，它们都只是一种现象，是天道运动中的一种形态，一个阶段而已。

从哲学上看，庄子提出一个重要的哲学问题——人如何认识真实？真实的世界究竟是什么样子的？如果梦足够真实，人为何没有任何能力知道自己是在做梦。人生如梦，谁能保证眼前的一切不是幻觉？所以，追问眼前的世界是否真实，真实的世界究竟是什么，似乎是很有必要的。

上帝被猿颠覆

历史告诫我们说，一种崭新的真理惯常的命运是：始于异端，终于迷信。

——（英国）赫胥黎

哲学的发展从一开始就与自然科学的发展紧密相连，第一批自然哲学家同时也是自然科学家。哲学的发展促进了科学的发展，而科学的发展也对哲学的发展产生了深刻的影响。特别是1859年，达尔文出版的《物种起源》更是引起了哲学界的一场革命。上帝创造了人类这一原来被认为是不可怀疑的真理在有力的科学理论面前展现了自己的胆怯。然而这对于一直自诩居于世俗社会之上的教会来说并不是什么好事，于是顽固的神学哲学和新兴的进化科学之间展开了激烈的争论，在其中表现最突出的便是达尔文的好友、伦敦矿物学院地质学教授赫胥黎。

在《物种起源》中，达尔文提出了“生物进化论”：生命起源于原始细胞，然后逐渐从简单到复杂、从低级到高级不断发展，最终进化出今天种类繁多的生命形态；生物在进化过程中，相互之间不断进行着生存斗争，并通过自然选择，优胜劣汰。

显然，达尔文的学说包含了人是从原始细胞进化而来的结论，但达尔文并没有直接提出人是由猿进化而来的理论，这一理论是赫胥黎提出来的。据说，赫胥黎受到《物种起源》的启发，萌生了人和猿来源于同一祖先的想法，又仔细研究了人的头骨、黑猩猩的头骨、猴子的头骨以及这些生物的大脑，最后才提出了人是猿猴进化而来的理论。

在达尔文之前，欧洲人相信是神或者上帝创造了整个世界，达尔文的进化论否定了教会的说法，动摇了基督教信仰的重要基础，因此，教会对《物种起源》恨之入骨，称其为“魔鬼的圣经”。赫胥黎看完此书后，也预感到它将会激起教会的强烈反对。于是，在给达尔文的信中，赫胥黎热烈赞扬《物种起源》，并说“我正在磨利爪牙，以备来保卫这一高贵的著作”，必要时“准备接受火刑”。

实际上，赫胥黎的“人猿同祖说”比《物种起源》让当时的人们更难以接受。按照《圣经》的说法，人是上帝按照自己的形象创造的，有灵魂、有智慧、知善恶，人是不同于动物植物的，是上帝创造出来管理自然界的。现在，赫胥黎提出人是由猿猴进化而来的，就把人的位置“降低”到动物界，所以，不仅是教会，普通的老百姓对赫胥黎的说法也非常反感。

于是，达尔文、赫胥黎与教会之间发生了激烈的冲突，有人还给达尔文寄来一颗子弹进行威胁。在斗争和危险面前，赫胥黎挺身而出，毫不畏惧，骄傲地宣称：“我是达尔文的斗犬。”有一次一个人看到赫胥黎，讽刺地说：“当心，那只狗又来了。”赫胥黎轻蔑地回答说：“是啊，盗贼最害怕嗅觉灵敏的猎犬。”

1860 年 6 月 30 日，赫胥黎与大主教威尔伯福斯在英国牛津大学展开了一场关于人类起源的大辩论。

在辩论中，威尔伯福斯除了援引《圣经》上的说法之外，什么也说不出，而赫胥黎材料翔实，有根有据，把威尔伯福斯驳得哑口无言。最后，威尔伯福斯只得尖刻地反问赫胥黎："你是从猿祖父还是猿祖母那一支生出来的？"然而，赫胥黎毫不示弱地说："人类没有理由因为他们的祖先是猴子而感到羞耻，与真理背道而驰才是真正的羞耻。只有那些游手好闲、不学无术而又一心要靠祖先名头的人，才因祖先的野蛮而感到羞耻。"

为了保卫和宣传进化论和"人猿同祖论"，赫胥黎在此后的30年间，改变了自己的学术研究方向，从地质学转而研究脊椎动物化石。今天，在伦敦南肯辛顿博物馆的达尔文雕像旁，人们也立起了赫胥黎的大理石像。

从哲学上看，人类首先是动物，与动物有着亲缘关系。即使在本质上人不同于动物，但在生物学意义上，人不能否认自己的动物性。但是，人又不仅仅是动物，人具备很多动物没有的能力。所以，人是动物性和非动物性的统一体，前者是后者的基础，后者是前者的升华。没有动物性的身体，人的一切都不可能存在。人的意识来源于大脑，不能离开身体而存在。

不要破坏我的圆

给我一个支点，我可以撬起地球。

——（古希腊）阿基米德

阿基米德，古希腊伟大的哲学家、数学家、物理学家，出生于西西里岛的叙拉古。阿基米德是一个全才，他发现了浮力原理、杠杆原理，甚至发明了螺旋抽水机。阿基米德的一生都沉浸在不停地学习发明之中，直到临死的那一刻。

阿基米德的父亲是天文学家和数学家，所以他从小受家庭影响，十分喜爱数学。大概在他九岁时，父亲送他到埃及的亚历山大城念书。亚历山大城是当时世界的知识、文化中心，学者云集，举凡文学、数学、天文学、医学的研究都很发达，阿基米德在这里跟随许多著名的数学家学习，包括著名的几何学大师——欧几里得，因此奠定了他日后从事科学研究的基础。

传说在阿基米德晚年，在叙拉古与它的盟国罗马共和国分裂后，罗马派了一支

舰队来围城。当时阿基米德负责城防工作，他设计制造了一些灵巧的机械来摧毁敌人的舰队。他用投火器将燃烧的东西弹出去烧敌人的船舰，用一些起重机械把敌人的船只吊起掀翻，以致后来罗马人甚至不敢过分靠近城墙。

但最终罗马人还是攻入了城内。据说罗马兵入城时，统帅马塞拉斯出于敬佩阿基米德的才能，曾下令不准伤害这位贤才。而阿基米德似乎并不知道城池已破，仍沉迷于数学的深思之中。当罗马士兵闯入阿基米德的住宅时，只见一位老人在地上埋头作几何图形，士兵将图踩坏，阿基米德怒斥士兵："不要弄坏我的圆！"士兵拔出短剑，这位旷世绝伦的大科学家竟如此地在愚昧无知的罗马士兵手下丧生了。

马塞拉斯对于阿基米德的死深感悲痛。他将杀死阿基米德的士兵当作杀人犯予以处决，并为阿基米德修了一座陵墓，在墓碑上根据阿基米德生前的遗愿，刻上了"圆柱容球"这一几何图形。随着时间的流逝，阿基米德的陵墓被荒草湮没了。后来，西西里岛的政治家、哲学家西塞罗游历叙拉古时，在荒草中发现了一块刻有圆柱容球图形的墓碑，依此辨认出这就是阿基米德的坟墓，并将它重新修复了。

"不要破坏我的圆"，这是一个朴实的哲学家最后的言语，同时也是最有力的言语。阿基米德用自己的一生向我们阐释了这种永不停息的探索精神。

哲学思维的基本习惯就是强烈的好奇心，对未知的不断探索。这种强烈的探索，不仅是知识，更是一种心性、精神的探索。在探索的过程中，不断地历练生命，让自己的身心自由翱翔。

守望的距离

沧浪之水清兮，可以濯我缨。沧浪之水浊兮，可以濯我足。

——《孟子》

人活于世俗之中，浑浑噩噩，心虽不甘，却又似乎无可奈何，被一股强大的暗流所吸引，难免随波逐流，于此之中要保持清醒，实属不易。很多人都在精神与世俗之间徘徊、挣扎，不知何去何从。

伯夷，商末孤竹君的长子。当初，孤竹君打算让次子叔齐做自己的继承人。然而，孤竹君去世后，叔齐要让位于伯夷。伯夷认为这是违抗父亲的命令，于是跑到深山隐居起来。而叔齐也不肯继承王位，也跑去隐居了。

生存于现代社会，我们不能像伯夷、叔齐那样，跑到深山隐居，然而，他们思想上与世俗社会保持的距离，却是值得我们传承的。

德国学者药尔格·齐特劳认为：赫拉克利特的认知，并不是一个自然科学家向外认知的事业，而是一个把目光对准自己内心的人的事业。由于他成功地排除了其他人的外部干扰，把自己封闭起来，他才有可能潜入到灵魂的深处。

在那里，个性的区别已不存在，人与人越来越相似，那是一种人的本性真正存在的地方。因而，我们在赫拉克利特那里可以感觉到——尽管他很阴暗和晦涩——一种深刻的灵魂亲近感。他的“一切皆流”，我们只能赞同，并不是因为它引导我们去进行什么思考，而是因为这句话对我们是如此亲切。而在赫拉克利特提出这个观点 2000 年之后仍然给我们影响的，正是这种亲切感。

周国平曾写过一本哲学散文集《守望的距离》，在序言中他这样写道：“守望者的职责是，与时代潮流保持适当的距离，守护人生的那些永恒的价值，守望和关心人类精神生活的基本走向。”“博学不等于智慧”，向内心学习智慧，比向外物求知更重要。向内心学习，保持思想的冷静与批判，守护那些永恒的价值。

第四章

人天性渴望求知：智慧树上的青苹果

伊甸园：智慧树上的青苹果

人不能像走兽那样活着，应该追求知识和美德。

——（意大利）但丁

对知识的渴望和寻求是人类能够不断发展进化的原动力，人们不断获得新知识并把新知识运用于自身生产实践的活动中，使得人类社会走向高级文明并日臻完善。然而据《圣经》记载的关于人类起源的故事来看，求知欲似乎并非上帝赋予人类的，而恰是上帝想阻止人类拥有的，新知的得来似乎更应该感谢那条邪恶的蛇。

上帝造了一个伊甸园，园中央有两棵树：生命树与智慧树。上帝造了亚当，让他去园中，并告诉他说，除生命树和智慧树上的果子外，其他果子都能吃。上帝派所有动物到亚当那里，亚当给所有动物取了名。之后，上帝让亚当好好睡一觉。亚当睡觉的时候，上帝取下他的一根肋骨，用这根骨头造了夏娃，这样，亚当就不会孤单了。亚当和夏娃光着身体，很幸福地生活在伊甸园里，与上帝和谐相处。

可是，邪恶的蛇以狡诈的口吻试探夏娃，问她是否可以吃任何想吃的果子。“那当然，”夏娃答道，“除了智慧树上的果子，我们想吃什么果子就吃什么果子。但我们吃了智慧树上的果子便会死。”

“才不会哩，”蛇说，“如果你们吃智慧树上的果子，就会发现善恶有别，这样就跟上帝一样了。上帝就是因为这个理由才不让你们吃智慧树上的果子的。”

夏娃带着渴求的目光看着那棵树，被那水灵灵的果子诱惑得受不了，因为那果子会使她聪明。最后，她再也忍受不了了，就摘下一个果子吃了。之后，她再摘一个递给亚当，亚当也吃了。然后，他们彼此对望，意识到自己是裸体，也明白男女身体有别，就有了羞耻之意，他们急忙摘下一些无花果叶盖住身体。

天黑下来，有了凉意，他们听到上帝的声音，就藏了起来。上帝来到了园中，看不见他们两个，于是，上帝喊亚当，问他在何处，为何藏起身来。亚当答道，他听到上帝的声音，但很害怕。上帝说：“如果你害怕，那一定是吃了我禁止你们吃的果子。”

亚当立即指着夏娃说：“是这女人让我吃那果子的。”

“是的，”夏娃答道，“可是，诱惑和欺骗我的是那条蛇。”

上帝对蛇下了诅咒，并把亚当和夏娃赶出了伊甸园，说：“既然你们已经知道了善恶，那就必须离开伊甸园了。如果你们留下来，那你们可能会去吃生命之树上的果子，那你们就会永远活下去了。这样的事情是我所不能允许的。”上帝说着就把他们赶到尘世里，咒骂他们，说从今往后，亚当必须累得满头冒汗才能活下去，夏娃必受分娩之苦。在伊甸园的东边，上帝派一个天使驻守在那里，手拿冒火的宝剑，守在伊甸园的入口，保卫着生命之树。

这个故事给我们提供了一种道德范式：它告诫我们人不可能永远留在天堂里，我们必须承担起世俗生活的重担；同时也从一个侧面教导我们面对新鲜的未知的事物时应该怎么办。是应该“乖巧”、懵懂地接受禁令，还是勇敢无畏地去尝试和创新？答案不言而喻。

生活每天都是新鲜的，随时随地都会发生和出现我们未曾触及的事物。生活中我们应该勇敢一点，大胆地尝试和接触新事物，说不定你的一个不经意的尝试就是人类进程上又一个值得大书特书的光辉成就。

苏格拉底求知的欲望

求知是人的本性。

——（古希腊）亚里士多德

“求知可以作为消遣，可以作为装饰，也可以增长才干。当你孤独寂寞时，阅读可以消遣。当你高谈阔论时，知识可以装饰。当你处世行事时，正确运用知识意味着力量。懂得事物因果的人是幸福的。有实际经验的人虽能够办理个别性的事务，但若要综观整体，运筹全局，却唯有掌握知识方能办到。”弗朗西斯·培根在《论求知》中如是说。诚然，知识的作用在整个社会进程中举足轻重，然而知识的获取和灵活正确地运用却有赖于旺盛的求知欲望。欲望是一股神奇而强大的力量，它能够支配人类孜孜不倦地努力进取，努力去达到目标。拥有了欲望才会有追求的意志力和行动。

有一个年轻人，非常想成为苏

格拉底的学生。于是，他风尘仆仆地找到了苏格拉底，请求苏格拉底收他为徒。

苏格拉底对他说："要想做我的学生，先跳到河里去。"

年轻人心里很是纳闷，但又不敢问，只好跳进河中。紧跟着苏格拉底也跳到河里，把年轻人的头使劲往水里按。没等搞明白怎么回事，年轻人已被连灌了几口河水，但是苏格拉底仍不松手，继续不停地往下按。

最后，年轻人再也受不了了，逃到岸上，气呼呼地问："你为什么这样做，难道想淹死我吗？"

苏格拉底说："我收的学生应该是求知欲望非常强烈的人，而你直到临死才对你未知的事情提出疑问。所以，我不能收你做学生。"

如果没有求知的欲望，是不能成为一个好学生的，更不可能成为一个佼佼者。

一个人送儿子跟阿里斯提波学习，阿里斯提波向他索要了很高的学费。

这个人抱怨说："用这笔钱我都可以买一个奴隶了。"

阿里斯提波说："那么你就去买你的奴隶吧，你会拥有两个奴隶的。"

一个人不学习，尽管在身体上可能不是奴隶，但在心灵上却是个奴隶。心灵上的奴隶没有自己的主意，只能听信他人，人云亦云。

知识能驱除心灵中的黑暗和阴影，给人以勇气和决心。每个人在这世界上都是独一无二的，每个人的生命也都是不能重来的。既然为人，就当潇潇洒洒活出自己，不做任何人的附庸和复制品。

人生有涯，而知无涯

> 少而好学，如日出之阳；壮而好学，如日中之光；老而好学，如炳烛之明。
>
> ——刘　向

任何成功的得来都不是一朝一夕的结果。一个人、一个群体、一个民族、一个国家要成长与发展，就必须不断了解，不断学习。不懂、不会，就要了解，就要学习，学习没有止境，没有尽头。孔子曰："学不可以已。"说的就是这个道理。

学无止境，不管你是涉世未深的青年，还是经验丰富的长者；不管你是胸无点墨，还是学富五车才高八斗，都需要不断学习。

宋朝的苏东坡，年轻时就已是学识渊博、人见人夸的青年才俊。日子一久，不免自满起来。一天，苏东坡在书房门上贴了一副对联：

识遍天下字，读尽人间书。

苏东坡的父亲苏洵看了，担心儿子过于自大，不知求进，又怕撕下对联会伤了儿子的自尊心，于是，提笔在对联上各加了两个字：

发愤识遍天下字，立志读尽人间书。

苏东坡回来看见父亲加的字，心中十分惭愧，从此虚心学习，后来有了非凡的成就。

要想成功，必须不断了解，不断学习。一个人是如此，一个民族、一个国家也是如此。知识是宇宙，是永远学不完的；学习是射线，是没有尽头的。学无止境，学海无涯苦作舟。

在知识的海洋里，我们永远只能吸收而不能满足，鲁迅先生利用别人喝咖啡的时间学习，这还不够吗？这是远远不够的。人类从奴隶时代发明文字，到现在流传了几千年的知识文化，岂是只用短短几十年就能学完的？

朝闻道，夕死可矣

> 人生最终的价值在于觉醒和思考的能力，而不只在生存。
>
> ——（古希腊）亚里士多德

佛经中记载了这样一个故事：

释迦牟尼佛在还没有领悟佛法的时候，曾经做过婆罗门。他做婆罗门时，不仅品格清高，而且与众不同。后来，释迦牟尼产生了访求佛法的愿望。那时，正好忉利天王在天宫看到了这一幕，想要试试他是否是真心地想求得佛法，于是忉利天王化为长相极其凶恶的罗刹鬼，找释迦牟尼说法，但是仅说了半偈（印度古代的习惯以四句为一偈）。释迦牟尼听了罗刹鬼所说的半偈很喜欢，请求罗刹鬼再说后半偈，罗刹鬼不肯。释迦牟尼极力恳求，罗刹鬼便向释迦牟尼说道："你要我说后半偈，也可以，你要把身上的血给我喝，身上的肉给我吃，我才答应你。"释迦牟尼立刻答应说："我愿将我身上的血肉给你。"罗刹鬼见释迦牟尼诚恳地答应，便把后半偈说给他听。释迦牟尼听到了后半偈，十分心满意足，不但自己欢喜，并且把这偈书写在各处，遍传到人间。释迦牟尼在各处树木山岩上写下此偈后，为坚守信用，便想把自己的血肉给罗刹鬼吃。于是他爬到一棵很高很高的树上，跳跃下来，自以为会丧命，便可将血肉给罗刹鬼吃。罗刹鬼看释迦牟尼不惜舍命求法，心中十分感动，当释迦牟尼在高处舍身跃下未坠地时，罗刹鬼便现了天王的原形把他接住，释迦牟尼因此而没有死掉。

释迦牟尼佛之所以愿意为了求得佛法而放弃自己的生命，是因为他深深地明白要想求得真正的智慧是非常不容易的，因此，一定要懂得去珍惜。也正是因为真理的可贵，才使得很多人在真理的面前都曾发出了"朝闻道，夕死可矣"的人生感叹。

孔子拜见老子，回去三天不说一句话。弟子问孔子：老师您去见老聃，拿什么去教导他呢？孔子说：我看见龙了，龙顺着阴阳变化无穷。我张着嘴巴，话都说不出来，哪里还谈得上教导他呢？

孔子认为老子已经得了自然之道，变化无穷，面对一个得道的人，说任何的话都显得多余。在老子面前，孔子得到了教诲，就“朝闻道，夕死可矣”。

然而，在寻求真理的道路上，并不是一帆风顺的，而是充满艰难险阻的，有的时候甚至要为此而付出生命的代价。正因如此，真理更显得难能可贵，也才会有无数的人不畏艰难而孜孜不倦地追求真理，哪怕是付出生命的代价。伟大的意大利哲学家布鲁诺就是因为坚持“日心说”而与当时宗教界推崇的“地心说”发生严重冲突，于1600年被烧死在罗马的鲜花广场，布鲁诺因坚持真理而付出了生命的代价。

真理的魅力与吸引力是巨大的，否则，不会有那么多的人为此而前赴后继。那些得到真理、明心见性的人从真理中找到了自己的本来面目，并且得到了精神上的满足，从而超越了生命，把握了生死。

真理之路无坦途

学然后知不足，教然后知困。知不足，然后能自反也，知困，然后能自强也。

——孔　子

人们认识真理不是一蹴而就的，而是一个复杂曲折、充满矛盾的过程。这不是一条笔直又畅通无阻的路，相反，这条路上存在着许多暗礁。人类在三百万年左右的历史长河中，许多岁月都是在谬误或错误的思想指导下顽强地挣扎着生活的。

《列子》中有一个“歧路亡羊”的故事：

春秋战国时，有个哲人叫杨子。一天，杨子的邻居丢失了一只羊，于是请求大家帮忙去找。杨子说：“就丢了一只羊，为什么要这么多人去找啊？”邻居说：“岔路太多了，所以需要很多人。”

过了一阵，出去找羊的人陆续回来了，杨子问大家：“羊找到了没有？”

“找不到啊。”大家摇摇头。

“为什么这么多人都没有找到？”

“岔路当中又有岔路，岔路太多，不知道羊到底跑到哪条路上去了，没办法，我们只好回来了。”

连续好几天，杨子都为羊的事情闷闷不乐，沉默不语。学生们觉得很不理解，便问：“老师，一只羊值不了几个钱，而且也不是您的羊，老师为什么还闷闷不乐啊？”

杨子没有回答他的疑问。倒是有一个学生了解老师的心思，替他回答说：“老师心情不好，不是因为羊，而是因为老师想起了另外一件事情：在追求真理的道路上也有许多岔路，很多人误入歧途，浪费了终生。所以，老师很难过啊！”

认识真理的确是一件非常艰难的事情。按照马克思主义哲学观点，人的认识活动必须以感官经验为基础，首先获得感性认识，然后从感性认识中提炼出理性认识，最后还要将理性认识放到实践中检验并获得新的经验，再获得新的感性认识……如此不断往复前进，才能逐渐逼近真理。在这条实践—认识—实践的道路上，到处都是岔路，一不小心，就可能掉进谬误的陷阱之中。

在人类初期的时候，社会的发展十分缓慢，太阳升起又落下，月亮圆了又缺，年复一年，周而复始，几乎看不出什么显著的变化。由于早期人类处于比较愚昧和无知的状态，对许多自然现象都不知其究竟。因此，谬误或错误影响、制约着人们，人们就像“盲人骑瞎马”那样到处乱撞乱碰，不知干了多少错事，也不知吃了多少苦头，轻则头破血流，重则粉身碎骨。认识自然和掌握真理关乎人类的生存与发展，因此，人们十分渴望掌握真理。但在探索真理的过程中，对众多个体而言，如果稍有不慎，就可能误入歧途，无法获得真理。杨子正是从歧路亡羊一事中联想到人在探索真理过程中这个无奈的事实，故而才黯然神伤了很久。

求知过程本身就是一个艰辛探索的漫长过程。只有那些在布满荆棘的小道上以科学精神永远不懈追求的人，才有可能获得真理。所以，有志于探索真理的人，必须树立科学精神，不怕失败，不懈追求。

不仅学习上要紧紧抓住根本的、一致的、本质的东西，观察和处理一切事物都应该这样。客观事物错综复杂，干什么事情都必须专一，不能三心二意，见异思迁。如果毫无主见，见到岔路就想另走，那就会像歧路亡羊寓言所告诫的那样，到头来一无所获。

无知到有知

自知者，明也。

——老　子

面对自知无知的态度，人们往往赞叹其谦虚，或以为是为了博得谦虚的美誉而廉价的自我贬抑。人们不懂得，自知无知不是谦虚，而是诚实；不是廉价的自我贬抑，而是有自知之明的自然表露；不是一个人的美德，而是起码的教养。

在我国古人的字典中，“智”与“知”本来是同一个字，可以互相通用。故知识与智慧也就成为一个问题的两面，二者之间存在着天然的亲和关系。那么，是否无知就不可能有智慧，而大智慧必然也就与丰富的知识联系在一起呢？在“希圣”（效法圣人）导向下的历史传统中，墨家学派创始人墨子提出了一个后来通行的标准来判定，那就是看它与古代圣人的事迹是否相符。在中国哲人那里，无知最终是可以导向智慧的，而儒家的观点是从无知走向有知。

《论语·子罕第九》中有记载关于孔子对于无知意义理解的篇章：

孔子说：“我有知识吗？没有呀！有个庄稼人向我求教（他所需要的知识），我却什么也不知道。然而，我通过一种对他所提问题的两端反复追问的办法，最终明白了他需要什么并切实解答了他的问题。”

这样看来，儒家的无知其实只是一种手段，是一种虚心听取和吸收他人意见的心理状态。后来荀子采撷道家思想而提出的“虚一而静（虚心、专心和静心）”，则是对这一状态的进一步表述——虚心也就是无知。儒家的大智实际上包含了从无知到有知的认识过程，故智慧与知识的获取并不是矛盾的选择。可见，“无知”也是一种获取知识的智慧。虽然智慧并不就是知识，但它却为知识的获取准备了良好的前提。

同样，老子说：“自知者，明也。”知己不知，谓明，明者求知而智，学之，习之，学而时习之。具有无知之智的人，会以富于弹性的态度，不断反省自己，随时准备放弃自己原有的见解和信念；会以开放的胸襟，随时准备接受新的知识和见解，或以宽容的态度对待他人的信念和生活方式。在与他人的交往和交流中，他会以低姿态进入，以虚空的状态、零位状态，甚至负位状态进入。他习惯于以存疑的方式、有保留的方式表达自己的见解，如果需要拿出一个结论，他提出的往往是暂时的结论，或然性的结论，有时干脆是没有结论的结论，从而敞开着继续探讨的大门……

这就需要我们以无知的态度面对他人，面对别种观点、别种生活方式。每个人有自己的生活阅历、心灵体验、人格特征、知识结构和社会地位，正因为如此，每个人对宇宙奥秘和人生真谛的认知和感悟都有自己的局限性，同时也具有不可替代性。我们以无知之心对待这一切不可替代和重复的事物，来丰富和深化理论的内容和层次，逐步走入智慧的殿堂。

有用便是真理

理论成为我们可以依赖的工具，而不是谜语的答案。

——（美国）威廉·詹姆士

很多人都信奉真理越辩越明，然而，真的是这样吗？什么样的真理才能越辩越明呢？美国哲学家威廉·詹姆士讲过这样一件事：

在露营地里，人们正在进行一场形而上学的争论，争论的主题与一只松鼠有关。一只松鼠攀在树干的一面，树干的另一面站着一个人。这个人绕着树跑到树的另一面看松鼠，但是无论他跑得多快，松鼠总会以相同的速度跑到他的反面。人与松鼠之间总是隔着一棵树，人无法看到松鼠。这样，就产生了一个形而上学的问题：人是不是在绕着松鼠跑？人的确是绕着树跑，但是松鼠是在树上，那么人是绕着松鼠在跑吗?

在哲学家看来，一旦遇到矛盾，就一定要找出差别。詹姆士找出来了这样一个差别，他认为，究竟人是不是绕着松鼠跑，就要看双方所说的“绕着松鼠跑”的实际意义是什么。如果“绕着”是从松鼠的北面到东面再到南面、西面，然后又回到北面这样一个循环，显然这个人是绕着它跑的，因为这个人相继站在这些方位。相反，如果说先在松鼠的前面，再到它的右面，再到它的后面，再到它的左面，然后回到前面，那么这个人显然并没有绕着这个松鼠跑，因为，松鼠也相对活动，它的肚子总是朝着这个人，背朝着外面。确定了这个差别后，就没有争辩的必要了。

在詹姆士看来，只要理解了“绕着跑”，那么问题就迎刃而解了。作为实用主义的代表人物，詹姆士通过这个故事说明，实用主义是解决形而上学的无休止的争论的方法。世界是一还是多？是宿命的还是自由的？是物质的还是精神的？在形而上学的眼里，这些概念的争论是永无止境的，而实用主义就是要打破这一循环，用实际的效果来解释每一个概念。如果是这个概念而不是那一个概念是真实的，对于任何一个人来说有什么差别呢?

如果两个概念没有实际性的差别，那么任何一个实际上也都是一样的。既然都一样，那么所有的争论也就都是白费的。所以，遇到争论很激烈的时候，我们一定要指出双方争论的实际差别。

权威意见是参考不是镣铐

吾爱吾师，吾更爱真理。

——（古希腊）亚里士多德

苏格拉底是柏拉图的老师，亚里士多德又受教于柏拉图，这师徒三代都是西方哲学史上赫赫有名的人物。在雅典的柏拉图学院中，亚里士多德表现得很出色，柏拉图称他是“学院之灵”。

亚里士多德非常尊敬他的老师，但他不是个崇拜权威、在学术上唯唯诺诺而没有自己想法的人。他同大谈玄理的老师不同，他努力收集各种图书资料，勤奋钻研，甚至为自己建立了一个图书室。在学院期间，亚里士多德就在思想上跟老师有过分歧。他曾经隐喻地说过，智慧不会随柏拉图一起死亡。当柏拉图到了晚年，师生间的分歧更大了，经常发生争吵。但这只是因为哲学观点的不同而已，亚里士多德对此说道：“吾爱吾师，吾更爱真理。”

亚里士多德的这句话，与孔子的思想不谋而合。孔子也曾说过："当仁不让于师。"他对弟子们说道，当遇到仁义的地方，你们应该站在仁义的那一方，如果我错了，你们也不用因为我是老师而违背了道义。

在生活和工作中，当自己持有的某种意见和"权威意见"发生冲突时，大多数人便主动地扔掉了自己的看法。权威的确在很多时候都是正确的，但如果你没有经过自己的思考而只是习惯性地依附于它，你就永远只能是跟随者甚至盲从者，而没有办法在这个世界上发出自己的声音，而一旦你所相信的权威力量坍塌时，你的精神支柱也会随之倒塌。

权威意见都只是参考。所有取得了耀眼辉煌的人都具有这样的品质——他们尊重权威，但从不迷信权威。

实事求是是指从实际对象出发，探求事物的内部联系及其发展的规律性，认识事物的本质。在面对问题时，不要无原则地相信师长或者书本上的话，而必须从客观实际出发，研究和论证其真实性和合理性。

学问至境：知道自己不知道

天下有大知，有小知；人之智虑有所及，有所不及。

——苏　洵

人不是生而知之，而是学而知之，所以不可能什么都知道。为学如孔子所说，"知之为知之，不知为不知"，才是人生最高的智慧。平实求知，懂得就是懂得，不懂就是不懂，就是最高的智慧。换言之，不懂硬装作懂，乃真愚蠢。

很多大师在取得了世人瞩目的成就之后，都认为自己实际上是"无知"的，促使自己进一步向未知领域拓展。

古希腊著名哲学家苏格拉底，不但才华横溢、著作等身，而且广招门生、奖掖后进，运用著名的启发谈话启迪青年智慧。每当人们赞叹他学识渊博、智慧超群的时候，他总谦逊地说："我唯一知道的就是我一无所知。"

被人们称颂为"力学之父"的牛顿发现了万有引力定律；在热学上，他提出了冷却定律；在数学上，他提出了"流数法"，建立了二项定理，和莱布尼茨几乎同时创立了微积分学，开辟了数学上的一个新纪元。他是一位在多方面成就显赫的伟

大科学家，然而他非常谦逊。对于自己的成功，他谦虚地说："如果我比别人看得更远些，那是因为我站在巨人肩上的缘故。"他还对人说："我只像一个在海滨玩耍的小孩子，有时很高兴地拾着一颗光滑美丽的石子儿，真理的大海还是没有发现。"

法国化学家安德烈取得了化学成就后，当选为英国皇家学会会员，欧文斯学院专门为他设立了有机化学教授的新职位，格拉斯大学选他为名誉博士，这许多荣誉却丝毫没有改变他的谦虚为人。安德烈逝世后，恩格斯在悼文中称"他是世界上最谦虚的人"。

扬名于世的音乐大师贝多芬，谦虚地说自己"只学会了几个音符"。

科学巨匠爱因斯坦也说自己"真像小孩一样幼稚"。

学问愈深，未知愈重；越是学识渊博，越要虚怀若谷。对一位科学家来说，承认自己的无知，使自己的结论留有被质疑的余地，是科学发展所必需的。做学问的人只有秉持这样的科学态度，才能不断地"格物致知"，获得新认识，达到新境界。常言所谓"一事不知，学者之耻"，其本意正是在于鼓励学者们不断求索，不断进取。

反对者的权利

人有自由意志，成人成兽全在自己。

——（古罗马）卢克莱修

古希腊著名的数学家、哲学家毕达哥拉斯最早悟出了数学的意义，他认为万事万物背后都有数的法则在起作用。他在有理数的基础上建立了自己的数学理论，并延伸到哲学范畴。然而，他的学说曾经遭到了他的学生的质疑。

毕达哥拉斯用有理数的存在解释了万事万物，然而他的学生希帕索斯发现了根本不存在的等价分数，这就意味着是无理数。当喜出望外的希帕索斯把这个消息告诉老师毕达哥拉斯时，毕达哥拉斯感到自己的学说受到了威胁。无理数的发现无疑是对毕达哥拉斯哲学思想的致命否定，即“万物皆依赖于正数”这一理论存在漏洞，甚至是不正确的。同时，毕达哥拉斯的数学理论基础也会随之不复存在，这将引爆一次严重的数学危机。

认识到无理数发现的严重性后，毕达哥拉斯要求希帕索斯保守这一秘密，然而遭到了希帕索斯的拒绝。为了捍卫他的学说，毕达哥拉斯竟然做出了一个使他终身蒙羞的决定，派人将希帕索斯淹死。本应该接受这个新发现的毕达哥拉斯，却因为不敢承认自己学说的漏洞，不敢否定自己的整个体系，做出了令希腊数学界蒙羞的恶行。

难以想象，奉行“和谐友爱”的宗教信条的毕达哥拉斯，却违背了一个科学家应该有的心胸和态度，犯下了不可饶恕的罪行。

〉第二篇

开启思辨之门：冲撞理智的符号

第一章

逻辑与方法：你能两次踏入同一条河流吗

纯粹理性的批判

有两种东西，我对它们的思考越是深沉和持久，它们在我心灵中唤起的惊奇和敬畏就会日新月异，不断增长，这就是我头上的星空和心中的道德定律。

——（德国）康德

大多数人都认为，真正的哲学家都非常严肃甚至生硬，还有一些不懂世故、不解风情的“学究气”，常常让人敬而远之，甚至会招致人们背后的嘲笑。德国古典哲学家康德便是这种“标准的哲学家”。

康德的一生几乎都没离开过他出生的地方。1724 年，康德出生于东普鲁士哥尼斯堡。1740 年，进入哥尼斯堡大学哲学系学习，毕业后在一个贵族家庭担任了 9 年家庭教师。1755 年，康德担任了哥尼斯堡大学讲师，后被提升为教授、校长，于 1797 年退休。直至他去世，他到过的最远的地方仅仅是离哥尼斯堡 50 千米的一个城市。

在平常人看来，康德的生活非常准时，甚至显得过于呆板和枯燥。康德的日常生活安排十分有规律，就像时钟一样准确。据说，无论冬夏，5 点差一刻，他都会准时起床。起床后，喝一杯茶，吸一袋烟，然后他就外出讲学，或者开始哲学思考和创作。

下午3点，康德按时出门散步，散步的路线是固定的。因为康德的许多哲学思想都是在这条路上产生的，这条道也被称为“哲学大道”。他散步时闭口不言，只用鼻子呼吸，据说他认为在路上张开嘴不卫生；有人戏说他“心胸狭窄”，因为他胸部凹陷，胸腔狭小，但他却拥有广阔的精神天空；他就像精准的钟表一样守时，风雨无阻，市民们在满怀敬意与他打招呼时，总是趁机校正自己的钟表。只有一次，邻居们没有准时看到他的出现，都为他担心，当时他正沉浸在卢梭的《爱弥尔》里，以至于忘了时间，忘了自己，不过，在数十年间，这是他唯一一次没有准时出现。

康德终生未娶。康德有过想娶妻的冲动，一次当他还在盘算自己的财产时，就被人捷足先登了；另一次则是邂逅了一位来哥尼斯堡旅游的年轻女子，当他还在对是否应求婚进行哲学论证的时候，这位女子离开了哥尼斯堡，从此芳踪难觅，只能不了了之。海涅对此评价说：“康德的生平履历很难描写，因为他既没有生活过，也没有经历什么。”之后，康德就没有与任何女性有过密切接触。对此，康德曾经自嘲地说：“未婚的老年男人往往比已婚的男人更能保持年轻的风貌，已婚男人那饱经风霜的脸上，画着的不是一只负重的老牛吗？”

德国诗人海涅评价道：“德国被康德引入了哲学的道路，因而哲学变成了一份民族的事业。一群出色的大思想家突然出现在德国的国土上，就像用魔法呼唤出来的一样。”海涅所言没有丝毫的夸张。康德所开创的德国古典哲学，发动了哲学史上的“哥白尼革命”，他是任何哲学史都不能不提及的伟大哲学天才。他创建的“纯粹理性批判”“实践理性批判”和“判断力批判”三大体系几乎成为古典哲学的最高峰，并深刻地影响着现代哲学的发展。甚至有人绝望地宣称，康德之后再不会有纯粹的哲学了，因为哲学已经被康德终结了。

康德的一生就这样与哥尼斯堡联系着，他几乎没有出过远门，更没有去过英国、法国留学，但是他取得了举世瞩目的成就。这是因为他对于哲学的喜爱和执着："有两种东西，我对它们的思考越是深沉和持久，它们在我心灵中唤起的惊奇和敬畏就会日新月异，不断增长，这就是我头上的星空和心中的道德定律。"

人不能两次踏入同一条河流

一切皆流，无物常住。

——（古希腊）赫拉克利特

世界是不断变化的，我们每天都面临一个崭新的世界。太阳每天都会升起，但今天的太阳还是昨天的太阳吗？哲学努力地为人的存在寻求一种超越我们本身之外的确定感，然而变化却是每个哲学家都无法回避的话题。

古希腊哲学家赫拉克利特非常强调变化的观点，他有一句非常有名的话："人不能两次踏入同一条河流。"他的意思是，世界是永恒变化着的，运动是绝对的，即"一切皆流，无物常住"。他说："除了变化，我别无所见。不要让你们自己受骗！如果你们相信在生成和消逝之海上看到了某块坚固的陆地，那也只是因为你的目光太仓促，而不是事物的本质。你们使用事物的名称，仿佛它们永远持续地存在，然而，甚至你们第二次踏进的河流也不是第一次踏进的那同一条河流了。"

但是后来，赫拉克利特的一个学生克拉底鲁把他的观点绝对化、教条化，提出了一个极端观点："人一次也不能踏入同一条河流。"认为当我们踏入"这条"河流的时候，它已经不是刚才我们看到的"那条"了。如果按照这个逻辑的话，世界上就不会有确定性质的事物了，整个世界将成为混沌一团。我们既不能认识事物，也不能解说一个事物是什么了。因为，当我们还没有说完"这是一张饼"时，饼已经变成其他东西了，当我们把饼吃到肚子里的时候，它又变成了另外的东西。因此，克拉底鲁主张用动手指代替说话，因为一开口就过时了。这显然是荒谬的。

赫拉克利特说"人不能两次踏入同一条河流"是强调运动具有绝对性，一切都存在，同时又不存在，因为一切都在流动，都在不断地变化，不断地产生和消亡。而克拉底鲁说"人一次也不能踏入同一条河流"，就割裂了运动和静止之间的关系。

物质世界处于永恒的运动之中，但绝对运动的物质也有相对静止的一面。如果连相对静止都否认了，那么这个世界就没有什么是可以认识的了。

关于克拉底鲁的错误还有一个小故事讲得更直白：

有一个人外出忘了带钱，便向邻居借。过了一段时间，这个人不还钱，邻居便向他讨债。这个人狡辩说："一切皆变，一切皆流，现在的我，已不是当初借钱的我了。"邻居发了脾气，一怒之下就挥手打了他，赖账人要去告状，这位邻居对他说："你去吧，一切皆变，一切皆流，现在的我，已不是当初打你的我了。"赖账人无言以对，只好干瞪眼。

赫拉克利特强调运动变化，但并没有否定静止。在他的思想中，运动是绝对的，静止是相对的。赫拉克利特认为世界的本源是火，这是万物的本性；但是火的形态是不停变化的，表现着不同的形式。这就告诉我们要看到事物静止的一面，也要看到运动的一面。恩格斯高度评价了他的这个思想："这个原始的、素朴的但实质上正确的世界观。"

世界上没有完全相同的两片树叶

天地间没有两个彼此完全相同的东西。

——（德国）莱布尼茨

赫拉克利特强调万物皆变，而近代德国哲学家莱布尼茨则强调万物皆异。在他看来，天地间每件事物都是独特的，没有任何两个彼此完全相同的东西，因而对事物要区别对待。

莱布尼茨可以说是举世罕见的天才，出生于德国的他几乎研究了当时人类所了解的一切领域，如力学、逻辑学、化学、地理学、解剖学、动物学、植物学、气体学、航海学、地质学、语言学、法学、哲学、历史、外交，等等。他甚至还尝试创造一些自己的小发明，而他最重要的成就可能就是发明了微积分，为近代数学带来了革命性的变化。他还是最早研究中国文化和中国哲学的德国人，对丰富人类的科学知识宝库做出了不可磨灭的贡献。莱布尼茨被称为自然科学家、数学家、物理学家、历史学家和哲学家，正是由于上述这些因素，莱布尼茨的哲学显得卓尔不群。他不但涉猎范围十分广泛，而且他得出的一些结论也十分惊人。

莱布尼茨的博学使他名噪一时，当时的德国贵族都非常希望结交这样一位学术之星。据说，莱布尼茨曾经当过“宫廷顾问”。

有一次，皇帝让他解释一下哲学问题，莱布尼茨对皇帝说，任何事物都有共性。皇帝不信，叫宫女们去御花园找来一堆树叶，莱布尼茨果然从这些树叶里面找到了它们的共同点，皇帝很佩服。

这时，莱布尼茨又说“凡物莫不相异”，“天地间没有两个彼此完全相同的东西”。宫女们听了这番话后，再次纷纷走入御花园去寻找两片完全没有区别的树叶，想以此来推翻这位哲学家的论断。结果大失所望，因为粗粗看来，树上的叶子好像都一样，但仔细一比较，却是形态各异，都有其特殊性。宫女们累弯了腰，也没能找到两片大小、颜色、厚薄等完全相同的树叶。

这个故事揭示了哲学关于世界统一性和多样性关系的原理。这一原理告诉我们，统一的物质世界以多种多样的形式存在和发展。组成物质世界的丰富多彩的不同个体各有其特殊性，但事物与事物之间又有着普遍的联系，存在着许多共性。世界的统一性和多样性是有机的统一，不可割裂。这要求我们做事情的时候要从实际出发，具体情况具体分析，不要盲目随从。

同时，莱布尼茨给我们展示了自然界的神奇，对于我们人类来说又何尝不是如此呢？我们每个人都是一个独立的个体，又都是一个独特的个体，因为没有任何其他的人和你完全一样。我们要为自己的存在骄傲，因为每个人在世界上都是独一无二的。所以，请珍惜自己的生命，活出自己的精彩！

肯定即否定

一切事物本身就是矛盾的。

——（德国）黑格尔

“规定即否定”表面上看起来是个自相矛盾的命题，表达“赞同”的肯定和表达“不赞同”的否定怎么能说的是一个意思呢？然而这确实是法国近代哲学家斯宾诺莎的名言，而表达同类思想的哲学家不在少数。

斯宾诺莎的这个命题所揭示的是这样一个道理：对于具有无限性的东西来说，在本质上对它的每一种确定，都必然意味着对其无限性的限制，因而意味着否定。斯宾诺莎曾经把无限性比作一个圆环。圆既无起点也无终点，因而在质上是无限的（尽管它在量上是有限的）。而其他任何一种开放区间的线段，则无论在量上可以延展多么长，但在质上总是受到起点和终点的规定，因而是有限的。比如上帝的概念就是不能被规定的，因为任何规定就是对上帝这个概念的限制。

老子提出的“道可道，非常道。名可名，非常名”这个命题，与斯宾诺莎的“规定即否定”这个命题具有相似的含义。老子认为，道本身无起点亦无终点，“绳绳兮不可名”，是不可规定的无限实体。但另一方面，老子又认为，道也不是栖身于宇宙之外的一个超越物，它存在于宇宙中，存在于事物中。在这个意义上，“道”与西方哲学中“上帝”的观念很是接近，都是不能被规定的。

然而颇为有意思的是，相似的道理到了佛家那里便换了种说法，禅宗宣称：否定一切，才是肯定一切。如《般若心经》云：“色即是空，空即是色，受想行识，亦复如是。”还有段颇有禅机的对话为证：

有一次，道光禅师问大珠慧海禅师：“禅师，你平常用功，是用何心修道？”

大珠：“老僧无心可用，无道可修。”

道光禅师：“既然无心可用，无道可修，为什么每天要聚众劝人参禅修道？”

大珠：“老僧我上无片瓦，下无立锥之地，哪有什么地方可以聚众？”

道光禅师：“事实上你每天聚众论道，难道这不是说法度众？”

大珠：“请你不要冤枉我，我连话都不会说，如何论道？我连一个人也没有看到，你怎可说我度众呢？”

道光禅师：“禅师，你这可打妄语了。”

大珠：“老僧连舌头都没有，又如何打妄语？”

道光禅师：“难道器世间，有情世间，你和我的存在，还有参禅说法的事实，都是假的吗？”

大珠：“都是真的！”

道光禅师：“既是真的，你为什么都要否定呢？”

大珠：“假的，要否定；真的也要否定！”

道光禅师终于言下大悟。

对于所有东西的否定才是对其的肯定。说到真理，有时要从肯定上去认识，但有时也要从否定上去认识。

如《般若心经》云："色即是空，空即是色，受想行识，亦复如是。"这是从肯定中认识人生和世间；《般若心经》又云："无眼耳鼻舌身意，无色声香味触法。"这就是从否定中认识人生和世间。大珠慧海禅师否定一切，不是打妄语，因为否定一切，才是肯定一切。

反者道之动

有无相生，难易相成。

——老 子

老子是我国古代伟大的哲学家、思想家和道家学派创始人，其被女皇武则天封为太上老君，被认为是中国古代最聪明而又神秘的哲人。相传其晚年乘青牛西去，在函谷关写成了五千言的《道德经》，其作品的精华是朴素的辩证法，典型表述便是"反者道之动"。

通行本《老子》第四十章说："反者道之动，弱者道之用。"意思是说，向相反的方向转化，是"道"运动的规律，而柔弱则是"道"的作用。老子看到和揭示出诸如长短、高下、美丑、难易、有无、前后、祸福、刚柔、损益、强弱、大小、生死、智愚、胜败、巧拙、轻重、进退、攻守、荣辱等一系列矛盾，认为这些矛盾都是对立统一的，任何一方面都不能孤立存在，而须相互依存、互为前提，即"有无相生，难易相成，长短相形，高下相倾，音声相和，前后相随"。老子把事物都包含有向相反方向转化的规律概括为"反者道之动"。

关于此最著名的例子便是塞翁失马了。

战国时期有一位靠近边塞居住的老人，人称塞翁。他养了许多马，一天马群中忽然有一匹马走失了。邻居们听到这事，都来安慰他不必太着急，年龄大了，多注意身体。塞翁见有人劝慰，笑笑说："丢了一匹马损失不大，没准还会带来福气。"

邻居听了塞翁的话，心里觉得好笑。马丢了，明明是件坏事，他却认为也许是好事，显然是自我安慰。可是过了没几天，丢的马不仅自己回家，还带回了一匹骏马。

邻居听说马自己回来了，非常佩服塞翁的预见，向塞翁道贺说："还是您老有远见，马不仅没有丢，还带回一匹好马，真是福气呀。"

塞翁听了邻人的祝贺，反倒一点高兴的样子都没有，忧虑地说："白白得了一匹好马，不一定是什么福气，也许会惹出什么麻烦来。"

邻居们认为他故作姿态，纯属老年人的狡猾。心里明明高兴，有意不说出来。

塞翁有个独生子，非常喜欢骑马。他发现带回来的那匹马身长蹄大，嘶鸣嘹亮，一看就知道是匹好马。他每天都骑马出游，心中扬扬得意。

一天，他高兴得有些过火，打马飞奔，一个趔趄，从马背上跌下来，摔断了腿。邻居听说，纷纷来慰问。

塞翁说："没什么，腿摔断了却保住了性命，或许是福气呢。"邻居们觉得他又在胡言乱语。他们想不出，摔断腿会带来什么福气。

不久，匈奴兵大举入侵，青年人被应征入伍，塞翁的儿子因为摔断了腿，不能去当兵。入伍的青年都战死了，唯有塞翁的儿子保全了性命。

老子"反者道之动"的命题对中国哲学中辩证思想的发展有重大影响，启迪了《易传》《淮南子》等书作者和韩非、扬雄、张载、程颐、王夫之等人的辩证法思想。通常所说的"物极必反"，就是对"反者道之动"思想的通俗表述。

维特根斯坦的镜子

逻辑是世界的一面镜子。

——（奥地利）维特根斯坦

差劲的小说家只会讲故事，但优秀的小说家却能将故事展现给我们看。小说如人生，当情感展现出来，才能最好地发挥它的威力，单纯的叙述会使它失去价值。哲学家维特根斯坦在年轻时便认为，思想家企图寻求的一切真理，无论是理智上的还是道德上的，都适用于上述原则。哲学是反映世界之镜，不是来清晰地说明世界的。他相信，世界和人类思想的本质都无法被言说，而只能加以呈现。20世纪初期，哲学家将哲学问题重新归纳为语言问题。而早在100年前，康德便明白，唯有先理解感觉器官，以及以感觉器官作为媒介的思维过程，才有可能理解世界。

维特根斯坦则更进了一步，他认为既然一切理解均需通过语言，那么研究语言即能掌握世界最精确的样貌。

1920年，也就是《逻辑哲学论》出版前两年，维特根斯坦归隐到阿尔卑斯山当小学老师，当时他才31岁，不过他认为75页的《逻辑哲学论》已经把哲学问题统统解决了。9年后，维特根斯坦回到剑桥，又重新开始解决这些哲学问题。

在东部前线服役时，维特根斯坦听说有个法庭案件，当庭展示了一条街道的模型，用来说明导致车祸事件发生的原因。他由此获得灵感，认为语言字词的功能便如同模型里的玩具车和玩偶一般，被组织起来建构一幅现实世界的景象。

接着，他又主张一切表述系统必定是以此类比喻方式加以运作的。虽然语言里使用的字词和其所指涉的对象并不相似，只是大家一致同意用来代表特定对象的任意符号，然而，当我们比较语句里字词与实际事物间的关系时，相似性就出现了。叙述与事实的关系，就像是比例尺地图与其所代表的实际地域的关系。虽然地图理所当然比实际地域小得多，但重点在于，地图上所标示的地点间的距离，模拟了实际世界中对应物之间的距离。

维特根斯坦又继续推论，语句的结构或形式必须和世界的现实事物所显露的事实相同，语言才能发挥功能，世界所包含的各类结构必须反映在我们用来谈论这些结构的语言的结构中。

正如复杂的事实可以被拆解成更小的部分一样，语言也可以被分解成更简单的元素。名词代表世界上的简单事物，而名词在语句中的结合方式，则代表名词所指涉的对应事物彼此之间的关系。事物间存在着空间关系，而字词间则存在着逻辑关系。当我们说“那只猫在垫子上”时，会知道是“那只”猫在“那张”垫子上，我们理解了这一陈述，就确认了语言与实在间的共同结构。这好比用尺或透明格网把说的话与世界量一量，看看彼此是否相符，如果是的话，说的话便是真的。

真实世界里的事物彼此间相互联系，本身并非额外的独立事物。猫坐在垫子上时，存在的有猫、垫子，以及猫和垫子的关系，但并没有第三件可被称为“猫正坐在垫子上”这样的事物了。同样地，语句中字词间的逻辑关系并非额外的字词，而是仅展现于所谈论之事物的结构中。了解这点相当重要，因为这意味着语言和其所描述的世界之间的关系，本身无法在语言中加以陈述。世界上有一样东西是图所无法描述的，那就是图本身，它无法借由自我描述来说明自己是幅图。

压死骆驼的是最后一根稻草

> 量变积累到一定程度就会引起质变。
>
> ——（德国）马克思

欧氏几何的创始人欧几里得是苏格拉底最早的学生之一，后来创建了麦加拉学派。据说，他有很多有名的论辩，其中最著名的是“谷堆辩”和“秃头辩”，后来被许多哲学家如列宁、黑格尔引用。

“谷堆辩”是说：一颗谷粒不能形成谷堆，再加上一颗也不能形成谷堆，如果每次都加一颗谷粒，而每增加的一颗又都不能形成谷堆，所以，不管加多少谷粒都不会形成谷堆。

“秃头辩”是说：掉一根头发不能成为秃顶，再掉一根也不能成为秃顶，那么如果每次掉一根，而掉的每根头发又都不能形成秃顶，所以，不管掉多少头发都不能成为秃头。

欧几里得不懂得量变和质变的关系，所以才会提出上面的论证。按照辩证法，任何事物都具有一定的质和一定的量，是质和量的统一体。质是一个事物区别于其他事物的内在规定性。世界上的事物之所以千差万别，就是因为每个事物各自具有独特的质。量是事物存在和发展的规模、速度、程度以及构成事物的各部分在空间上的排列组合等可以用数量表示的规定性。同一类事物之所以不尽相同，就是因为它们在量上不同。量变到一定程度便会引起质变，下面这则阿拉伯故事就体现了这个道理：

一个人有一匹老骆驼，老骆驼一天到晚任劳任怨地干活。

有一次，这个人想看看老骆驼到底还能驮多少货物，于是不断地加，不断地加，但是老骆驼还是没有倒下。最后他想是不是已经到了极限呢，于是轻轻地投了一根稻草在老骆驼背上，没想到就是这一根稻草使它轰然倒下。

事物的运动、变化和发展呈现为量变和质变两种状态。世界上任何变化，都是从量变开始的，当量变积累到一定程度，就会引起质变。换句话说，量变是质变的准备，质变是量变的结果。所以，一粒谷子不会形成谷堆，但谷粒积累到一定数量，就成为谷堆；掉一根头发不会变成秃顶，然而头发掉到一定程度，就成了秃顶。同样，最后一根稻草便能压死一头骆驼。

亚里士多德的四种原因

哲学的任务在于研究原因。

——（古希腊）亚里士多德

万物存在都有自己的依据，对原因的探讨是哲学上永不过时的话题。我们经常说A的原因是B，但是在亚里士多德看来，并不能将一个事物存在发展的原因简单地归结为某一个，实际上，事物的存在发展有四种原因。

亚里士多德在这里所说的“原因”，不同于近代以来的“因果性”观念，后者指先于结果发生并能产生改变结果的事件，而亚里士多德所说的“原因”包含的范围更广阔一些，与“为什么”相对应，并不单单与“结果”相对应。对于一个对象，我们可以提出多少“为什么”的问题，它就有多少“原因”。

为了说得更明白一点，我们还是来举个例子吧。当你被问到“什么是雕塑”的时候，你也许会回答“就是拿着刻刀在石头上划的东西”。这是个正确的答案，但在亚里士多德看来并不完美，因为根据他的理论，至少应该从“质料因”“形式因”“动力因”“目的因”四个方面进行分析。

首先，事物为什么会在运动中继续存在？因为它们由不变的质料组成，这一理由即“质料因”。“质料因”代表了一个事物从原料所组成的存在形式，将物质的构成追溯至零件的部分，接着形成一个完整的整体。举例而言，形成一尊大理石雕像的大理石等原料便是质料因。

其次，事物为什么会以某一种特定的方式运动？因为它们各有特定的形式，表述本质的定义即“形式因”。“形式因”解释了构成一个事物的基本原则或法则。举例而言，雕塑一尊大理石雕像的草稿就是其形式因。

再者，事物为什么会开始或停止运动？因为它们受到推动或作用，推动者或作

用者即“动力因”。“动力因”指的是改变事物的动力及起因。举例而言，将大理石雕刻为雕像的艺术家就是动力因。

最后，事物为什么会运动？因为他们都朝向各自的目标，解释物体朝向运动目标的理由即“目的因”。“目的因”指的则是一件事物存在的原因，或是改变的原因。举例而言，可供欣赏和赞扬是这尊大理石雕像的目的因。

总结一下，亚里士多德提出了引发事物的四种不同因素——质料、形式、动力和目的。例如，使雕像形成的材料因素即是制成它的大理石或青铜，这些原本呈块状的物质具有成为雕像的潜能。形式因素则是雕像据以制造的构想或图像，它是雕刻家心中的蓝图。雕刻家同时也是动力因素，换言之，他是改变大理石或青铜的原动力。目的因素则是雕像制造的目的，可能是为了取悦赞助人或只是艺术家的谋生之道。

根据亚里士多德的理论，其他的存在都可以被这样来解释。比如，建筑房屋活动的质料因是砖石等材料，形式因是建筑蓝图，动力因是建筑者，目的因是居住。因此，房屋就是由建筑者根据建筑蓝图，使用砖石等材料，为了居住而建的东西。

亚里士多德的“四因说”为我们平常认识和解决问题提供了一种更广阔的思路。我们不仅要思考到事物运动的目的因，还要考虑到运动的质料因、形式因和动力因，这是我们认识事物的方式，也是解决问题的途径。

鸡生蛋还是蛋生鸡

潜能的实现是结果。

——（古希腊）亚里士多德

鸡生蛋还是蛋生鸡，这是一个哲学问题。

你也许会感到可笑，这是日常生活中常见的争论，怎么会是一个哲学问题呢？实际上，关于先有鸡还是先有蛋的问题的争论，在哲学和科学等许多领域已经持续了千百年，不同的人给出的答案五花八门。

据报道，对于“鸡生蛋还是蛋生鸡”这个问题，英国谢菲尔德大学和沃里克大学的科学家日前给出了确切答案：“先有鸡。”

一组研究人员发现鸡蛋壳的形成需要依赖于一种叫 OC-17 的蛋白质，而这种蛋白质只能在母鸡的卵巢中产生。研究人员因此得出结论，只有先有了鸡，才能够有第一个蛋的产生。

谢菲尔德大学工程材料系的弗里曼博士说：“之前人们怀疑是先有蛋，但是现在

根据科学证据显示，实际上是先有鸡。这种蛋白质已经被确认，它与蛋的形成密不可分，并且我们已经了解到其是如何控制这一进程的。这相当有趣，不同类型的鸟类似乎用这种蛋白质在做着同样的工作。”

在过去对“先有鸡还是先有蛋”这个问题的争论中，科学家们一般都倾向于先有蛋。2008 年，加拿大古生物学者泽勒尼茨基称，通过对 7700 万年前恐龙蛋化石的研究，谜题答案浮出水面：恐龙首先建造了类似鸟窝的巢穴，产下了类似鸟蛋的蛋，然后恐龙再进化成鸟类。因此很明确，蛋先于鸡之前就存在了，鸡是由这些产下了类似鸡蛋的肉食恐龙进化而成的。

有些哲学家也认为先有蛋，英国伦敦国王学院的哲学家帕皮诺甚至从哲学的角度证明了先有蛋。他说：“种瓜得瓜，种豆得豆。说是袋鼠下的蛋，结果孵出的是鸵鸟，那么这枚蛋一定是鸵鸟产的，而不是袋鼠产的。”同理，第一只鸡不可能是从其他动物所生的蛋中孵出来的，只可能先有鸡蛋才有鸡。

更有意思的是，虽然这个问题是谁先提出来的已经不可考，但在哲学史上却有不少的大家涉足其中，争论不休。在这里就讲讲希腊哲学家史上的两位哲学家的观点。一位哲学家是柏拉图，在他的哲学中最重要的“理念”哲学论，他认为世界由两部分组成——所谓的“二元论”，一部分是我们所看到的事物，另一部分是我们的理性。他还进一步说明了我们的眼睛不太可靠，我们所看到的事物和它在我们理性中的模型不完全符合，他把这个模型称为“理念”；在他看来，“理念”先于事物而在我们的头脑里存在，也就是说，我们之所以在看到马时能认出这是匹马，是因为马的“理念”已经在我们的头脑里存在。然后我们回到这个问题上来，按照他的哲学理论，当我们还未见到鸡却知道鸡会生蛋时，我们就会理所当然说是先有鸡然后才有鸡蛋，因为我们头脑里已经知道这回事并且我们相信我们的理性。

然而，另一个希腊哲学家亚里士多德，同时也是柏拉图的学生，在崇拜他的老师的同时，也提出了自己的、与自己老师截然相反的哲学观点。他认为我们世界也是由两部分组成的，即事物与理性，但是我们应该相信我们的感官，也就是说我们所看到的就是客观的，它们不会随我们的意志而转移。在明白了柏拉图的哲学理论后再来理解亚里士多德的哲学理论，我们就会得出与其相反的结论，即是先有蛋后有鸡。同时他还认为，蛋是潜能，鸡是结果。潜能先于结果，因而蛋先于鸡。

你也许会对上面的争论感到可笑，因为大家到最后还是没有说明白到底是先有鸡还是先有蛋，但我们至少可以从上面的思维方式中得到启发，哲学本来就不是有标准答案的。先有鸡还是先有蛋也许永远都不会有令所有人信服的答案，因为它本身就是一个循环论证的过程，其中的哲学思维方式却颇为闪光和有趣。

第二章

悖论与谬误：上帝举不起的石头

芝诺悖论

飞矢不动。

——（古希腊）芝诺

哲学可以明智，它通过逻辑的训练让我们无限拓展思维的深度和广度。我们可以说逻辑学是研究思维、思维的规定和规律的科学，但是我们更应该明白，哲学和逻辑，无处不在。时至今日，当我们试图在哲学的卷帙浩繁中撷取沧海一粟时，也不得不回望历史，将我们的目光聚焦于古希腊那个璀璨的轴心时代。古希腊哲学家芝诺就曾经提出过一些著名的悖论，对以后数学、物理概念产生了重要影响，芝诺悖论就是其中一个。

阿喀琉斯是古希腊神话中善跑的英雄，传说他的速度可以和豹子相比。在他和乌龟的竞赛中，他的速度为乌龟速度的 10 倍，乌龟在他前面 100 米处跑，他在后面追，但他不可能追上乌龟。因为在竞赛中，追者首先必须到达被追者的出发点，当阿喀琉斯追到 100 米时，乌龟已经又向前爬了 10 米，于是，一个新的起点产生了；阿喀琉斯必须继续追，而当他追到乌龟爬的这 10 米时，乌龟又已经向前爬了 1 米，阿喀琉斯只能再追向那个 1 米。就这样，乌龟会制造出无穷个起点，它总能在起点与自己之间制造出一个距离，不管这个距离有多小，但只要乌龟不停地奋力向前

爬，阿喀琉斯就永远也追不上乌龟！

中国古人也有相似的例子来表述这个“悖论”，即著名的“一尺之捶，日取其半，万世不竭”。这个句子出自《庄子·天下》，是由庄子提出的。

一尺长的木头，今天取其一半，明天取其一半的一半，后天再取其一半的一半的一半，如此“日取其半”，总有一半留下，所以“万世不竭”。简单地说，每次取一半的话，第一次是1/2，第二次是原长的1/4，第三次是原长的1/8……分子永远是1，分母都是2的平方数，到最终分母虽然会很大，但毕竟不是零，所以说“万世不竭”。一尺之捶是一有限的物体，但它可以被无限地分割下去。

这些结论在实践中是不存在的，但是在逻辑上却无可挑剔。芝诺甚至认为：“不可能有从一地到另一地的运动，因为如果有这样的运动，就会有‘完善的无限’，而这是不可能的。”如果阿喀琉斯事实上在某个时刻追上了乌龟，那么，“这是一种不合逻辑的现象，因而绝不是真理，而仅仅是一种欺骗”。这就是说感官没有逻辑可靠。他认为：“穷尽无限是绝对不可能的。”芝诺悖论涉及运动学、认识论、数学和逻辑学问题，在历史上引起了长久的思索，至今仍保持着理论上的魅力。

说谎者悖论

我正在说的这句话是谎话。

——（古希腊）欧几里得

作为一级学科的哲学下面还分很多子学科，逻辑学可以说是其中最难的一种，因为它所涉及的素材并不是我们直观可见的东西，它所尊崇的是纯粹抽象的元素。但是，逻辑也没有那么困难，因为它所面对的自始至终都只是我们自己的思维。思维的边界在哪里，逻辑的疆域就在哪里。

但是，逻辑并不仅仅意味着对于思维技巧的训练。从更宽广的向度上说，逻辑因为思维而显得更加高贵。然而，我们的思维也会欺骗我们。比如，当有人告诉你他正在对你说谎时，你该怎样判断自己获取的信息的可信性呢？好在这只是一个逻辑学上的问题。

“我正在说的这句话是谎话。”

这也许是最简单的一个悖论，但却仍然是无解的悖论。公元前4世纪的希腊哲学家欧几里得提出的这个悖论，至今还在继续困扰着哲学家、数学家和逻辑学家。因为，如果你说它是真话，那么按照话的内容分析，它就应该是一句谎话；反过来，如果你说它是谎话，由于他说自己在说一句谎话，当然它就应该是一句真话了。那么，这句话到底是真话还是谎话呢？这就是著名的说谎者悖论。

类似的悖论最早是在公元前6世纪出现的，当时克里特岛的哲学家爱皮梅尼特说：“所有克里特岛人都说谎。”这句话就有两种理解。假如说他的话是对的，那么作为克里特岛人的爱皮梅尼特就是在说谎，他的话就是错的；反之，假如说他的话是不对的，那么克里特岛也有人不说谎，他的话就是对的。因而，无论怎样都无法自圆其说。仅这一点就足以使人们感到惊讶了。

说谎者悖论还有许多变化形式。例如，在同一张纸上写出下列两句话：“下一句话是谎话。”“上一句话是真话。”或者写出一连串的“下一句话是真话；下一句话是真话……”最后标明：“第一句话是谎话。”

更有趣的是下面的对话。同学甲对他的朋友乙说：“你下句话要讲的是‘不’，对不对？请用‘是’或者‘不’来回答！”如果乙回答说：“是！”这就表明他同

意了问话人的预言。也就是他要讲的是“不”，因此他的回答是与自己的本意相矛盾的。如果乙回答说：“不！”这就表明他不同意问话人的预言。因此，他就应当回答“是”，因而又与自己的本意相矛盾。究竟如何回答，这是数学家正在研究但尚未解决的问题。

这类悖论的一个标准形式是：如果事件A发生，则推导出非A，非A发生则推导出A，这是一个自相矛盾的无限逻辑循环。哲学家罗素曾经认真地思考过这个悖论，他说：“那个说谎的人说，‘不论我说什么都是假的。’事实上，这就是他所说的一句话，但是这句话是指他所说的话的总体。只有把这句话包括在那个总体之中的时候才会产生一个悖论。”罗素试图用命题分层的办法来解决这个问题，但是事实证明，从数学基础的逻辑上彻底地解决这个悖论并不容易。

理发师悖论

当一个普遍性的问题被人提出来的时候，哲学就产生了。

——（英国）罗素

我们为什么需要逻辑学？很简单，因为我们心中对于真理常怀着温情与崇敬。

真理，每当我们思及自己是走在通往它的路上时，就会自然生出无限动力。一个思维健全，精神上有所追求的人，很难不对真理抱有高度的热忱。然而，我们心向往之的东西，可能犹不可得。人的理性何其有限，真理的疆域又是何其广阔，不思考，我们将何所凭借？但是更多的时候，我们以为自己接近真理了，最后却发现走在与它渐行渐远的路上。“一个科学家所遇到的最不合心意的事，莫过于是在他的工作即将结束时，其基础崩溃了。”说这话的人，正是因为碰到了下面的这个悖论。

1874 年，德国数学家康托尔创立了集合论，并很快渗透到数学的大部分分支中，成为数学最重要的基础理论之一。1902 年，英国数学家、哲学家罗素提出了一个悖论对集合论进行质疑，这个悖论就是著名的“罗素悖论”。

罗素曾用数学符号很详细地描述过这个悖论，但是考虑对我们来说这个用符号表示的悖论形式也许不太好理解，罗素举了一个形象的例子来说明它，即著名的理发师悖论：

萨维尔村理发师挂出了一块招牌：“村里所有不自己理发的男人都由我给他们理发，我也只给这些人理发。”于是有人问他：“您的头发是谁理的呢？”理发师顿时哑口无言。

如果他给自己理发，那么他就属于自己给自己理发的那类人。但是，招牌上明明说他不给这类人理发，因此他不能自己理发。如果由另外一个人给他理发，他就是不给自己理发的人。但是，招牌上明明说他要给所有不自己理发的男人理发，因此，他应该自己理。由此可见，不管怎样推论，理发师所说的话总是自相矛盾的。

罗素悖论的出现，震动了当时的数学界。当时，德国著名逻辑学家弗里兹正准备将他关于集合的基础理论完稿付印，得知罗素悖论后，只好推迟了出版计划，并伤心地说出了这段话："一个科学家所遇到的最不合心意的事，莫过于是在他的工作即将结束时，其基础崩溃了。罗素先生的一封信正好把我置于这个境地。"

罗素悖论带来了所谓的"第三次数学危机"，但是此后，为了克服罗素悖论，数学家们做了大量研究工作，由此产生了大量新成果，也带来了数学观念的革命。看来悖论不仅能给人带来前进道路上的困惑，也能提供前进道路上的动力。

康德的梦

越是接近真理，便愈加发现真理的迷人。

——（法国）拉美特利

哲学以思想为对象，以追求真理为目标。可是，既然每一个人都能够思考，那为什么还要研究哲学呢？的确，我们每人、每天都要面对繁芜的世界，有着这样那样的计较和考量。但是，正如物质有高下之分一样，思维也有自己划分层次和水平的依据。这一依据，就是我们能够在多大程度上运用思维探讨超感官的世界，而探讨这超感官的世界也就是遨游于超感官的世界。这种精神意义上的崇高追求滋养了我们的心灵，提升了我们生存的品质，完善了人之为人的基本价值。

思考着的人是高贵的，康德正是最高贵的思考者之一。

有一次，康德做了一个奇怪的梦。

在梦中，他独自划船漂到了南非一个荒芜的岛上。他在海上远远就看见那岛上有两根高耸入云的石柱，于是想凑近去看个究竟，谁知道刚一靠岸就被岛民给抓住了。没等开口，那些人的首领就告诉康德：如果说的是真话，就要被拉到真话神柱前处死；如果说的是假话，就要被拉到假话神柱前被处死。反正是死路一条了。

康德想了一想，说："我一定会被拉到假话神柱前被处死！"

如果康德说的是真话，他应该在真话神柱前被处死，可按照他的话又应该在假话神柱前处死。反之，如果康德说的是假话，他应该在假话神柱前被处死，可按照他的话又应该在真话神柱前处死。于是，岛民们傻眼了，他们犹豫了很久，最后不得不把康德给放了。

岛民们要杀康德，完全还可以再立一根石柱，专门杀说悖谬话的人，或者杀说真假难定的话的人。实际上，在现实中，很多话很难简单地说它是真话还是假话。非真即假的思维方式是非常幼稚的。康德的梦至少说明了人类的理性并不是清晰明确的，在很多时候会陷入自相矛盾的陷阱。据说，康德醒来后受到启发，写出了《纯粹理性批判》中关于“人类理性二律背反”的章节，指出了人类的理性并不可靠。

二律背反是康德的哲学概念，简单解释起来，二律背反意指对同一个对象或问题所形成的两种理论或学说虽然各自成立但却相互矛盾的现象。纯粹理性的二律背反的发现在康德哲学的形成过程中具有重要意义，它使康德深入到对理性的批判，不仅发现了以往形而上学陷入困境的根源，而且找到了解决问题的途径。康德将二律背反看作是源于人类理性追求无条件的东西的自然倾向，因而是不可避免的，他的解决办法是把无条件者不看作认识的对象而视之为道德信仰的目标。虽然他对二律背反的理解主要是消极的，但他亦揭示了理性的内在矛盾的必然性，从而对黑格尔的辩证法产生了深刻影响。

鳄鱼悖论

> 智慧就在于说出真理。
>
> ——（古希腊）赫拉克利特

人生在世，财富、地位皆可追求，但真正决定我们生存价值的，是我们如何评价思想的力量。人类只是会思考的苇草而已，我们的思想可能只是主观的、任意的、偶然的，而并不是实质本身，并不是真实的和现实的东西。但我们也应该看到，最终区别我们的是我们精神的高度，而精神的内在核心则是思想。人类只有一种方式可以接近自己心中的上帝，就是思考、思考、再思考，因为这是我们突破自身局限，走入他人心灵的唯一凭借。在这种意义下，思想不仅仅是单纯的思想，而且是把握永恒和绝对存在的最高方式。

在古希腊哲学家中，还流传着一个著名的“鳄鱼悖论”：

从前，一条鳄鱼从一位母亲手中抢走了一个小孩。鳄鱼对母亲说：“你猜我会不会吃掉你的孩子？如果你答对了，我就把孩子不加伤害地还给你。”

这位可怜的母亲说：“我猜你是要吃掉我的孩子的。”

于是，这条鳄鱼准备吃掉孩子，可是突然发现自己碰到了难题。如果吃掉这个孩子，那这位母亲就猜对了，就应该把孩子还给她。可是，如果把孩子还给她，那她猜错了，就应该吃掉孩子。这条鳄鱼无奈，只好把孩子交还给了母亲。

事实上，无论鳄鱼怎么做，都必定与它说的相矛盾，它陷入了逻辑悖论之中，无法不违背它的承诺而从中摆脱出来。反之，如果这位母亲回答说：“你将要把孩子交回给我。”那么，鳄鱼无论怎么做都是对的了。如果鳄鱼交回小孩，母亲就说对了，鳄鱼也遵守了诺言。如果鳄鱼吃掉小孩，母亲猜错了，鳄鱼就可以吃掉小孩而不违背承诺了。

这是一个十分经典的悖论。聪明的母亲的回答使鳄鱼的前提互不相容。逻辑实际上并没有我们想象的那样晦涩艰深，这样一个经典悖论同样可以运用到我们的现实生活中来。我们在现实生活中常常会预设这样那样的前提，使得应者不论做出怎样的回答，都能得出我们理想的结论。在我们不自觉地运用逻辑的时候，我们又何尝不是在思维的快感中享受精神上的巨大满足呢?

渡鸦悖论

所有乌鸦都是黑的?

——（德国）亨普尔

思维，而不是想象、幻觉、心理，之所以能够作为逻辑学的研究对象，其理由也许是基于这样一个事实，即我们承认思维有某种权威，承认思维可以表示人的真实本性，是划分人与禽兽的关键。从事这种逻辑的研究，无疑有其特别的用处，我们可以借此使人头脑清楚，有如一般人所常说，也可以教人练习集中思想，练习做抽象的思考。在日常的意识里，我们所应付的大都是些混淆错综的感觉的表象。但是在做抽象思考时，我们必须集中精神于一点，借以养成一种从事于考察内心活动的习惯。

诚然，我们尚可用超出狭隘的实用观点说：研究逻辑并不是为了实用，而是为了这门科学的本身，因为探索最优良的东西，并不是为了单纯实用的目的。但是，我们也应该有勇气和智慧洞见这样一个事实：最优良的东西往往最有用，比如科学。但是，被我们奉为圭臬的科学结论在逻辑上真的严密到无懈可击吗?

现代科学的经验基础是实验，也就是说实验是检验科学理论的根本性标准。做几十次或者上百次实验，如果都证明一个结论是正确的，就可以初步认为这个结论是科学的。也就是说，自然科学是通过有限次数的实验来检验命题真伪的。比如说，对“乌鸦都是黑的”这个结论，只能找若干只乌鸦来验证，不可能把所有的乌鸦都找来验证。退一步讲，就算把所有活着的乌鸦都找来验证，也不能把死了的和没有出生的乌鸦找来验证。

20世纪50年代，美国哲学家亨普尔提出了著名的“渡鸦悖论”，又叫“乌鸦悖论”，来攻击自然科学的这种检验情况。从逻辑学上看，“乌鸦都是黑的”和“所有非

黑的东西都非乌鸦”是相等的，也就是说验证了一个就验证了另一个，否定了一个就否定了另一个。那么，按照自然科学的检验方式，就出现了下面的论证：

一只鞋是蓝色的，不是黑的，不是乌鸦；

一朵花是红色的，不是黑的，不是乌鸦；

一根烟囱是灰色的，不是黑的，不是乌鸦；

所以，所有非黑的东西都非乌鸦。

由于“乌鸦都是黑的”和“所有非黑的东西都非乌鸦”是相等的，所以乌鸦都是黑的。

实际上，相同的事实也可以证明“乌鸦都是白的”——

一只鞋是蓝色的，不是白的，不是乌鸦；

一朵花是红色的，不是白的，不是乌鸦；

一根烟囱是灰色的，不是白的，不是乌鸦；

所以，所有非白的东西都非乌鸦。

由于“乌鸦都是白的”和“所有非白的东西都非乌鸦”是相等的，所以乌鸦都是白的。

显然，这样的证明是非常荒唐的——一只鞋子的颜色怎么能证明乌鸦都是黑的呢？

实际上，渡鸦悖论并不是真正的悖论，而是自然科学检验方式导致的荒谬情形。渡鸦悖论不过是说：一个普遍性的结论不能仅仅通过一些个别的事实来证实。它说明了自然科学的结论即使在逻辑上也并不是像人们想象的那么严密。

迷信科学算不算迷信呢？渡鸦悖论告诉我们，现存的逻辑概念可能存在着一点儿瑕疵，在判断句下就会显得手足无措，尤其是定性的那些命题。这是自然科学的噩梦吗？有多少数学结论是通过反证法——命题关系的衍生品，所得出结论的？欧几里得的几何原本就是建立在这种基础之上的。逻辑学就是有这样的魔力，它迫使每一存在之物都去思考自己存在的根基。

赌徒的谬误

人之所以迷信，只是由于恐惧；人之所以恐惧，只是由于无知。

——（法国）霍尔巴赫

概率事件是我们在现实生活中经常碰到的事件，但我们对它们却不一定真的了解。举个例子来说，小明通过扔硬币猜正反面，连续 9 次都是正面朝上，第 10 次的时候正面朝上的概率是多少？

这时可能有人在想前 9 次都是正面，第 10 次也应该是正面朝上，所以正面朝上概率是 100%；另外会有人想第 10 次还是正面朝上的可能性太小了，所以应该是反面朝上，正面朝上的概率是 0。如果你也认为正面朝上的概率是 100% 或 0，那么恭喜你，你陷入了赌徒的谬误。实际上每一次正面朝上的概率与反面朝上的概率是一样的，都是 50%。

赌徒的谬误来源于这样的故事：

有一个赌徒连赌连赢之后，有些赌徒会认为“今天他一直走运”，打赌他还会赢；另一些赌徒则认为他要输了，因为这样输赢才能平衡。而在一个赌徒连赌连输之后，有些赌徒会认为“他今天运气太差，一定会再输的”，继续打赌他会输；另一些赌徒会认为他不可能一直输下去，这局就会翻身，这样输赢才能平衡，因而赌他赢。

陷入赌徒的谬误的人没有意识到其实前一局的输赢并不能对这局的结果造成什么影响，两者是相互独立的事情。如果事件 A 的结果影响到事件 B，那么就说 B 是“依赖”于 A 的。例如，你明天穿雨衣的概率依赖于明天是否下雨的概率。在日常生活中说的“彼此没有关系”的事件称为“独立”事件。你明天穿雨衣的概率是和别人明天早餐吃鸡蛋的概率无关的。赌局每一局都是一个独立事件，与之前或之后的任何一局都没有关系。某些人一直赢或一直输仅仅是个人的运气罢了，不管他前一局是输还是赢，下一局他都有一半的可能赢或输。

大多数人很难相信一个独立事件的概率由于某种原因会不受临近的同类独立事件的影响。比如，第一次世界大战期间，前线的战士要找新的弹坑藏身，他们确信老的弹坑比较危险，因为他们相信新炮弹命中老的弹坑的可能性较大。因为，看起来不可能两个炮弹一个接一个都落在同一点，这样他们就合理地认为新的弹坑在一段时间内将会安全一些。

另一个直观的例子是：

琼斯先生和琼斯太太有 5 个孩子，都是女儿。

琼斯太太：我希望我们下一个孩子不是女孩。

琼斯先生：亲爱的，咱们都连续生了 5 个女儿了，下一个肯定是儿子。

显然琼斯先生陷入赌徒的谬误中，下一个孩子的性别和前面出生的五个孩子的性别没有关系，不管琼斯夫妇有多少个女儿多少个儿子，下一个是男孩的概率都是 50%。

总而言之，赌徒的谬误在于误认为已经发生的和将要发生的两个事件之间存在着必然的联系，从而把两个原本相互独立的事件误看成前一个事件的结果会影响后一个事件的概率。很多赌徒在输光自己身上的钱后还借钱去赌博，就是因为他陷入

了这种谬误，认为自己之前一直输，这把一定能赢，结果给弄得倾家荡产，无家可归。这就是不懂哲学的教训。

囚徒困境

哲学是博弈的路标。

——《博弈圣经》

我们永远都要牢记，思想并非无所不能。从某种程度上讲，思想无害，它只对我们自身产生作用，我们不妨放任新鲜大胆的思想。但是，从另一个维度上来说，我们的所思所想又可能以我们自身的行为选择为结果。那种深信只要通过思想，不需要任何客观经验和实践，人们就可以认识到真理是什么，并以此作为自己行动原则的想法，其结果很可能严重地影响到我们自身与生活的关系。伴随着逻辑的进步，思维在现实世界里成为一种力量，产生异常之大的影响。那么你可曾想过，也许思维自诩过甚，未能完成其所担负的工作？

带着这样的质疑和思辨，我们来看看关于囚徒困境的悖论：

有两个坏人，一起做了违法的事情，结果被警察抓了起来，被分别关在两间不能互通消息的审讯室中。在这种情形下，两人都可以选择与警察合作，背叛同伙；也都可以选择不与警察合作，拒不认罪。如果两个人都保持沉默，警方找不到证据，就无法给两人定罪。于是，警察告诉他们：如果告发同伙，就可以无罪释放，还可以得到一笔赏金，而同伙就要被重判，还要被罚款。

那么，两个犯罪嫌疑人会怎么做？从表面上看，他们应该相互合作，保持沉默，这样两个人都可以得到自由。但是，在实际中，两个人都会考虑对方会怎么选择。两个犯罪嫌疑人都是道德败坏的家伙，相互之间根本就没有什么信任可言。所以，犯罪嫌疑人会想到对方最有可能选择告发自己，而获得自由和赏金；并且，对方也会这样来估计自己。在这种情形下，理性的犯罪嫌疑人选择和警方合作。于是，结果总是两个犯罪嫌疑人都坐牢。

在现实生活中，由于情感和道德的原因，人做选择的时候并不完全出于理性。这时候，很多犯罪嫌疑人因为江湖义气之类的东西选择了拒不交代。也就是说，囚徒困境中犯罪嫌疑人的决定往往比纯粹理性的分析要复杂得多。

但是，囚徒困境至少告诉我们，选择不是一个人的事情，而是与他人有关，对他人行为的预计往往会对我们的决定产生很大的影响。

囚徒困境是博弈论的非零和博弈中具代表性的例子，反映出个人最佳选择而并非团体最佳选择。虽然困境本身只属模型性质，但在现实中的价格竞争、环境保护等方面也会频繁出现类似情况。事实上，我们在处理大量复杂的现实事务时，总是持续不断地遭遇囚徒困境。那么这种囚徒困境应当如何避免呢？美国作家威廉·庞德斯通曾在他的著作中以一个新西兰的例子来说明囚徒困境。在新西兰，报亭既无管理员也不上锁，买报纸的人自行放下钱后拿走报纸。当然某些人可能取走报纸却不付钱（背叛），但由于大家认识到如果每个人都偷窃报纸（共同背叛）会造成以后不方便的有害结果，所以这种情形很少发生。这例子的特别之处是新西兰人并没有被任何其他因素影响而陷入囚徒困境。并没有任何人特别去注意报亭，人们守规则是为了避免共同背叛带来的恶果。这种避免囚徒困境的大家共同的推理或想法被称为“异想”。

上帝举不起的石头

上帝是全能的，无所不知，无所不能。

——（法国）安瑟伦

如果说哲学是对存在的追问，那么逻辑一定是这种追问的工具。在逻辑中，有一种可以推导出互相矛盾之结论，但表面上又能自圆其说的命题或理论体系——悖论。悖论的成因虽然十分复杂，但它的出现往往是因为人们对某些概念的理解认识不够深刻、正确。

在中古时代的欧洲，人类理性和思辨的火花仅存于教会所办的学校，也就是经院之中。那时的哲学，正是以神学的姿态面对世界的。但是，自从哲学试图摆脱神学的那一刻起，对于上帝是否全知全能的争论就从未停止过。全能的创造者可以创造出比上帝更了不起的事物吗？这一直是哲学上著名的悖论之一。

安瑟伦是中世纪著名的经院哲学家，被称为“最后一位教父”和“第一位经院哲学家”。他宣称上帝是全能的，无所不知，无所不能。他不仅认为上帝的存在是超然的和不可辩驳的，仅仅从“上帝”这个概念就可以推出上帝的必然存在。他同时认为上帝是我们凡人无法理解的。他称赞上帝说：“主啊，我并不求达到你的崇高顶点，因为我的理解能力根本不配与你的崇高相比。”

安瑟伦从“上帝”观念的意义出发分析出上帝必定存在且全能的方式，然而从一开始就遭到了人们的反对。当时，有位法国僧侣高尼罗对他的这种观点进行了反驳。在《为愚人辩》中，高尼罗问安瑟伦："上帝能否创造一块他自己举不起的石头？"

这是一个很简单的问题，但却是个非常难以回答的问题。因为不论怎么回答，都会陷入困境。如果上帝是万能的，就应该能够创造一块这样的石头。但是，如果上帝能创造出一块这样的石头，他又举不起这块石头，那他就不是万能的。所以，高罗尼说："或者上帝能创造一块自己举不起来的石头，或者上帝不能创造一块自己举不起来的石头，总之，上帝不是万能的。"

安瑟伦陷入两难困境，无法回答高尼罗的问题，"上帝万能说"因此被动摇了。

上帝究竟能不能创造出自己举不起的石头呢？如果说能，上帝遇到一块"他举不起来的石头"，说明他不是万能的；如果说不能，那么既有不能之事，同样也说明他不是万能的。这是用结论来责难前提，是逻辑学领域最广为流传的悖论形式之一。当然，古往今来，人们都试图在这一问题上给出合乎逻辑的完美回答，其中最受认可的一个是：既然上帝是全能的，那么"不能举起"理所当然是毫无意义的条件。任何形式的回答都指出这个问题本身就是矛盾的，就像"正方形的圆"一样。这种解答你能够认可吗？

第三章

哲学语言：思想的道具

人在符号中存在

人是符号的动物。

——（德国）卡西尔

当你被问到手机是什么的时候，你也许会说得头头是道，但当你被问到“语言是什么？”这样一个问题的时候，你也许会觉得难以回答。你也许会觉得这个问题没有什么意义，因为语言对于我们来说实在是太熟悉了，熟悉到我们已经忘记了它的存在。但哲学家告诉我们，正是语言本身昭示了人类本身的存在。

关于语言的本质，在我国广泛流传着一个“仓颉造字”的故事。

据说在上古时代，在文字发明之前，人类是用结绳来记事的。大事打一大结，小事打一小结，相连的事打一连环结。后来又发展到用刀子在木竹上刻以符号作为记事。但是，随着社会的发展，文明渐进，事情繁杂，名物繁多，用结绳和刻木的方法已经远不能满足需要了。黄帝见此情形，就吩咐他的史官仓颉去创造出一种新的符号系统来。

传说中的仓颉，四目重瞳，非常聪明。有一年，仓颉到南方巡狩，登上一座阳虚之山，临于玄扈洛汭之水，忽然看见一只大龟，龟背上面有许多青色花纹。仓颉看了觉得稀奇，就取来细细研究。他看来看去，发现龟背上的花纹竟是有意义可通

的。他想，花纹既能表示意义，如果定下一个规则，岂不是人人都可用此来传达心意、记载事情吗？

仓颉日思夜想，到处观察，看尽了天上星宿的分布情况、地上山川脉络的样子、鸟兽虫鱼的痕迹、草木器具的形状，描摹绘写，终于造出种种不同的符号，并且定下了每个符号所代表的意义。他按自己的心意用符号拼凑成几段，拿给人看，经他解说，倒也看得明白。仓颉把这种符号叫作“字”。

文字的发明是人类历史上的一件大事，简直可以用“惊天动地”来形容。《淮南子》中就记载说：仓颉造字，泄露了天机，出现了“天雨血，鬼夜哭”的现象。意思是说，天下雨时下的都不是雨，而是血，鬼在晚上都呻吟着哭泣。

人类如果没有文字，就没有办法寻找到昔日的记忆，也无法去了解自己的历史。五千年的沧桑历史，到头来，只能剩下几小块残缺的剩骨。有人说，还能留下一些建筑和石碑。但是，没有文字，还会有石碑吗？石碑正是因为上面有了文字才被称为石碑的，否则就仅仅是一块石头！有人说会有无字碑。但是，无字碑正是因为有字碑的存在才有意义的，正是因为有字碑的存在，无字碑才是一种智慧的文字，如同中国书法和绘画中的空白。所以，在一个没有文字的年代，绝对不会有无字之碑。没有被文字开拓的大脑，又怎么能去解读无字之碑的内涵呢？

德国哲学家卡西尔说：人是符号的动物。人通过符号向世界颁布意义，从而在本能世界之外又建立起来了一个文化、符号的世界。文字的发明是人类文明史上意义重大的一步，可以说人从这时起才正式迈入文明社会，成为现代意义上的“人”。

语言是存在的家园

语言就其本质而言，是一种公众事物。

——（美国）休姆

语言是我们日常生活中使用最多的东西。哲学也关注语言，但不像语言学本体研究那样探求语言规律并对语言现象做出解释，而是要从语言中观察世界，讲出关于世界的道理。在语言哲学家看来，语言本身就是哲学的研究对象，所以，研究语言就是研究思想本身。而思想则是人存在的标志，所以，语言是存在的家园。

古希腊哲学从一开始就表现为一种语言学上的诉求，后来德国哲学家通过对“存在”的追寻而实现了西方哲学的语言学转向，形成了今天的语言哲学。在语言哲学家看来，语言便是存在的家园，实际上可能是最后的家园。语言的诞生象征着人类具有了精神的独立性，为人类个体心灵的发展开辟了一条神奇的道路。一部人类的文明史，就是一部纵横交错的语言发展史。

语言的产生标志着文明时代的发端，而语言的进化则标志着文明的变迁。最古老的语言有着鲜明的劳动色彩。从甲骨、陶器等早前人类文明的残片中，可见朴素

的象形文字生动地记载了早前人类生活的语言。可以肯定，在人类文明的发展中，人类依靠语言的作用，开辟了系统的文化艺术。如宗教、哲学、科学这些艺术和文化的产生，将人类的语言从社会生活的层面上升到了精神生活的高度。正如哲人所说，语言是存在的家园。一方面，人类发明了语言，记住语言相互交流以完成生活必需的联系；另一方面，人类通过语言记录自己的思想，丰富人们的生活，形成精神文化的产品。这也是我们的历史得以传承的原因。

自然地理环境的差别造成了不同的文化区域，产生了不同的语言。而且有时同一区域，不同的社会集团也会因不同的意识、情趣、习惯、教养而形成不同的语言表达。

随着人类文明的发展，特别是随着语言的物质符号——文字的出现，语言成为构成人类存在本质的一个重要层面。我们知道，在语言的发展过程中，商业贸易、传教和军事征服成为语言传播的最佳途径。至今，许多被侵略的殖民地国家和地区还残留有殖民语言的文化色彩和宗教色彩。这段一言独霸、语言侵略的可怕历史，是值得现代人类反思的。

语言是存在的家园。它开启了文明的进程，记录了文明的脚步，描绘着文明的未来。对于语言的研究，很大程度上就是对一个民族思想和精神的研究。

通天塔：统一的语言

文字学如果可能，其前提条件就是对逻各斯中心主义的解构。

——（法国）德里达

语言是人们交流的基本手段，而文字则是记录语言的最基本工具。中国古代的“仓颉造字”表明中国有记录的语言的正式开始。然而由于幅员辽阔、各地隔绝等客观原因和文化传统、民族风俗等主观原因，尽管我们都生活在地球村中，却说着各种各样的语言，写着各种各样的文字。

凡有人类的地方就会有语言。世界上到底有多少种语言呢？据德国出版的《语言学及语言交际工具问题手册》说，现在世界上已查明的有 5651 种语言。在这些语言中，约有 1400 多种还没有被人们承认是独立的语言，或者是正在衰亡的语言。很显然的问题是，说不同语言之间的人之间的交流必然会出现各种各样的偏差，于

是就有人希望出现一种全球性的语言，而这种愿望在古巴比伦时期就出现了。

在《圣经》中记载，挪亚及其家人依赖方舟逃过洪水大劫之后，天下人都讲一样的语言。挪亚的后代繁殖得越来越多，遍布地面。那时候人们的语言、口音都没有分别。他们在往东边迁移的时候，在示拿这个地方遇见一片平原，就住了下来。因为在平原上用作建筑的石料很不易得到，他们就发明了制造砖的方法，用泥做成方块，再用火烧透，他们就拿砖当石头，又拿石漆当灰泥，建造起了繁华的巴比伦城。

人们为自己的业绩感到骄傲，他们决定在巴比伦修一座通天的高塔，来传颂自己的赫赫威名，并作为集合全天下弟兄的标记，以免分散。因为大家语言相通，同心协力，阶梯式的通天塔修建得挺顺利，很快就高耸入云了。

上帝是不允许凡人达到自己的高度的。他看到人们这样统一强大，心想：他们语言都一样，如果真修成宏伟的通天塔，那以后还有什么事干不成呢？上帝曾把希望具有他那样智慧的人赶出了伊甸园，又用剑与火看守生命树上的果子，不让人分享。今天他要再一次制止人类欲接近自己的狂妄。上帝就离开天国到人间，变乱了人们的语言。人们各自操起不同的语言，感情无法交流，思想很难统一，就难免出现互相猜疑、各执己见、争吵斗殴的情况。这就是人类之间误解的开始，通天塔终究没能建成。

语言本身就是一种世界观。不同语言背景下的人，看待这个世界的方式是不一样的。“巴比伦之塔”就是语音“变乱”的意思。语言在照亮一个世界的同时，也凝固了这个世界，从而使得统一的现实世界在语言的支配下支离破碎。

然而时至今日，我们仍然在进行着古巴比伦人进行的活动，建造着自己的“通天塔”。随着全球化的日益发展，国际之间的经济、文化、政治交流愈来愈频繁，对统一的语言和文字的需求也越来越急迫。于是，英语开始展现自己全球语言的一面。这一方面带来了交流的便利，另一方面也带来了其他小语种的消失，而由语言承载的思想性和存在性也都消失了。也许不再会有上帝来惩罚我们，但是我们却亲自毁掉了我们的存在。

子非鱼，安知鱼之乐

> 语言只是一种工具，通过它，我们的意愿和思想就得到交流，它是我们灵魂的解释者。
>
> ——（法国）蒙田

如果说人与人之间存在的语言不同是由于地域和文化差异引起的话，那么人与动物、人与自然的语言不通则是天然的结果。为什么？因为动物没有语言，更没办法交流，但事实确实如此吗？《庄子·秋水》中记录了这样一个故事：

庄子和惠施在濠水岸边散步。庄子随口说道：“河里那些鱼儿游动得从容自在，它们真是快乐啊！”

一旁的惠施问道：“你不是鱼，怎么会知道鱼的快乐呢？”

庄子反问道：“你不是我，怎么知道我不了解鱼的快乐？”

惠施回答说：“我不是你，自然不了解你；但你也不是鱼，一定也是不能了解鱼的快乐的！”

庄子安闲地回答道：“我请求回到谈话的开头，刚才你问我说‘怎么会知道鱼的快乐呢’，既然你问我鱼为什么是快乐的，这就说明你事先已经承认我是知道鱼是快乐的，而现在你问我怎么知道鱼是快乐的。那么我来告诉你，我是在濠水的岸边知道鱼是快乐的。”

“濠梁之辩”本来可以简单地理解为异类之间无法相通，彼此之间并没有办法交

流感情，也就是说，鱼有鱼的欢乐，你有你的悲伤。但在这里有了另外的含义："子非鱼，安知鱼之乐？""子非我，安知我不知鱼之乐？"这两句富有哲理的对话，辩出了角度决定视界的道理。庄子用感性去感知世界，而惠施则以理性去分析世界，故而两人争论不休。庄子是转换思维模式的高手，境由心生，我快乐自是鱼也快乐。

语言是表达思想的工具，哲学语言尤甚——这是一种有些区别于其他形式艺术的独一无二的艺术。其他的艺术都有一个共性，即通过一种特定的形式来表达感情，一旦对方懂得，那便上升为一种沟通，一种模糊的沟通。作者通过作品向观众展示内心，观众理解后便能体会内心感触，这是互相之间的诉说。而语言之不同，正是体现在它的直抒胸臆上，直接通过文字的媒介，非常直观，也更贴近大众，被大众所喜爱。这样的沟通方式，显得更明确。

但同时语言和文字也有所局限，对于使用不同语言和文字的民族来说，互相之间的交流就很成问题，通常需要一个精通各方语言的翻译。而对于无法用语言或文字来沟通的对象来说，这种沟通就更成问题了，可能只有庄子这样能融于自然的人才能办得到吧。

对不可说的，要保持沉默

（哲学）想要为思想划定一个界限，或者毋宁说，不是为思想而是为思想的表达划一个界限。

——（奥地利）维特根斯坦

语言是我们存在的家园，没有语言我们就难以生存交流。然而语言是万能的吗？语言可以描述一切吗？或者说，语言有没有界限？20世纪德国著名哲学家维特根斯坦对此的回答是：有，作为语言主体的自我是语言的界限。对可说的要详尽地说，对不可说的，要保持沉默。

和他的这句名言一样，维特根斯坦本人就是一个谜。他出生于奥地利的一个犹太工业家庭，后来他的父亲为了把他培养成工程师，送他到英国学习航空工程。在学习航空工程期间，他迷上了数学。在阅读了罗素的《数学原理》之后，又激起了学习逻辑和哲学的兴趣。后来，维特根斯坦进入剑桥大学学习，师从罗素。当罗素看到维特根斯坦写的"对不可说的，要保持沉默"的时候，就断言他是自己最理想

的接班人，并预言哲学下一步发展将由维特根斯坦完成。那么究竟什么是可说的，什么是不可说的，区分两者的意义又何在呢？

什么是“可说的”？所有自然科学的命题都是可说的，维特根斯坦如是说。

什么是“不可说的”？生命、伦理、价值、情感、宗教、激情、想象、直觉、形而上的本体……一切可以赋人生以意义和价值的东西，都是不可说的。它们是如此神圣之物，以至不能被说，只能在沉默中显示。凡不可说的，只能显示，维特根斯坦如是说。

于是，“凡可说的，都是可以说清楚的”。“凡不可说的，应当沉默”。

维特根斯坦认为，语言是关于世界的图式，每一个命题都是描述一个事实的图式，语言是由一个由无数小图式按照逻辑结构而组成的大图式。语言是由命题构成的，世界是由事实构成的，命题和事实之间存在着一一对应的关系。因此，语言是对现实世界的摹写，这意味着，一是用语言可以描述这个世界，二是超出这个世界的东西语言无法描述。

因而语言的使用是有界限的，这个界限作为语言主体的自我，是自我经历的经验世界。语言是与经验世界相对应的语言，它是用来描述经验世界的，而一旦超出了这个经验世界的范围，则没有语言可以与之相对，即不可能用语言来加以描述。如果我们一定要将语言运用到经验世界之外，去陈述诸如“世界整体”“上帝”“善恶”这样的非经验的对象时，我们的语言就会陷入逻辑混乱之中。

道可道，非常道

道可道，非常道。名可名，非常名。

——老　子

按照我们通常的理解，语言是表述思想的工具，没有语言就没有思想，就没有文字，也就不会有哲学。按照西方传统哲学的观点，哲学追求的最高境界便是通过语言描述出这个世界最初始、最本源的东西。西方最早的哲学家泰勒斯便以“水”作为世界的本源来说明整个世界。

然而这种观点并不被普遍接受，特别是在中国古代哲学的话语中，宇宙存在的本源并不一定是可以被语言描述的。在中国，“道”通常被认为是世界本源的代名词，《道德经》开篇的第一句话就写道：“道可道，非常道。”

《道德经》第一章一开始就写道：“道可道，非常道。名可名，非常名。”王弼对此的解释是：“可道之道，可名之名，指事造形，非其常也。故不可不道，不可名也。”

一般来说，这里第一个、第三个“道”字解作“终极真理”，第二个“道”字解作“言语，说话”。意思大概是，可以用言语解释妥当的“道”，就不可能是真正的“道”。如果我们给予“道”一个名字，这个名字也肯定不能把“道”形容妥帖。

由于人认识的局限性，我们所说的“道”都只是真正的“道”的一部分，无法窥见“道”的全貌，故无法反映“道”的本质。例如我们说这是一张桌子，可那只是我们的说法，它是什么呢？是一堆木头，还是一堆原子，都只反映了它的一个侧面。

正因为“道”本身不可言说，所以老子在《道德经》后面写道：“吾不知其名，强名曰‘道’。”也就是说：“这个‘道’字虽然不肖，但我（老子）还是先把这个终极真理叫作‘道’好了。”

老子不明言道，就不会落入语言的桎梏中，而道虽不可描述却仍在发挥着作用。平常的规律在边界处就发生了变化，边界处的道违反了常理，原来这就是“非常道”。“道可道，非常道”作为《道德经》的开篇，不仅掷地有声，而且异常准确。道是可以被阐述的，但是它违反常理。这句话可以给我们以下两方面的启示：一方面，当事物发展到边界的时候，它所反映出的规律一定是违反常理的；另一方面，当事物展现出有悖常理的特性时，它一定处于某种边界状态。

在老子的哲学中，“道”似乎无处不在，无所不包。由于道是万物的根本，如果道不可知，“不可道”，或只可意会而不可言传，则贯穿了道的精神的万物也就玄妙起来，以道为核心的老子思想自然也就成了玄妙的思想。

笛卡尔的梦

笛卡尔，近代科学之祖。

——（法国）莱布尼茨

大家都经常做梦，但很少有人能够想起梦中发生的事情。梦往往是人对自己在现实中无法完成的事情的想象，比如“南柯一梦”“黄粱一梦”。然而有一些人却能从梦中得到启发，悟出道理。法国著名哲学家笛卡尔就曾经从梦中获得很多的启示。

笛卡尔是近代著名的哲学家，同时是近代哲学的创始人，他第一个提出了“我思故我在”的观点，强调理性是不可辩驳的出发点，引起了古代哲学向近代哲学的转向。而如此足以彪炳史册的转变其实是从三个梦中得到启示的。

根据笛卡尔自己的回忆，1619 年 11 月 10 日晚上，他连续做了三个梦。在第一个梦中，很多幽灵出现在他的面前，使他心惊肉跳；在第二个梦中，他觉得眼前光亮闪烁，他能清楚地看清周围的东西；在第三个梦中，他看到一部字典和一本诗集，并能够判断，字典象征着各门科学的综合，诗集象征着哲学和智慧的统一。这三个梦境如此清晰，几乎与现实不分。笛卡尔认为第一个梦表示认识和知识需要摆脱假象的迷惑，第二梦和第三个梦表示理性是重建知识体系的可靠基础。因而他提出了普遍怀疑的观点，并最终找到知识不可辩驳的起点——“我思”。

笛卡尔同时也是伟大的数学家，他用坐标把代数和几何联系起来，把数和形紧密联系在一起，创建了一门新的非常有用的数学分支——解析几何。而颇为不可思议的，坐标也是他在梦中发现的。

他在 23 岁时就在研究能否用代数计算来代替几何证明。有一天夜里，他梦见窗前一只黑色苍蝇在飞，眼前留下了苍蝇飞过的痕迹，时而是一条斜线，时而是一条弯曲的线。苍蝇停住了，留下一个深深的小黑点。他猛然惊醒，梦境深深印在脑海中，使他难以入睡，突然他悟出了其中的奥妙。苍蝇就是一个点，他的位置不是可以用他到窗边的距离来确定吗？这就是坐标的思想；苍蝇飞过留下的痕迹不就是这个点经运动而产生的直线和曲线吗？这就把几何图形和坐标联系起来了。

解析几何的创立使运动进入了数学，使常量数学发展成变量数学，也引起了无穷小概念的发展，促进了微积分的创立。解析几何已成为研究其他数学分支和力学、物理学及其他自然科学十分重要的数学方法。

笛卡尔通过梦中的启示建立了自己的认识论哲学，引起了古代哲学向近代哲学的伟大转向；同时通过梦中的启示发明了解析几何，引起了古代数学向近代数学的伟大转向。难怪有人笑称，是笛卡尔的梦划分了古代和近代。

禅不可说

思，总是思某物了。

——（德国）胡塞尔

禅是什么？所有关于禅宗的困惑最终仍然会回归这个问题。而这个问题的永恒答案则是“禅不可说”。很多人指望从典籍中悟到禅的“本来面目”，然而往往会被多姿多彩争妍斗艳的指阵所迷，或者陷入文字障中不能自拔而又不自知。

摩诃迦叶面向佛祖，拈花一笑，自此得悟禅机至理，继承了佛陀的衣钵，这相对无言中满含的禅机并非凡尘俗子所能领悟。以无言得来机缘的也并非摩诃迦叶一人，中国禅宗二祖慧可也是如此。

536 年，达摩祖师觉得应该离去了，便召集弟子准备从中选出合适的人选继承自己的衣钵。

达摩祖师说：“你们谈谈自己的悟境吧！”

道副说："依我的见解，不要执着于文字，但也不离于文字，这便是道的妙用。"

达摩说："你得到我的皮毛了。"

总持比丘："依我现在的见解，犹如庆喜看见了佛国，一见便不需再见。"

达摩说："你只得到了我的肉。"

道育说："四大皆空，五蕴非有，依我所见，并无一法可得。"

达摩说："你得到我的骨了。"

最后轮到神光，他只是作礼叩拜，然后仍回到原位，并未说话。

达摩说："你得到我的真髓了！"

于是，神光慧可成为禅宗二祖，接续了达摩祖师广度众生的事业。

仿若拈花一笑刹那间的灵光，并非刻意故弄玄虚，此中道，只有道中人能懂。圣严法师曾经说："在禅的传统里，究竟真理，也就是第一义谛，有时候会被比喻为月亮，而人们所熟知的一般真理，则被喻为指向月亮的手指。有人看到月亮，于是用手指指给其他还没有看到月亮的人看。如果那些人看的是手指，而不是月亮，那么他们还是没有搞清楚'手指不是月亮'。文字、语言、思想以及概念就像手指，只能表达第二层次的真理，但却能指向究竟真理。最究竟的真理叫作心、本性或是佛性，那是每个人必须去亲自体验、无法言说的。"

所以，历代禅师们都只能尽量突破语言的极限来向世人说明究竟何为"禅"，但就如人饮水一般，冷暖尚须自察。可是，还是有一些人，刻意追求禅的本义，以至于方向大大偏离。

不笑不足为道

上士闻道，勤而行之；中士闻道，若存若亡；下士闻道，大笑之。不笑不足以为道。

——老　子

有悟性的人听说"道"后深信不疑，它就是这么回事，并且勤勤恳恳、坚持不懈地去习练它、运用它。悟性不高的人听说"道"则有时将它放在心上，有时却忘得无影无踪。并且相信它和怀疑它的存在各占一半，也就是半信半疑，既不全信又有些信，既不否定又心怀一定的疑问。完全没有悟性的人，一听说"道"就大笑不

止，认为荒诞无稽。之所以大笑，表现出鄙视、讥笑的语态，持完全否定的态度，是因为“道”理论高深，本来就难以理解，如果人人都能那么轻易地理解的话，那就不足以称之为“道”了。

13世纪，日本一代宗师道元禅师到中国求法。苦读多年，学成回国，同道中人争相请教，问他都学到了什么。道元禅师想了想，坚定地说道：“当下认得眼横鼻直，不被人瞒，便乃空手还乡。”众人闻听，莫不捧腹大笑起来。但是顷刻间，大家便停住了笑声，因为他们发现自己笑得很无知、很空洞。眼横鼻直，这一并不玄奥复杂的常识，不经过一番深入修炼的人，是无法领悟其中的真谛的。有些禅师，甚至还要经过“见山不是山，见水不是水”的境界，才能达到“见山只是山，见水只是水”。只是这山、这水与那山、那水有着本质的不同。真理往往是简单明了的，但人们认识真理和掌握真理的过程却是复杂甚至是艰难的。

光的波动说的奠基人英国物理学家托马斯·杨在完成“双缝干涉”实验后，将其成果发表，结果受尽了权威们的嘲笑和讽刺，被攻击为“荒唐”和“不合逻辑”，在近20年间竟然无人问津。杨为了反驳他们专门撰写了一篇论文，却无处发表，只好印成小册子，但是据说发行后“只卖出了一本”。

真理往往要经历诸多磨难之后，才能为大多数人所接受。人类思想发展史上这样的例子很多，如自然科学领域的进化论、相对论，社会学领域的民主思想、法治思想在产生之初，都是很少有人能够接受的，普遍被视为笑谈。

大浪淘沙，被实践检验出的“道”，总是能笑到最后。

不要落入语言中

用分析的方法来研究对象就好像剥葱一样，将葱皮一层层剥掉，但原来的葱已经不在了。

——（德国）黑格尔

语言是人类表达思想的一种方式，但不是唯一的方式，也不是绝对的方式。事实上，有许多的思想、方式是语言传播不了的，所谓“只可意会不可言传”。而有些思想写在书上便死了，不拿出来用是永远不会明白的。《庄子·天道》中曾经讲过一个“轮扁论言”的寓言。

齐桓公在堂上读书，工匠轮扁在堂下砍削木头做车轮，他放下锥子和凿子走上朝堂，问齐桓公：“冒昧地请问，您所读的书说的是些什么呢？”

齐桓公说：“是圣人的话语。”

轮扁问：“圣人还在世吗？”

齐桓公说："已经死了。"

轮扁说："那么您所读的书，不过是古人的糟粕啊！"

齐桓公大怒，说："寡人读书，你一制作车轮的怎么敢妄加评议呢！有什么道理说出来那还可以原谅，说不出道理那就得处死。"

轮扁说："我用我所从事的工作观察到这个道理。砍削木头做车轮，动作松缓而不坚固，动作快了涩滞而不入木。不慢不快，而且应合于心，口里虽然不能言说，却有技巧存在其间。我不能使我的儿子明白其中的奥妙，我的儿子也不能从我这里接受这一奥妙的技巧，所以我如今70岁了还在做车轮。古时候的人跟他们不可言传的道理一块儿死亡了，那么您所读的书，正是古人的糟粕啊！"

齐桓公读古书，得到的仅仅是落在语言里的思想。而思想一旦落到语言里，就变成了脱离具体情境的抽象教条和空洞理论。而制作车轮的道理和技巧同样无法用言语说明，所以无法传授。不相信，你可以试着把游泳的理论传授给那些不会游泳的人，看看他们能不能学会游泳。

在这里，庄子借这个寓言暗示人们：不要迷信语言所表达出来的东西。所谓"尽信书，则不如无书"，说的就是这个道理。而我们所熟悉的卖油翁的故事则从另一面说明了这一点。

陈康肃公尧咨善射，当世无双，公亦以此自矜。尝射于家圃，有卖油翁释担而立，睨之，久而不去。见其发矢十中八九，但微颔之。康肃问曰："汝亦知射乎？吾射不亦精乎？"翁曰："无他，但手熟尔。"康肃忿然曰："尔安敢轻吾射！"翁曰："以我酌油知之。"乃取一葫芦置于地，以钱覆其口，徐以杓酌油沥之，自钱孔入，而钱不湿。因曰："我亦无他，惟手熟尔。"康肃笑而遣之。

"我亦无他，惟手熟尔"，我并没有什么独特的地方，只不过是熟练罢了。这是中国人和西方人明显区别的地方。中国人往往在实践方面有很高的水平和技术，却往往难于落到字面上，中国人的智慧更多的是一种言传身教式的。而在西方哲学中，语言本身就是真理，一个不能被说出来的东西，无论如何玄妙，都不能算是真理，因为我们的思维达不到它。

在西方哲学家看来，哲学的任务就是要把真理说得更清楚、更明白、更缜密，而不是抛弃语言本身。苏格拉底的"对话"，在一定意义上就是教我们如何去说的方法。这也是西方人为什么难以理解"中国哲学"精髓的原因。

得意忘言

筌者所以在鱼，得鱼而忘筌；蹄者所以在兔，得兔而忘蹄；言者所以在意，得意而忘言。

——庄　子

语言是手段，不是目的。当我们在探寻真理的时候，往往离不开语言的帮助，但是当我们得到或者接近真理的时候，也要适时地从语言中脱离出来，不要为语言所累。庄子讲过一个“得鱼忘筌”的故事：

古代一渔夫到河边捕鱼，他把竹器筌投进水里，全神贯注地观看浮标，终于一条红鲢鱼进筌了。他十分高兴取下鱼把筌抛在一边，快步回家吹嘘自己的功劳。妻子说这是筌的功劳，问他筌在哪里，渔夫这才想起忘记带筌回家了。

筌，捕鱼用的竹器。捕到了鱼，忘掉了筌，比喻事情成功以后就忘了本来依靠的东西，这是在批评渔夫的粗心大意。然而庄子却反其道而用之，认为这才是真智慧的境界。

庄子说：“知者不言，言之无知”。所谓“知者不言”，并不是说那些智者都闭着嘴不说话，而是说他们其实已经“得意志言”；而“言者不知”，也并不是说那些夸夸其谈的人都是傻子，而是说他们仍然在语言中还没有抽身而出。既然如此，如何才能做到借助语言，而又不被语言所俘虏呢？庄子又举了大鹏鸟的例子来说明：

北海里有一条鱼，它的名字叫鲲。鲲的体积，真不知道大到几千里！鲲化成鸟，就叫鹏。鹏的脊背，真不知道长到几千里！当它如愿飞起的时候，展开的双翅就像天边的云彩。这只鹏鸟，随着海上汹涌的波涛迁徙到南方的大海。南方的大海是个天然的大池子。

《齐谐》这本书上记载说，鹏鸟迁徙到南方的大海，翅膀拍击水面激起水花，高达三千里，然后拍击大翼，凭借旋风飞上高空九万里。风聚积的力量不雄厚，它托负巨大翅膀的力量便不够。聪明的鹏鸟为了可以轻松一点地托起自己庞大的身躯，便高飞至九万里，这样，呼啸的狂风就在它的身下托着，然后它便可以凭借风力飞行。一路上，鹏鸟遇到百般挫折，但它为了可以早点到达南海，不顾一切，飞了六月之久，方才停歇下来。

鲲鹏之大，到了一个难以描述的程度，应该是世界上最强大的东西了吧，然而庄子认为不是，因为无论鲲鹏再大，它仍因“有所待”而不够强大。也就是说，这只鸟即使再大，也要有所凭借。比如，它必须依赖海才能遨游，必须依赖空气才能扶摇直上。尽管它很大，以至于我们只能以夸张的手法来言说它，但它仍然是可以言说的。比如，它毕竟生活在海中，没有海大，它生活在天空下，不能充塞整个宇宙，仍然会受到外物的牵制，不是真正的“逍遥游”。真正的“逍遥游”是完整圆满的，是不损不益、本来具足的，它“无待”“自在”，这也就是“道”的存在。

由此我们可以看出，中国表达哲学的方式不是概念化的，而是隐喻式的。正因为此，中国文化形成了一个主“悟”的传统，而没有像西方那样形成一个主“智”的传统。中国哲学通常是用格言来表达的，内容在形式之外，需要超越语言地领会。而西方哲学强调语言的承载性，甚至认为语言本身就是一种哲学。

醉翁之意不在酒

醉翁之意不在酒，在乎山水之间也。山水之乐，得之心而寓之酒也。

——欧阳修

《论语·宪问》中记载着这样一件事：有一天，孔子向公明贾打听公叔文子的为人。他说：“听说公叔文子不说话，不笑，不拿东西，是这样吗？”公明贾回答说：“这完全是传话人说错了”。“夫子时然后言，人不厌其言；乐然后笑，人不厌其笑，义然后取，人不厌其取。”意思是说，公叔文子该说时才说，所以人们不讨厌他的话；高兴时才笑，所以人们不讨厌他的笑；该拿的才拿，所以人们不讨厌他的取。孔子听了很为赞赏地连连问："真是这样吗，真是这样吗？"

公叔文子之所以能得到孔子的赞赏，在于他的言、笑、取都合乎了"时中"原则。所谓"时中"，就是在合适的时间去做合适的事情，不能偏左，也不能偏右，而是要恰好落在那里。同样一件事情，发生的时间点不同，性质和效果也大相径庭。

司马光在《资治通鉴》中也讲过一个类似的故事。说是战国时期，韩国的国君韩昭侯非要修建一个高大的门楼。他的谋士屈宜臼奉劝他不要这么做，并劝告韩昭侯说："如果你非要修建这么个高楼，恐怕你等不到这个高楼修建完，你就要死了。"韩昭侯不解地问："为什么呢？"屈宜臼回答道："因为时机不对。"

屈宜臼说："国君在自己家修建一个高一点儿的门楼，搞得气派一些，有错吗？没有错。可惜的是，当年我们国强民富的时候，你如果修建一个高楼，肯定一点儿问题都没有；可是今天的情况就不一样了，秦国去年刚刚攻占了我们的宜阳城，韩国元气大伤，你在这个时候偏偏要修建高楼，就是大错特错了，因为这势必会使百姓离心，将士散德，韩国的败落就不可避免了。"结果，韩昭侯没有听屈宜臼的劝告。而屈宜臼的预言也恰恰应验了，高楼还没有修好，韩昭侯就去世了。

当然，这只是一个小故事，但其中蕴含的道理却是非常深刻的。正如屈宜臼说的那句话："吾所谓时者，非时日也。夫人固有利、不利时。"意思是说，我所说的时间，不是客观的时间，而是参与到整个事情当中来的时间。在合适的时间做一件事情，效果会很好；在不合适的时间做同一件事情，往往会很糟。

如果说"道"是道家学派的核心词汇，那么"仁"则是儒家学派的关键词语。和"道"一样，"仁"也是无法认识、无法规定、无法言说的。"道"无法规定，是因为它是超越经验之外的绝对，无法落入到彼此区别的"对待"里。而孔子的"仁"，则是我们每个人身边的生活法则。它之所以无法规定，是因为它总是与"时间""时机"粘连在一起，因而没有固定的内涵和外延。正因为此，"仁"是《论语》中出现得最多的一个词，但孔子却从来没有对它下过定义。

孔子说，“仁”的最高境界是“时中”和“中庸”，就是能在合适的地点、合适的时间，针对合适的人，不偏不倚地落在那里。因此，“仁”并不是一个抽象的原则，更不是一个空洞的概念，它的含义总是随具体的情境不断变化，而非有固定的内涵和僵死的外延。同样的行为，对子路来说是“仁”，对子贡来说可能就不是“仁”了。同样的行为，在这个时候是“仁”，在那个时候可能就不是“仁”了。比如，如果撒谎是不诚实的，那么，向敌人撒谎算不算诚实？如果是这样，诚实又怎么会有一个完美的“定义”呢？

正是在这个意义上，孔子说：“仁者，刃也。”意思是说，知“仁”难，行“仁”更难，正如走在刀刃上。因为你要不偏不倚地落在那里，绝不是看几本教科书，背几个教条就能解决问题的。孔子一辈子没有写下一个字，“述而不作”是他的原则。因为他知道，那些凝固在语言里的东西，很容易变成教条和概念，从而无法牵引着人们进入“时中”的中庸境界。最终，他和苏格拉底一样，选择了随时随地地对话，通过问答的方式启发他的学生去思考。甚至，这种对话也不是记载在纸面上的，而是活生生的生活对话。

第四章

哲学思维：苏格拉底的追问

泰勒斯的一滴水

万物的本源是水。

——（古希腊）泰勒斯

世界是复杂的，因而是难以认识的。人的思维倾向于先认识最简单的事物，再认识由简单事物构成的复杂事物。而世上的一切，不管是金属、山脉、气体还是人类，皆可还原到单一的一种属性。任何现象在经过还原后会变得更易掌握，也不再那么神秘，因为组成元素比起整个系统来说，更容易为人所理解。古希腊哲学家泰勒斯早就提出了类似的观点。

泰勒斯被认为是西方第一位哲学家，大约于公元前624年出生于古希腊的一个城邦。他是一个贵族的孩子，本应进入政界或去经商，但他却对自然更感兴趣，对身边各种各样的现象表现出强烈的好奇。

泰勒斯的好奇心保持了一辈子，他立下了一个大志，要探寻组成这个世界万事万物的最根本的东西是什么。当时很多人都觉得他疯了："一个年轻人，既不去做生意，也不去找份好工作，难道想做神仙？这个世界由什么东西组成，那是由天上的神去管的，用得着我们人类去操心吗？"

然而泰勒斯就是这样一个人，他认定的事情就要一做到底。他花了很长时间，

观察了很多事物，总结出来的一句话是“万物源于水”。例如一切生命都离不开水，种子只有在潮湿的地方才能发芽，大陆被海洋包围。另外，泰勒斯还观察到水的形态是易变的，它既可以变为气体，也可以变为固体，正由于其形态的转换，从而形成万物，并渗透于其中。

泰勒斯向埃及人学习观察洪水，很有心得。他仔细阅读了尼罗河每年涨退的记录，还亲自查看洪水退后的现象。他发现每次洪水退后，不但留下肥沃的淤泥，还在淤泥里留下无数微小的胚芽和幼虫。他把这一现象与埃及人原有的关于神造宇宙的神话结合起来，便得出了万物由水生成的结论。对泰勒斯来说，水是世界初始的基本元素。埃及的祭司宣称大地是从海底升上来的，泰勒斯则认为地球就漂在水上。

泰勒斯用水是世界的本源来解释各种现象。泰勒斯认为，水是组成一切事物的基本材料，物质是压缩过的水，而空气则是蒸发后的水。他也坚称整个地球是浮在一座大湖上的圆盘，大湖产生的波浪和涟漪便是地震之源，而天上下雨则是因天河水过多涨涌出来的。

泰勒斯的方法虽然在现在看起来有些简单和片面，但他却开拓了哲学最重要的思维方式——还原。而哲学，在很大意义上可以说就是一种从现象还原到本源的学说。只要对事物研究得够深刻，剖析得够详尽，观察得够仔细，都可以将其还原为一种简单的可以认识的属性。这正是我们不断认识和分析事物的基本方式，而这，就是哲学。也正是因此，泰勒斯被称为西方哲学史上第一位真正意义上的哲学家。

苏格拉底的追问

如果我是因为自己有知而指出你们的无知，那是我不对。但请不要忘记，我自己也是无知的。

——（古希腊）苏格拉底

在资讯泛滥的当今，鼠标一点尽知天下事，然而知道这些知识，并不能称之为有智慧的人。做一个有智慧的人而不是单纯有知识的人。做一个有智慧的人的方法有很多，苏格拉底的方式是最简单也是最实用的。

苏格拉底探讨真理的方法很简单，那就是对话，站在不同立场上的两个人的对话。在谈话的过程中，各自吸取了对方的优点。在彼此不断地追问中，去揭示问题的本质。这种对话是辩证的，不断提升的。

苏格拉底在法院门口遇到了欧西弗洛，欧西弗洛因其父亲的疏忽导致一名工人丧生，于是便打算以侵犯神的权利的罪名到法庭控告父亲。苏格拉底了解事情来龙

去脉后，开始了与欧西弗洛的对话。

苏格拉底："太好了，既然你对神非常崇敬，要维护他的权利，那就请你做我的老师，告诉我什么是'敬'。"

欧西弗洛："'敬'就是做的事情要让神高兴。"

苏格拉底："那么多神，应该让哪一个神高兴呢？况且神与神之间有那么多恩怨仇恨，让这个神高兴的事，另外一个神不一定高兴啊！"

欧西弗洛觉得很有道理。如此一来，苏格拉底就把焦点转移了。他们继续讨论，苏格拉底的每一句问话都是谦虚的，"请你回答""请你告诉我"，最后，欧西弗洛难以招架，只好说："总之，敬神就是对神很好。"

苏格拉底："对神很好，是不是就像照顾马一样？你对马很好，替它刷背、洗澡，目的是利用它为你拉车。这么说你是在利用神吗？"

欧西弗洛顿时哑口无言。在苏格拉底的追问下，他感到自己并不知道什么是敬神，又怎能用这个理由来控告父亲？于是他借故离开了。

苏格拉底从来不告诉别人什么知识，而是不断地与人对话，只要别人说出一个观点，他就不断地追问，一直问到别人答不出来为止。

智慧必须由自己觉悟而生，不能由别人给你。苏格拉底的母亲是一位助产士，协助别人分娩婴儿；苏格拉底认为自己好似心灵上的助产士，协助别人生出智慧的胎儿。苏格拉底生长在雅典这样一个爱琴海畔的小小城邦，人口只有几十万，却从来不觉得有什么局限，因为他能时时地追问，将这最原始的方法发挥到极致。这或许也是他能成为"四大圣哲"之一的原因。

普罗塔哥拉的相对论

> 人是万物的尺度，是存在者的尺度，也是不存在者的尺度。
>
> ——（古希腊）普罗塔哥拉

有种说法认为，因为人人都有思维的权利，所以人人都可能成为哲学家。普罗塔哥拉认为，人人有权拥有个人信念，某些人的观点不会比其他人更正确。然而颇具讽刺意义的是，普罗塔哥拉是第一个提出这种观点的人，也是第一个倒在这种观点之下的人。关于他，有一个很著名的半费之讼的故事：

古希腊智者派的著名代表人物普罗塔哥拉招收了一个叫欧提勒士的学生，教他学习法庭辩论之术。师徒二人事先签订了合同，规定欧提勒士先付给普罗塔哥拉一半学费，剩下的一半，等欧提勒士毕业以后第一次出庭帮人打官司并胜诉之后再付；如果第一场官司打输了，则证明普罗塔哥拉教学无方，那么欧提勒士剩下的一半学费就可以免去不交了。

但欧提勒士毕业以后并不出庭打官司，也不去交剩下的一半学费。普罗塔哥拉等得不耐烦了，就向法院起诉。

在法庭上，师徒二人展开了激烈的辩论。

普罗塔哥拉的理由是："如果欧提勒士这次官司打赢了，那么按照合同，你应该付给我另一半学费；如果你打输了，那么按照法庭的判决，你也应该付给我另一半学费。这次官司无论你打赢，还是打输，都得付给我另一半学费。"

谁知，"青出于蓝而胜于蓝"，欧提勒士针锋相对地反驳道："如果我打赢了这场官司，那么按照法庭的判决，我不必付给你另一半学费；如果我打输了，那么按照合同的规定，我也不必付给你另一半学费。这场官司不管是赢还是输，我都不必付给你另一半学费。"

据说，这场辩论立刻难倒了法官。这就是逻辑史上著名的"半费之讼"。

根据普罗塔哥拉的观点，自己和欧提勒士的说法显然都有道理，在无法确认谁更有道理的时候便陷入了僵局。"相对论"很容易导致怀疑主义和无标准。当代的相对主义者更进一步，宣称每个人都在建立一套自己的价值系统。"凡事皆为个人意见"这类观点早已是老生常谈了，这种论调宣称，任何人皆有权拥有个人信念，某些人的观点不会比其他人更正确。

伽利略的科学实验

检验一个理论最好的方式就是实践。

——（德国）恩格斯

科学是不断进步的，作为指导思想的哲学也是这样。早期的自然科学家都是哲学家，他们通过对事物的观察而得出普遍的结论然后推广到所有的事物，可以说是一种经验的总结。而现代科学则是以近代机械论和实验哲学的兴起为指导的，事物的规律要用实验来发现和证实。关于实验的作用，科学史上有一个著名的案例来说明：

两个重量不同的物体从同一高度下落，哪个会先落地？这个问题对于现代人来说可能没有什么难度，因为大家都知道物体的质量与它下落的速度并没有什么关系，然而古代哲学家并不这么认为。伟大的古希腊哲学家、自然科学家亚里士多德认为物体的下落与其质量有直接的关系，质量大的下落快，质量小的下落慢。

为了反驳亚里士多德的自由落体速度取决于物体的质量的理论，伽利略构造了一个简单的思想实验。根据亚里士多德的说法，如果一个轻的物体和一个重的物体绑在一起然后从塔上丢下来，那么重的物体下落的速度快，两个物体之间的绳子会被拉直。这时轻的物体对重物会产生一个阻力，使得下落速度变慢。但是，从另一方面来看，两个物体绑在一起以后的质量应该比任意一个单独的物体都大，那么整个系统下落的速度应该最快。这个矛盾证明了亚里士多德的理论是错误的。

但亚里士多德的理论被认为是不可

能出错的，因为他是两千年来最伟大的自然科学家，而他的其他成就已经得到了教会的认可。对此，伽利略决定用实验的方式来证明自己的理论。1590 年的一天清晨，伽利略和他的助手在亚里士多德信徒的阵阵嘘声中登上了意大利著名的比萨斜塔。伽利略一只手拿一个 10 磅[①]重的铅球，另一只手拿着一个 1 磅重的铅球。他大声说道：“请下面的人看清，铅球下来了！”说完，两手同时松开，两个铅球同时从塔上落下。围观的群众先是一阵嘲弄的哄笑，但是奇迹出现了，由塔上同时自然下落的两个铅球同时穿过空中，轻的和重的同时落在地上。众人吃惊地窃窃私语：“这难道是真的吗？”顽固的亚里士多德的信徒们仍不愿相信他们的崇拜者——亚里士多德会有错误，愚蠢地认为伽利略在铅球里施了魔术。为了使所有的人信服，伽利略又重复了一次实验，结果相同。伽利略以雄辩的事实证明“物体下落的速度与物体的重量无关”，从而击败了亚里士多德的信徒们。

正是这次闻名史册的比萨斜塔实验，第一次动摇了亚里士多德在物理学中长期的统治地位，打破了亚里士多德的神话。后来，伽利略又通过计算，得出了自由落体定律。但是，比萨斜塔实验却惹怒了比萨大学的许多权威人士，从此，年轻的科学家受到守旧派的仇视和迫害，伽利略被他们从比萨大学排挤了出来。

时间最终证明了伽利略的正确性，亚里士多德的权威被打破了。在我们今天看来是常识的东西，其实是经历了相当长的争论和怀疑的，而真正改变局势的，正是这次著名的“比萨斜塔实验”。实验性的说明战胜了理论上的空想，这是时代的进步，也是我们应该掌握的科学的态度。

里德的怀疑与常识

将要发生的事情同在类似情况下已经发生过的事情很可能相似。
——（英国）托马斯·里德

哲学家以喜欢探讨艰深晦涩的问题而出名，几乎没有哲学家是以讨论常识而出名的。罗素说，哲学的特色在于把简单的问题复杂化，而结论最后往往似是而非，让一般人难以相信。但有些哲学家却偏偏打破常规，主张日常生活中一些有用的直

① 1 磅等于 0.4536 千克。

观。英国哲学家托马斯·里德就是其中之一。

托马斯·里德是近代欧洲哲学史上一个不无趣味的人物。哲学史家一般不会将他归于大家之列，但他其实在学界的地位也不可小觑。他担任格拉斯哥大学道德哲学教授16年之久，而这一教席在当时的英国非同一般。托马斯·里德之所以声名不张，与他的学说也有很大的关系。他主张常识哲学的目标在于辩明观念论所引起的哲学预设中隐含的悖谬和错误，同时建立起自己的知识学和道德学理论，用以取代观念论为人类的知识和道德事实提供解说。而他的对手便是大名鼎鼎的怀疑主义者休谟，他们之间最有趣的争论在于“太阳明天还会从东方升起来吗？”

以怀疑一切著称的休谟在他的著作《人类理智研究》中说，我们怎么能从过去的情况中知道“下一次”的情况呢？既然我们不能知道，那我们怎么能够断言“所有的”情况呢？比如说，在前天、昨天、今天，我们都看到太阳早上从东方升起，但是难道这样就可以认定“太阳每天早上都从东方升起”的说法是对的吗？因为，没人知道太阳明天会不会从西方升起！甚至，太阳也有可能不升起。

托马斯·里德第一个对此做出回应说，任何科学推理都必须依靠于一些原则，这些原则是根据人类的常识来确定的。人类常识不是后天经验活动的产物，而是由“人类心灵的结构”先天决定的，是由自然一视同仁地给予每一个人的。换句话说，人之所以为人，是因为人具有了上帝赋予的理性，理性可以帮助我们认识生活中所必需的常识，而不需要任何其他东西的帮助。比如，我们知道自己是一个人，这点不需要怀疑也不能被怀疑。

根据常识，托马斯·里德将“凡开始存在的东西必有产生它的原因”和“将要发生的事情同在类似情况下已经发生过的事情很可能相似”都作为第一原则确定下来。因为以前太阳每天都升起，明天也是一年中的一天，我们就可以断定太阳明天会继续升起。

里德不是一个怀疑论者，他试图为我们的日常生活找到合理的解释，来消解怀疑主义带来的不稳定。在他看来，“常识”是上帝赋予的对于我们的生活进行指导的美好指南，只要我们按照常识生活就能有个安定的未来。太阳，会每天照常从东方升起来。

培根预测未来的鸡

> 习惯是人生的伟大指南。
>
> ——（英国）休谟

当我们觉得生活无助的时候，我们通常会说一句“明天太阳会照常升起”。在常人看来，太阳每天东升西落是再正常不过的事情了。然而，以培根为代表的一些哲学家却不这样认为。他们认为人类日常生活绝大部分事情，都有赖归纳性假设在运作。可是，凭什么我们相信太阳明天必然会和昨天、前天一样依旧升起呢?

人往往有这样一种思维上的惯性，无论终日奔忙为了何事，都会预期昨日为真的事，在明日依然为真。早晨依旧有日出，物体也会落到地板上而不会飘到空中。一般来说这些事件受制于自然规律，确实可以加以预测，但我们的一般性预期，有时却显得让人困惑。利用过去有限的例子来归结一种规则，然后可以适用于未来可能发生的“所有”例子，这种方法称为“归纳法”。当人类思维从特殊跳至普遍，从已经历的事跳至未经历的事时，归纳法便可派上用场。严格来说，归纳法无法真正证明任何事物。无论我们观察过多少次某种情况下会发生某件事，都无法绝对肯定同一件事在每次出现该情况时都会发生。

英国伟大的哲学家、政治家、思想家弗朗西斯·培根曾经举过这样一个例子来说明归纳法的无效性：

一个农夫家里养了一只小鸡，农夫每天都在早晨9点的时候给它喂食，每次还笑嘻嘻地看着它吃完并不忘夸奖它的羽毛长得多好看。

日复一日，小鸡渐渐长大，农夫依然每天都在早晨9点的时候给它喂食，依然每次笑嘻嘻地看着它吃完并不忘夸奖它羽毛长得多好看。

久而久之，这只鸡习惯了每天9点跑到食槽旁等着农夫给它喂食，并听农夫的赞美，并且把这当成了应该的和必须的。农夫应该每天都在这个时间来给它喂食，它也应该每天在这个时候接受农夫的赞美。

然而有一天，当它像往常一样在早晨9点跑到食槽旁等着农夫来喂食的时候，农夫却扭断了它的脖子。因为家里来了客人，而这只鸡变成了桌上的下酒菜。

正如培根所言："天天喂小鸡长大的人，最后却扭断了它的脖子，这表示对小鸡而言，把对自然界一致性的观点做一番修正可能帮助更大。"的确，过去不断重复发生的事会让人和小鸡一样，预期同样的事未来也会发生。

依培根的说法，人类基于直觉相信太阳明天依旧会升起，但难道我们事实上不会和待宰家禽的处境相同吗？自然规律虽看似如过去般强而有力，迄今毫无改变的迹象，但若因而主张自然既然在过去是统一的，未来也会是统一的，则犯了循环论证的谬误。日常生活绝大部分都有赖于归纳性假设，说它们荒谬不合理是很奇怪的，然而对许多哲学家而言，这才是事情的真相。

康德的眼镜：真实的世界是怎样的

> 鱼儿对于它终生都在其中游泳的水又知道些什么呢？
>
> ——（美国）爱因斯坦

我们看到的花园，是经过眼睛筛选后所接收的影像，不是真正的花园。我们永远无法了解物体被知觉前的"物自体"，人这种生物天生就戴着有色眼镜。

往往对于某件事物有特别爱好的人会对这种事物的任何方面都很关注。陶瓷爱好者能通过瓷器上的一片漆判定这个瓷器的年代。音响发烧友对于音乐唱片的音色清晰度，能够听出许多一般人所听不到的细微差异。他们把大量时间和大笔金钱投注在扩音机和扬声器上，为的就是尽可能重现原音，但即使是最先进的高保真音响也无法做到十全十美。从录音到播放的过程中，任何一点可能出现的瑕疵，都可以让电子企业找到下一代产品进步的空间。然而，或许有一天音响技术已达完美之境，音响发烧友必须忍受的唯一限制反而不是音响系统，而是人类自己的耳朵。若真有那么一天，哲学家对高保真音响也会有意见。无论耳朵从非常清晰的声音里捕捉或遗漏了多少细节，都不会构成声音“品质”的差异，一切只是所听到声音的“种类”不同而已。由于耳朵的特殊构造，人类有人类自己的聆听方式。例如，蝙蝠的听觉系统所能听到的声音频率和人类不同，所以听到的声音很可能就与人类差别甚大。耳朵构造不同，听到的声音也不同，好比不同照相机会拍出不同照片一样。当我们描述所听到的音调时，不仅是在描述声音本身，同时也是在描述人耳的聆听方式。这一点别无选择，若摒弃现有的聆听方式，听觉将成为不可能。既然同样情况适用于人类其他感官，结论将会是：我们理解世界的方式，在某种程度上受制于我们为获得理解所用的各类官能。

感觉不全然是被动地单单坐着等待接受而已。人们品尝味道或聆听声音时，同时也在“主动出击”，只不过大脑对于外在世界的安排处理相当熟悉，我们才没有察觉到感官的活动。感知世界便等于改变世界，这正是德国哲学家康德的中心思想。

薛定谔的猫：在场的证据

> 真实有时可以不像真的。
>
> ——（法国）莫泊桑

在现代的法庭审判中，证据起着决定性的作用，谁提出的证据更真实更有力，谁就更可能赢得诉讼。然而在一件事情发生的时候可能不存在观察者，那么我们能否仅仅凭结果就断定事物发生时所处的状态呢？

对此有一个著名的思想实验“薛定谔的猫”：

“薛定谔的猫”最早由奥地利物理学家薛定锷提出，是量子力学领域中的一个悖论。其内容是：一只猫、一些放射性元素和一瓶毒气一起被封闭在一个盒子里一个小时。在一个小时内，放射性元素衰变的概率为50%。如果衰变，那么一个连接在盖革计数器上的锤子就会被触发，并打碎瓶子，释放毒气，杀死猫。所以，如果在一个小时后把盒子打开，实验者只能看到“衰变的原子核和死猫”或者“未衰变的原子核和活猫”两种情况。因为这件事是否发生的概率相等，因此薛定锷认为在盒子被打开前，盒子中的猫被认为是既死又活的。

这个实验有个更深入的版本，即不管这一个小时内毒气是否释放，当一个小时过后人们打开盒子时，盒子里的机关都会自动触发，并通过机器的手段来杀死猫。那么最终的结果猫一定会死，但是没有人知道它是不是被盒子里的机关杀死的，因而没有人知道在盒子中被关了一个小时的猫是否是活的。

这个思想实验十分复杂。简而言之，这个实验的核心思想是因为事件发生时不存在观察者，所以盒子里的猫同时存在其所有可能的状态中，它有可能是死的，也可能是活的。薛定锷最早提出这个实验是在回复一篇讨论量子态叠加的文章时。薛定锷的猫也说明了量子力学的理论是多么令人费解，但是同时也启发了各种各样的思考，其中最奇异的就属“多重世界”假说，这个假说表示有一只死猫和一只活猫，两只猫存在于不同的宇宙之中，并且永远不会有交集。

近代哲学强调一种“在场性”，即如果你不在场，你就无权对一件事情发表评论。虽然你明确地知道了结果，但是你可能不了解原因或者你得到的只是可见的原因。并且，“在场性”还强调一种对存在的状态与结果的思考，当我们不在场的时候，我们真的无法正确地了解事物所处的状态，它存在所有的可能性，因而我们不应该对此做出判断。

边沁功利主义的计算

为了最大多数人的最大幸福。

——（英国）边沁

人活在世界上无时无刻不在进行着选择，选择通常也是很痛苦的过程，选择标准的不确定很大程度上带来了选择的困难。然而在功利主义者看来，选择其实并不困难，只要你会“计算”，就能做出正确的选择。

第一个功利主义者是边沁，他出生于伦敦一个律师家庭，在成为合格律师之前就读于牛津大学。父亲原本希望他成为英国大法官，但边沁从未真正做过律师工作。他觉得整个法律体系中充斥着“诡辩之徒”，于是选择钻研理论而非实践它，一般律师眼中的法律工作非其所好，法律背后的精神才是他的终极关怀。边沁致力于探究在法律背后支配人类行动的道德基础，发现这种基础在于它们的功用。他将功用定义为“任何事物都包含的属性，有助于带来愉悦、利益或幸福，或者避免灾害、痛苦、罪恶或不幸的发生”。他创了一句后来的功利主义者以各种方式不断加以引用的口号：“最大多数人的最大幸福。”

虽然功利思想给政治家提供了不少想象空间，但边沁对于如何实现功用的精密计算却和他发明的环形监狱一样，很是古怪。他认为，政府立法和个人行动都需进行“快乐计算”，它们所产生的快乐或痛苦，应由承受结果的人数来加以量化并累加。如果一种法律或行动所带来的快乐多于痛苦，而且用别的办法也不会有更好的结果，那么这种法律或行动便是对的而且是公正的。快乐计算法便是经由简单的加减来解决一切道德难题。

“电车难题”是伦理学领域最为知名的思想实验之一，其内容大致是：

一个疯子把5个无辜的人绑在电车轨道上。一辆失控的电车朝他们驶来，并且片刻后就要碾压到他们。幸运的是，你可以拉一个拉杆，让电车开到另一条轨道上。但是还有一个问题，那个疯子在那另一条轨道上也绑了一个人。考虑以上状况，你应该拉拉杆吗？

类似的问题还有：你是一个法官，只要你答应处决一个无辜村民，便能救另外9个村民，碰到这种情况究竟该不该开枪？要是不愿意的话，只要把能够获救的人数不断住上加，我们终会在某一点放弃坚持，并接受“不可取人性命”并非绝对的道德准则。

从一个功利主义者的观点来看，明显的选择应该是拉拉杆，拯救5个人只杀死一个人。但是功利主义的批判者认为，一旦拉了拉杆，你就成了一个不道德行为的同谋——你要为另一条轨道上单独的一个人的死负部分责任。然而，其他人认为，你身处这种状况下就要求你要有所作为，你的不作为将会是同等的不道德。总之，不存在完全的道德行为，这就是重点所在。许多哲学家都用电车难题作为例子来表

示现实生活中的状况，经常强迫一个人违背他自己的道德准则，并且还存在着没有完全道德做法的情况。

边沁主张的道德体系一切以功用为唯一标准。正直与否的道德判断，重点在于产生的诸般后果能否将某种品质最大化，而非履行义务或遵行上帝的旨意，等等。然而，功用本身可以用不同方式定义，实际应用之前有必要加以厘清。边沁以快乐主义原则来定义功用："幸福"等于"快乐"。他认为，任何人都尽可能追求快乐而避免痛苦，因此，只要能让多数人感到快乐，或给他们带来最大快乐之事，在道德上便是对的。

功利主义的原则是简单的，然而它太"简单"了，完全把个人和价值消解在数量之上。严格按照功利主义原则生活的人是不可能存在的。

奥卡姆剃刀：简单即好

如果某一原因既真又足以解释自然事物的特性，则我们不应当接受比这更多的原因。

——（英国）牛顿

哲学是研究隐藏于表象之后的深层次的、本质的东西的学说，所以它应该力求简单。但是就哲学史上大多数的争论来讲，并没有明确任何概念，反而将概念弄得更复杂了。奥卡姆认为哲学不应该成为这样冗杂的学问，古往今来的哲学家都应该进行反思。他主张将所有的哲学概念都先经过自己的剃刀修剪后再进行讨论。

12—14 世纪的欧洲大陆哲学完全被唯名论和唯识论相互的攻击所占据。中世纪经院哲学围绕个别与共相的关系之争形成了两个对立派别。唯名论否认共相具有客观实在性，认为共相后于事物，只有个别的感性事物才是真实的存在；实在论断言共相本身具有客观实在性，共相是先于事物而独立存在的精神实体，共相是个别事物的本质。

这种相当无聊但又很烦琐的争论在很大程度上引起了英国奥卡姆的威廉的不满，他著书立说，宣传唯名论，只承认确实存在的东西，认为那些空洞无物的普遍性要领都是无用的累赘，应当被无情地"剃除"。他所主张的"思维经济原则"，概括起来是"如无必要，勿增实体"："科学家应该使用最简单的手段达到他们的结论，并排除一切不能被认识到的事物”。因为他是英国奥卡姆人，人们就把这句话称为“奥卡姆剃刀”。

奥卡姆剃刀有很多表达形式：如果你有两个原理，它们都能解释观测到的事实，那么你应该使用简单的那个，直到发现更多的证据；对于现象最简单的解释往往比复杂的解释更正确；如果你有两个类似的解决方案，选择最简单的；需要最少假设的解释最有可能是正确的。

奥卡姆剃刀虽然表述起来非常简单，但是在实际应用中作用却非常大。在哲学中，这把剃刀出鞘后，剃秃了几百年间争论不休的经院哲学和基督教神学，使科学、哲学从神学中分离出来，引发了欧洲的文艺复兴和宗教改革。在科学中，科学理论被要求用最精炼的假设、最简单的公式来表达，从牛顿的万有引力到爱因斯坦的相对论，奥卡姆剃刀已经成为重要的科学思维理论。

奥卡姆剃刀不断在哲学、科学等领域得到应用，但使它进一步发扬光大，并广为世人所知的，则是在近代的企业管理学中。好的理论应当是简单、清晰、重点突出的，企业管理理论亦不例外。在管理企业制定决策时，应该尽量把复杂的事情简单化，“剃除”干扰，抓住主要矛盾，解决最根本的问题，才能让企业保持正确的方向。对于现代企业而言，信息爆炸式的增长，使得主导企业发展的因素盘根错节，做到化复杂为简单就更加不易。

我们的生活也是如此，现代人活得如此累主要是因为不必要的烦恼太多了。剪掉不必要的应酬、无意义的重复，人生依旧很开阔。

〉第三篇

现代反思：和谐就是一切

第一章

对自然存以敬畏之心

一草一木皆有其生命

人，充满劳绩，但却诗意地栖身于大地之上。

——（德国）荷尔德林

“子钓而不纲，弋不射宿”，意思是说孔子钓鱼，但不用绳网捕鱼。孔子射鸟，但不射栖宿巢中的鸟。以前的人通常将此事看成孔子“取物以节”，不妄杀滥捕。其实这里更注重的是仁爱之情，即一草一木皆生命，岂可不爱惜的道理。

世间的生命原本是没有所谓“高低、贵贱”之分的，每一个生命都有着它所存在的意义与价值。关怀生命并不仅仅是去关怀我们人类自身的生命，而是去关怀这世间一切具有生命的生物，哪怕是一只小小的蚂蚁，一株还没有发芽的小草。因此，任何一个生命都是值得我们去关怀的。

佛教主张“慈悲为怀”。佛曰:“一滴水中有四万八千虫。”佛法中不杀生、众生平等的观念和教义都极为深刻地体现了佛法对生命的尊重与关怀。一个生命无论有多么卑微，在这个世界上都应该有其自己的一席之地。

滴水和尚19岁时就进了曹源寺，拜仪山和尚为师。开始时，他被派去替和尚们烧水洗澡。有一次，师父洗澡时，嫌水太热，便让他去提一桶凉水来。他提来凉水后，先把部分热水泼在地上，加入凉水，等热水调温以后，又把多余的凉水也泼

在了地上。

师父见此，便训斥道："你知道地下有多少蝼蚁、草根生命吗？这么烫的水下去，会坏掉多少性命。而剩下的凉水浇花多好，可活草树。你若无慈悲之心，出家又为何？"

经此一训，他瞬间开悟了，后来便以"滴水"为号。

人生天地间，要存一颗怜悯之心，无论是对他人，还是对各种生物，毕竟我们生活在一个地球上，是同命运、共呼吸的伙伴。

对生命的关怀并非是悲天悯人的道德完善，也并非是居高临下的施舍，它是生命对生命平等的尊重和关怀。人与自然本身便是一个不可分割的整体，自然赋予我们作为人的身份并不是让我们凌驾于其他生命之上，而是为了让我们与其他的生命和谐、友好地相处，让世界在这种和谐相处中健康而持续地发展。

其实，即使只是一只毫不起眼的小蚂蚁，也是造物主的恩赐，它与我们人类的生命并没有本质区别，它也应该享有生命的权利和尊严。很多时候，我们在关怀其他的生命的同时，也是对我们自身的关怀与尊重。

智者乐水，仁者乐山

智者乐水，仁者乐山。智者动，仁者静。智者乐，仁者寿。

——孔　子

孔子的自然观强调"知命畏天"的伦理意识，身体力行，培养一种"乐山乐水"的伦理情怀，自觉地与大自然融为一体，体味大自然化生万物的无限魅力。这是一种士人修养、人生境界的体现，是人生追求的目标和最高境界。

子路、曾皙、冉有、公西华侍坐。子曰："以吾一日长乎尔，毋吾以也。居则曰：'不吾知也！'如或知尔，则何以哉？"

子路率尔而对曰："千乘之国，摄乎大国之间，加之以师旅，因之以饥馑；由也为之，比及三年，可使有勇，且知方也。"

夫子哂之。

"求，尔何如？"

对曰："方六七十，如五六十，求也为之，比及三年，可使足民。如其礼乐，以俟君子。"

"赤，尔何如？"

对曰："非曰能之，愿学焉。宗庙之事，如会同，端章甫，愿为小相焉。"

"点，尔何如？"

鼓瑟希，铿尔，舍瑟而作，对曰："异乎三子者之撰。"

子曰："何伤乎？亦各言其志也。"

曰："莫春者，春服既成，冠者五六人，童子六七人，浴乎沂，风乎舞雩，咏而归。"

夫子喟然叹曰："吾与点也。"

在此不难看出，孔子为什么赞成曾皙的想法。"莫春者，春服既成，冠者五六

人，童子六七人，浴乎沂，风乎舞雩，咏而归。”

曾皙追求人与自然和谐的理想契合了孔子的“乐山乐水”情怀。孔子要培养的理想君子，既有仁者胸怀又能治世，而且具备“乐山乐水”的伦理情怀，从而实现“老者安之，朋友信之，少者怀之”的社会理想。

顺应自然与回归自然

辅万物之自然，而不敢为。

——老　子

老庄强调因顺自然，认为人应与自然和谐一体。他们认为，人也只是自然中的普通一物，自然本身有内在的活力，而人如果总用自己狭隘的规范给它条条框框，就会把这个活力封死。老庄也反对人类把自己的意志强加给自然，对于自然的规律横加干涉和改变。庄子讲过的一个寓言就反映了这种因顺自然的必要。

南海之帝批和北海之帝忽一起去拜访中央之帝混沌，混沌热情周到地款待了他们。告别之时，南海之帝和北海之帝想回报一下混沌。他们商量说，人人都有七窍用来看、听、吃和呼吸，可唯独混沌没有，我们来为他打开七窍吧！于是，他们一天给混沌打开一窍。七天后，七窍是开了，而混沌却因此而死去了。

人为地改变自然，不仅无益，甚至会置自然之物于死地。道家主张返璞归真，反对异化，回归自然。人从自然中来，还要回到自然中去。我们往往就觉得无非要清心寡欲，降低对物质生活的要求，总之，就是过“苦行僧”式的生活，至于为什么如此，却总是难以理解；对这样做的效果，更是不知所以。

庄子有一次在钓鱼，他已经钓了一桶鱼了，好友惠施来看他，惠施那时候在魏国做了大官，很威风，他自己坐了一辆车，后面还跟着一个车队，一行浩浩荡荡。庄子一看到惠施这样子，只做了一件事：把一桶鱼全倒进河里，就剩了一条回家去了，不理惠施。

庄子是什么意思呢？他就拿一条鱼，实际上首先是对惠施的夸张炫耀行为的一个讽刺。人根本不需要坐十几辆车，但人在文化习俗里养成的人和世界关系，它就是一个占有的心态，但不是说占有了要用，他是要在占有里边对比。

一个人占有得越多，似乎就表明他越成功。而事实上，正如庄子自己所做的那样，人占有那么多是没有必要的，一条鱼就足够吃了，何必要一桶？庄子觉得人要从这种占有的心态中退出，要回到自然。回到自然不是去隐居，与禽兽同群，而是说人要摆脱外在的诱惑和负累，随意自然地生活，这样才能做到真正的自由。所以在这个意义上我们说他是修身，他和儒家的修身不一样，他最后表现出来的是非常率真的真性情。回到自然，也就是回到人的真实存在。

人类的自我惩罚与救赎

> 民吾同胞，物吾与也。
>
> ——张　载

上帝创造亚当、夏娃之后，由于他们犯了原罪而将之逐出伊甸园，他们的后代子孙传宗接代，不断繁衍，逐渐遍布了整个大地。但是人类打着原罪的烙印，上帝诅咒了土地，人们不得不付出艰辛的劳动才能果腹，因此怨恨与恶念日增。人们无休止地相互厮杀、争斗、掠夺，人世间的暴力和罪恶简直到了无以复加的地步。

上帝看到了这一切，非常后悔造了人，对人类犯下的罪孽心里十分忧伤。上帝说：“我要将所造的人和走兽并昆虫以及空中的飞鸟都从地上消灭。”为了惩罚堕落的人类，上帝制造了一次史无前例的大洪灾，但是他又舍不得把他的造物全部毁掉，他希望新一代的人和动物能够比较听话，悔过自新，建立一个理想的世界。

只有善良的挪亚得到了上帝指点，造了一条巨大方舟，当洪水到来的时候，他一家人上了方舟。方舟上还有狮子、老虎、兔子、鸽子等动物以及种子和粮食。挪亚带着家人和这些无辜的动物从大灾难中幸存下来。大雨直下了 40 个昼夜，雨停后，挪亚方舟在汪洋中飘浮了整整 7 天，最后停泊在亚拉腊山脉。他和他的家人走出方舟，把方舟上的动物也都放了出来，重新开始建立一个世界。

上帝为惩罚人类的罪恶而制造了如此大的灾难，但是他的目的是期盼人类能由此而改恶从善，安居乐业，因而他不会真正毁灭世界，他在保存人种的同时却也不忘保存动物和植物。

人与大自然的其他一切生物是共存的，生命是人与自然界共同孕育的。甚至在这场灾难之后，上帝向挪亚做出了承诺，说今后无论人类的行为多么坏他永远不会再用洪水毁灭地上的生物了。

在古代中国，也早就有以自然为母体，与自然和谐相处的理念。北宋哲学家张载提出“民吾同胞，物吾与也”，意思是说，天下之人皆我兄弟，天下之物皆我同类，我对他人他物均应待之如兄弟。上帝又何尝不是自然的使者，在向人类对自然的罪恶做出惩罚呢？

迁徙的鸟：关于回归的约定

鸟的迁徙是一个关于承诺的故事。

——（法国）雅克·贝汉

“飞翔对鸟来说不是人们想象的什么乐趣，而是为了生存的拼搏。它们要穿越云层、迎着暴风雨，许多困难不是我们能够想象的。”法国导演雅克·贝汉将镜头对准我们头上共同的蓝天，以细腻而优美、自然且浪漫的笔触讲述了大自然中一个永恒的传奇。在他的镜头下，候鸟们的每一次振翅，每一次飞翔都那么真实可触，原野大江、冰山峡谷都是那么瑰丽多姿。

电影《迁徙的鸟》重点围绕候鸟南迁北移的旅程，讲述了候鸟如何战胜自然环境，在大风沙中寻找出正确方向，在冰天雪地中如何保护自己，在浩瀚的海洋中如何猎食的故事。

电影中，沙丘鹤在漫天风沙中寻找出路，既要面对酷热天气的考验，也要抵御大风沙的摧残，它全都默默承受，与大自然作战到底，目的只有一个，就是要找到出路。

一群迁徙的鸟准备中途歇息，望着高耸的大厦却无从落脚。一阵探寻之后，它们只能歇息在满布污垢和油腻的下水道中。无意间，一只鸟迈进了厚浊的油潭中越陷越深，不能自拔。鸟群目睹着眼前惨烈的一幕，在惊慌中争相逃命。而那只可怜的鸟，只能在徒劳的喘息声中哀鸣而死。

在雅克·贝汉的镜头里，我们看到的，已经不仅是纪录片式的“注视”，而是饱含了对于自然生灵的热爱。作为观众，影片中的每一个镜头都让我们于无意识间睁大眼睛，不仅仅是因为看到了一些日常生活里见所未见的奇观，更因为那镜头背后浓重的情绪凝聚——人性之中的某些高尚品质已经被投射到这些生灵上。

回想影像中群鸟翔集过工业城市的工厂密集处，那浓重的烟尘与呛鼻的气味恍若一下子喷薄而出，响彻着力透纸背的悲怆之气。那些被工业污染夺去生命的弱小而强大的存在，它们的灵魂一如纤弱而柔韧的细丝。雅克·贝汉的忧心忡忡，借由这些琐碎而残酷的影像片段一寸寸展现出来。如今的城市，高高的钢筋混凝土建筑鳞次栉比，在这中间，人们为了装点城市，种上了树和草。其实这片茕茕而立于城市之中的绿色却是单调的、零散的，早已失去了原先的色彩和生气。树木与花草间飞舞的，只剩下飞扬的尘土和浑浊的机动车尾气，还有偶尔游荡其中的飞虫。在自然不断地遭受破坏的同时，鸟类也在不断地重新选择迁徙地，下一个春天，它们将迁往哪里？

自然发怒，后果很严重

在所有头脑的影响之中，大自然的影响可谓是在时间上最先，在作用上最为重要的。

——（美国）爱默生

人是自然的产物，是自然界的一部分。然而，随着人类征服自然的能力不断增强，人的欲望亦增强，人类与自然界的距离不断扩大，人的自然本性逐步丧失与沦陷。这是人类为了生存而无法避免的一个矛盾的现实。所以，从某种意义上来讲，人类的发展过程就是一个不断地自我异化的过程，不断为自己创造对立面并不断走向对立面的过程。

普希金的童话《渔夫和金鱼的故事》的寓意积淀着人类的生态良知。故事可以被视为一个四幕剧：

第一幕：金鱼出现之前，渔夫与老太婆在大海边的生活——“老头儿和他的老太婆住在蓝色的大海边，他们住在一所破旧的泥棚里，整整有三十又三年。老头儿撒网打鱼，老太婆纺纱结线。”三十又三年，渔夫依赖大海而生存，渔夫和大海是一个连续不断的生命统一体，自然万物之间在真实地感受彼此的存在。那是一个漫长、寂静的原初生态时期，人类在无知无欲中享受着这抒情诗般的田园生活，人与自然间的“和谐”存在于对自然及简朴的自然生活的真实、有力和互动的审美体验中。

第二幕：金鱼出现后与渔夫建立的关系——“放了我吧，老爷爷，把我放回海里去吧，我给你贵重的报酬：为了赎身，你要什么我都依”。金鱼开口讲话打破了沉默的原始生态本体，也让人自身的意识形态发生了分化。人与自然之间的知足、简朴、合一的整体平衡被打破，人不再安分于其在生态自然中的位置。一种新的关系即人与自然的给予与索取的契约关系开始确立。

第三幕：关系建立之后渔夫与老太婆的生活发生的变化——从“新木盆”到“敞亮的木房”，从“世袭的贵妇人”到“自由自在的女皇”。人的意志开始强制地作用于自然，文明开始入侵生态。人如同吃了智慧树果实的亚当和夏娃一样从这个契约关系中意识到了索取的权力，并因为索取而使欲望不断发酵，不断浓烈。

第四幕：渔夫和老太婆所得到的一切的消失——“他

前面依旧是那间破泥棚，他的老太婆坐在门槛上，她前面还是那只破木盆。”亚当和夏娃因欲望最终被逐出了伊甸园，人类对自然持续扩大的索取也激怒了自然，最终失去了和谐自然的生活。

人是自然的孩子，和谐才是母子的相处之道。为什么老子如此坚持“小国寡民”的理想？为什么梭罗到瓦尔登湖边后，亲手搭建木屋，并把生活必需品减少到最低限度，付出种种努力，穿越思维的索道？别无其他，旨在追寻原初田园生存的状态而已。因为在这种状态下，人与自然构成了和谐的整体：朴实、简单、知足，是这幅整体图景的底色；天、地、人以自然、有序、链条式的生存结构循环运转，是这幅整体图景的背景。

第二章

娱乐至死：文明的双刃剑

人在文明中迷失了方向

> 真正的文明在于每个人都把自己的权利留给他人。
>
> ——（美国）英格索尔

德国著名哲学家尼采在 19 世纪末就说过，现代人迷失了方向。进入 20 世纪后的西方人才突然感到这个预言的真正分量。现代西方的非理性主义思潮普遍认为，高度发达的现代科技，虽然在很大程度上改变了现代人的生活，带来了真的“现代化”，但科技对人类生活的无孔不入，正把人类以及人类文化带向一个陌生、冷漠、黑暗和充满危机的世界。

人类为了改善自己的物质生活条件、摆脱繁重的体力劳动而夜以继日地发明技术，但大工业使人变成机械的一颗螺丝钉，人性丧失了。各民族为了谋求征服自然和其他民族的强大力量而集结在一个技术工业的政治组织中，但冷酷无情的官僚政体使个人变成一个号码、一张证书，个人变得软弱无力了。

西方人摧毁了曾维系他们信念的上帝，但在各种模糊易变的大众意见中，永远找不到稳定有效的生活信念。现代人遭遇的危机，实质是理性主义文明发展到顶峰后的衰落，以及建立在这一基础上的价值体系和精神家园的崩溃。

我们生活在一个高度发达的社会，也生活在一个高度匮乏的社会。

雅斯贝尔斯是当代著名的存在主义哲学家。1949 年，雅斯贝尔斯应邀出席在日内瓦召开的“国际会晤”大会，会上，他做了题为“新人道主义的条件与可能”的学术报告，在报告中，雅斯贝尔斯系统地分析了“由技术、由政治和由西方共同精神之瓦解”所造成的现代西方人的困境。

首先，雅斯贝尔斯认为，科技的发展使人成了机器的附件。雅斯贝尔斯首先对技术时代本身的含义及其对劳动方式、劳动组织和社会秩序所产生的后果做出分析。他说，近现代的科技和工业的发展带来了双重的后果，一方面财富比以往增长了，这样使得人口大量增长，并使他们有可能获得某种生活条件，如阅读、书写和计算的能力已成为普通必备的才能，这反过来又成为技术世界继续存在的条件。另一方面，技术的整个意义在现代越来越成为一个大谜，而它的未来发展结果实难预料，于是现代人陷入了技术和工业时代的第一个困境之中：一方面，人们死守着技术所带来的好处不肯放弃，并且指望更多的技术带来更富足的物质生活；另一方面人们又陷于单调的机械的无情运转之中，至多发出一阵无力的抗议。

事实上，技术是不能不用的。雅斯贝尔斯说，在技术发明以前，世界曾经长期酣睡，是技术才把人民群众从世界的酣睡中残酷地唤醒过来。在将来，假如技术失败，就会产生前所未有的灾难，整个大地将荒芜成为废墟。那么，唯一的出路是学会并控制技术。问题在于，在技术高度发达的时代，如何重新发挥个别人的不可代替的东西，如何使人重新成为他自己，而不是仅仅在日常职务的轨道上机械地奔驰呢？问题提出来了，新的方向也选定了，但达到这一目标的道路却不知在何方。

其次，雅斯贝尔斯还指出，官僚政治使人成了一个符号。雅斯贝尔斯还对随着技术和工业发展而建立并完备起来的技术官僚的政治制度做出分析。

他说，技术是今天的政治状况的一个主要因素。今天这个世界，认为上帝已经死了，那些“有技术的人”成了社会真正的统治者。无数的人受着他们肆无忌惮的强制，以一种令人不解的屈辱精神迎合他们的权力要求。人仿佛就是一张纸，仅仅一份证明书、身份证、判决书、等级划分证件，就能使人获得幸运，使人受到限制，使人遭到灭亡。抗拒事件仿佛

多得不可想象，而突然之间却又完全消散了。人的生存、工作和生活方式，仿佛都处于不可预料的外来势力的支配之下。如果我们想知道是谁在那里发号施令，则我们根本找不到司令台，这一切都好像没有人负责似的。

技术带来了一种不自然的、不同于手工业和农业以及古代充满人情味行业的劳动方式。技术时代的一个基本特征是，人每天不得不重复进行同一种单调的劳动。这同一种劳动的重复进行，以至达到这样的境地，人成了机器的一个功能，可以像机器零件一样被任意配换。这一时代特征已经扩张到人类每一种活动里去，甚至娱乐的方式也都带有这个特征。在我们看来，人现在真正可以做到自我遗忘，这就是说，今天的人已经丧失了自己，对于事情之无关于其个人，反而感到满意。我们正在向着使一切都成为机器功能的道路前进，这就是说，技术在改善人类物质生活的同时使人类的发展片面化了。人在消费领域相对富裕的巨大代价是人成了机器的部件。

人类迷失了方向，人类不得不停下来反思。

机械与机心：技术是一把双刃剑

> 有机械者必有机事，有机事者必有机心。
>
> ——庄　子

《庄子·天地》中有这样一则故事：

子贡到南方楚国旅行，返回晋国时，路上见一老人正在整治菜园，他挖了一条隧道通到井底，用瓦罐取水浇园，累得浑身大汗，用力很多而效率却很低。

子贡见状，上前说：“有种机械，一天可浇百畦，用力很少而功效很高。老先生不想用它吗？”

浇园老人抬起头看着他说：“什么意思？”

子贡说：“用木头做个机械，后头重、前头轻，提水像抽出的一样，快得好像沸水上溢，名叫桔槔。”

浇园老人愤怒得变了脸色，冷笑着说：“我听我的老师说，有机械必有机械的事，有机械的事必有机谋的心。机谋的心藏在胸中，心灵就不纯洁。心灵不纯洁，精神就摇摆不定，没有操守。精神没有操守，就不能得道。我不是不知桔槔快，而是感到羞耻才不用它的。”

技术历来就是一把双刃剑，在给人类带来巨大社会财富的同时，也给人类带来了种种困扰和不安。这种困扰和不安表现在两个方面：一方面，技术既能做“善事”，也能做“恶事”，逐渐成了人自己不能控制的力量，它逐渐走向了原来目的的反面。另一方面，也是最关键的一方面，技术会“玷污”人的心灵，也就是，技术的发明和使用会改变人的思维方式，会打开人的欲望，从而远离天地大道。老人之所以不使用子贡所说的桔槔，是害怕欲望上身，精神迷失，从而陷入万劫不复之境地。

《庄子·天地》中还讲了另外一则寓言：

尧的老师是许由，许由的老师是啮缺，啮缺的老师是王倪，王倪的老师是被衣。尧请教许由说：“啮缺可以担任天子吗？我想通过王倪邀请他。”许由回答说：“这样恐怕会危害天下呀！啮缺这个人，为人聪明睿智、机警敏捷、天赋过人，又能以人力去成就天然。他懂得去防堵过失，但却不能知道过失从哪里产生。要他担任天子，他就会凭借人力而摒弃自然。他将会以人为本体而区分人我，将会看中智巧而急着使用，将会被小事所役使，被外物所牵绊，四处张望而应接不暇，事事苛求完美，随着外物的变幻而不能保持常态。他哪有资格担任天子呢……”

庄子认为，一个人如果只知道用智巧的机心去面对世界，别说去治理天下了，做一个人都难。因此，我们存在这个世界上，虽然由于各种各样的因素，不能完全驱除机心，那也要尽量减少机心。

一个人在城市中生活得太久，往往会机心沉重，渐渐忘记了自己的来路和自己曾经的梦想和追求，所以很多人都想去城郊体验一下农家乐的乐趣。其实，去不去城郊农家与你能不能驱除机心并没有太大的关系，驱除机心也并不是要求你不再工作，不食人间烟火，关键还在于你自己的心，在于你审视自己的生命了没有。

寂静的春天：得不偿失的交易

除了得到食欲和性本能的暂时满足，或者不管什么情况下的一点点片刻的舒适。

——（德国）叔本华

“知识就是力量”是培根一句脍炙人口的名言，人们往往拿这句话来说明现代文化和科技的重要作用。没有现代科技，就没有我们乘坐的汽车，没有我们拨打的电话，甚至没有我们惬意的现代生活。

然而，这句话并不是培根思想的全部。在培根看来，人是自然的主人，可以驾驭自然。但“要命令自然，就必须服从自然”，即认识自然规律，掌握科学知识。正是从这个角度出发，培根提出了“知识就是力量”的著名论断，至今影响我们一代又一代人的生活。知识是力量，但要是应用不当就是不可逆转的破坏性的力量。

1948年，瑞士化学家保罗·米勒因发明了对人和动物有剧毒的有机氯杀虫剂DDT而获诺贝尔生理学或医学奖。最初DDT确实发挥了巨大的功效。二次大战末期，各国士兵用DDT来杀灭虱子，以阻止斑疹伤寒的传播。而斑疹伤寒是影响部队实力的严重疾病，甚至影响到拿破仑的军队于1812年远赴莫斯科的征战。在1948年的诺贝尔奖授奖大会上，瑞典的G.费希尔兴奋地说：“出人意料地、戏剧性地突发转机，DDT成为力挽狂澜的角色。”

然而1962年，美国女生态学家蕾切尔·卡逊在出版的《寂静的春天》中指出，DDT作为剧毒化学物质杀死了大量生物，而且对人和环境也产生了难以估量的严重危害：作为美国象征的白头海雕因DDT和其他杀虫剂的毒杀濒临灭绝，世界许多地方的青蛙因DDT污染而致畸形，DDT使用较多的地方导致鸟类减少甚至灭绝。DDT不仅抑制人和生物的免疫系统，损害神经和生殖系统，而且有致癌作用。作者清醒而担忧地预言：“我们长期以来一直行驶的这条道路，使人容易错以为是一条舒适、平坦的超级公路，能让我们在其上高速前进。实际上，在这条路的终点却有灾难在等待着。”

蕾切尔所描述的恐怖景象，从20世纪60年代至今，正在一步步发生。联合国

环境规划署认为，大量事实证明每年由人类释放到环境中的污染物中，持久性有机污染物的毒性是最大的。随着从南极企鹅的体内检测出 DDT 超标的消息传来，也许这个世界上真的没有一块净土了。人类如果不限制有毒化学物质的生产与消费，最后吞下苦果的还是人类自己。人类依然在拼命破坏环境、耗竭资源来换取一点生活欲望的满足，但是始终没能跳出叔本华的悲剧性断言。我们付出了那么多，就是为了吃喝拉撒欲望之需，且把地球搞得越来越糟，人类遭受更大痛苦的危机日益加重。这是何等得不偿失的一场交易！

如果人们问培根，知识是如何获得改变自然的力量的呢？培根的回答是，人的知识是对自然的因果规律的了解，了解自然的因果关系之后，就可以改变它、命令它，趋利避害，使自然规律为人类的利益服务。然而可惜的是，现代人只看到了知识具有力量这一面，却忽视了知识本身就应该建立在尊重自然规律的基础之上，从而导致像滥用 DDT 那样造成的恶果一再发生。

1988 年波兰导演基耶斯洛夫斯基所拍摄的《十诫》，以 10 个当代波兰人的故事将古老的“十诫”重新演绎，揭示了当代人所处的种种道德困境。其中每一集与基督教教义里的“十诫”有着一种松散的对应关系，一共 10 个短片。

10 岁的男孩帕维尔母亲去世，父亲独自抚养着他。帕维尔编了一个程序，可以和死去的妈妈对话。父亲相信一切都能够用电脑方程式运算出来。冬天到了，父亲让帕维尔打电话询问最近 3 天的温度。得到的回答是："今天 −11℃，昨天 −14℃，前天 −12.5℃。有 8 天的霜冻。"父亲将它们一一输入电脑，计算结果很快出来了，冰面的承受强度为每平方米可以承受 257 千克，"一个比你重 3 倍的人"。帕维尔兴奋地晚上睡不着觉。

隔天下午父亲独自在书房工作。突然，放在桌上的一支钢笔开始渗漏，墨水瓶破裂，深色墨水洒在书上。湖上的冰裂了，帕维尔沉落湖底，再也没有上来。

显然人类将他们科学活动的作用夸大了。实验室里的活动是在理想条件之下的活动，而任何具体的人类事务，总会遇到许多偶然的、意想不到的情况，受着某时某地条件的限制，而不像实验室的情况那样纯粹，实际生活并不是用任何原理所构筑起来的。这种盲信科学主宰一切，将科学当作一切声音中的最强音，乃至用科学蓝图去改造社会，是 21 世纪人类悲剧的来源之一。

人的异化：黑客帝国

唯有不要我们操心的事物才是美好。

——（古希腊）朗吉努斯

《黑客帝国》既是一部电影，也是一种哲学思考，表现了对文明发展的一种回归性的反思。哲学、神学、无神论都在《黑客帝国》里有浓重的体现，诺斯替教的教徒也会注意到很多相关的主题，还有很多内容涉及印度教、佛教、道教和基督教，还蕴含启蒙、涅槃、重生的概念，对印度教和佛教的深度涉及包括自由意志对抗命运，还在电影的配乐中使用印度教的颂歌，糅合了理念、虚幻、因果报应和自然存在的多种观点。《黑客帝国》以很多方式解析真实、超现实，还有人的观点是实质的、物理的世界才是虚幻。

在《黑客帝国》中，导演沃卓斯基兄弟为我们描绘了人类被机器占领的场景。人类的身体被放在一个盛满营养液的器皿中，身上插满了各种插头以接受电脑系统的感官刺激信号。人类就通过这些信号，组成了一个完全虚拟的互动电脑网络——Matrix。在这个虚拟网络中，系统连接着无数人的意识，分配给他们不同的角色。人类通过虚拟的网络进行"并不存在"的互动，而人类并不知道自己生活在虚拟的世界中。

电影引发了人类关于真实和虚幻的讨论，而这部电影本身却成了鲍德里亚对当今社会的“超现实”描述的真实写照。沃卓斯基兄弟正是法国著名后现代理论家让·鲍德里亚的拥趸，而这部风靡全球的电影巨制《黑客帝国》就是在向鲍德里亚和他的思想致敬。甚至在电影的一个镜头中，主人公手中还拿着一本鲍德里亚的著作——《模仿和拟像》。

让我们看看鲍德里亚的观点。“模仿世界”是他对当今社会的总体概括，他认为当今社会是一个各种符号及其相互模仿所构成的世界，是一个“信息越来越多，而意义越来越少”的社会。另外，鲍德里亚还用“超现实”一词表述当今社会，他认为在这种所谓的超现实中，事物与表象、现实与符号的对应关系已经不复存在，存在的只是没有原型的符号和模型，符号本身就是现实。在他看来，整个世界是没有意义的，由符号虚拟的世界——就像《黑客帝国》里描述的那种生活。

在鲍德里亚看来，世界的虚拟性实际上是因符号而产生的，而人类文明的过程恰恰就是运用符号的过程。后现代的理论家们对这点有充分的认识，并从各个角度进行了对符号及其形式——知识的讨论。

鲍德里亚考究了人类利用符号的历史，描述了现实与符号关系先后出现的四种秩序：现代性之前追求现实和自然的直接同一性；文艺复兴和工业革命期间，符号的实质是效法自然，遵循“自然价值律”，标志着符号开始对现实模仿；工业革命后，自然不再是模仿对象而成了统治对象，模仿遵循“商品价值律”；当代社会出现了纯粹的模仿秩序，并使符号失去了价值和意义，成为纯粹的复制和模仿。其实我们可以发现，符号的历史和人类技术进步的过程是分不开的。符号秩序建立的历史，实际上就是人类的技术文明不断发展的历史，模仿秩序也应该是技术发展的后果。这样，就可以把鲍德里亚对模仿秩序的批判、技术的反思和对理性化的批判联系起来。那么我们可以说对鲍德里亚对符号的恐慌，实际上是对技术的恐慌，这一点体现在电影《黑客帝国》中。

技术的发展是一个不断扩展人类感官，从而增加人类获取符号的能力的过程。互联网技术的出现把人类的触手伸到了世界各个角落，让我们不必亲临其境也可以接收到以前只有亲临才可以获取的符号——声音、图像，等等。技术让我们看得更远，听得更广，而我们也逐渐产生了对这些技术手段的依赖。然而，值得注意的是，通过技术手段呈现给我们的是经过加工、过滤或者删减的信息——鲍德里亚更为担忧的是，或许这些信息根本就是没有意义的或者虚假的信息！在《黑客帝国》中，技术甚至霸占了人类的躯体从而彻底垄断了符号的供给，人类彻底失去了自己获取符号的机会。人类自己创造了技术和符号，而现在的趋势是技术开始通过垄断符号的方式欺骗甚至统治人类——人类被“殖民”化了，而符号成为“殖民者”权力的来源。可怕的是，我们已经无法扭转这个趋势，因为我们越来越依赖技术而不断地发展它，让它拥有统治我们的可能，使得技术和符号对人类的统治成为定局。

到此，我们已经看到了鲍德里亚为我们描绘的悲观世界。

由这个观点反观鲍德里亚所谓的这个“超现实”社会。他确实描绘了未来社会的发展方向，只是我们或许会觉得他过于悲观了。诚然，技术让符号处于急速复制和模仿的状态中，符号失去了原本的意义和模型，但这也带来了意义的极大丰富。模仿的初衷是趋同，但模仿的结果却是越来越个体化。模仿让意义更为丰富而不是丧失，而模仿的普遍化和意义的丰富性给予了人类更多选择的自由，使人类的存在更富有意义。模仿世界并不是虚拟，反而最真实。所以，我们不必害怕模仿，而应该主动参与到这个过程中，在模仿中创造自己的意义。

圆形监狱：当一切都有了标准

人终将被抹去，如同大海边沙地上的一张脸。

——（法国）福柯

随着物质的富裕，生活水平的提高，人们应该感受到幸福与自足。然而，事实恰恰相反，人被控制在自身欲望的享受和苦斗中，被弄得精疲力竭，不仅没有感到自由和幸福，反而在心灵深处感到失落和空虚，没有精神寄托，没有心灵家园。人们虽然每天奔走忙碌、认真地生活，但是感觉不到生活真正的意义。

在现代文明制度下，无论是家庭，还是公司、社会，人们都按照一套完整的政治、经济、道德、知识等体系，以一种普遍统一的价值模式来复制个人，规定个人的生存方式。每个人在这一系列“人的标准化”的规则改造之下，成为“标准化的人”。个人失去了自己的独特价值，可以被任何一个别人替代，就像机器上的螺丝钉那样。

法国哲学家福柯认为，当每个人都在按照“人的标准”的普遍模式去打造自己或他人的时候，人就已经死了。福柯曾借圆形监狱形象地描述“人死了”。

圆形监狱的蓝图是英国人提出的。其基本结构是：圆形监狱由一个中央塔楼和四周环形的囚室组成，环形监狱的中心是一个瞭望塔，所有囚室对着中央监视塔，每一个囚室有一前一后两扇窗户，一扇朝着中央塔楼，一扇背对着中央塔楼，作为通光之用。这样的设计使得处在中央塔楼的监视者可以便利地观察到囚室里罪犯的一举一动，对犯人的情况了如指掌。同理，在中央瞭望塔，监视者能观看一切，但是不会被观看到。同时监视塔有百叶窗，囚徒不知是否被监视以及何时被监视，因此囚徒不敢轻举妄动，从心理上感觉到自己始终处在被监视的状态，时时刻刻迫使自己循规蹈矩。这就实现了“自我监禁”——监禁无所不在地潜藏进了他们的内心。

这种监狱按照严密组合的方法建立起来，对惩罚轻重的等级处理和禁锢空间的分配都依据科学的理性原则，有一整套控制、监视、管教、改造和惩罚的组织管理手段，并由此建立起现代的纪律观念。犯人在那儿受到隔离、禁闭和行为约束，他们的行动按照统一的时间表进行。在这里，人不被看作是一个具有自己独特个性的个体，而是一个能够被驯化、调教、塑造的对象。通过这个系统的改造，人变成了一个个整齐划一、有用而听话的“肉体”。

福柯借此与生活于现代文明下的人进行对比，家庭、学校、社会所有的生活空间都以此为模式，各个机构的那一道道高墙就是囚室的四壁，宽阔的街道只不过是监狱中散步的走廊和放风的庭院。

整个现代世界就是一座无所不在、无所不能的“圆形监狱”，每个人都在监控网络之中，被各种纪律、制度约束，人们监视着每一个人，同时也被别人监视着。随时警惕着不符合秩序的个体，随时对异常个体进行处置，最后使之成为“驯服而有用的肉体”。

能够感受到自己生命自由独特意义的人，是没有存在的价值的，是不被这个社会所需要的。“人”在这个巨大的圆形监狱中死去了。人永远生活在别处，而不在自己之中。

福柯的“人之死”，就是想要杀死价值模式化所建构的标准人、样板人，让鲜活灵动自由舒张的人性解放出来，就像福柯所希望的——“人的生活应当成为艺术品”。

美丽新世界：赫胥黎的预言

人们感到痛苦的不是他们用笑声代替了思考，而是他们不知道自己为什么关心以及为什么不再思考。

——（英国）赫胥黎

英国小说家赫胥黎的《美丽新世界》，是20世纪最经典的反乌托邦文学之一，与英国小说家乔治·奥威尔的《1984》、俄国小说家扎米亚京的《我们》并称为“反乌托邦三部曲”，在国内外思想界影响深远。

赫胥黎为我们描绘了虚构的福帝纪元六三二年即公元2532年的社会。这是一个人从出生到死亡都受着控制的社会。在这个“美丽新世界”里，由于社会与生物控制技术的发展，人类已经沦为垄断基因公司和政治人物手中的玩偶。这种统治甚至从基因和胎儿阶段就开始了。人们渐渐爱上压迫，崇拜那些使他们丧失思考能力的工业技术。

在新世界里，人类把汽车大王亨利·福特尊为神明，并以之为纪年单位，它的元年是从福特第一辆T型车上市那一年开始算起的。

在这个想象的未来新世界中，人类已经人性消泯，成为严密科学控制下一群被注定身份、一生命运的奴隶。

故事世界里，几乎全部人都住在城市。这些城市人在出生之前，就已被划分为“阿尔法（α）”“贝塔（β）”“伽马（γ）”“德尔塔（δ）”和“爱普西隆（ε）”五种“种姓”。阿尔法和贝塔最高级，在“繁育中心”孵化成熟为胚胎之前就被妥善保管，以便将来培养成为领导和控制各个阶层的大人物；伽马是普通阶层，相当于平民；德尔塔和爱普西隆最低贱，只能做普通的体力劳动，而且智力低下，尤其是许多爱普西隆只能说单音节词汇。此外，那些非阿尔法或贝塔的受精卵在发育成为胚胎之前都会被一种叫“波坎诺夫斯基程序”的方法进行尽可能大规模的复制，并且经过一系列残酷的“竞争”之后才能存活下来，可谓“出胎即杀”。例如书中以电极惩罚接触花朵的婴儿，以暴力洗脑的方式教育。书中的第五姓经以人工的方式导致脑性缺氧，借以把人变成痴呆，好使这批人终身只能以劳力工作。

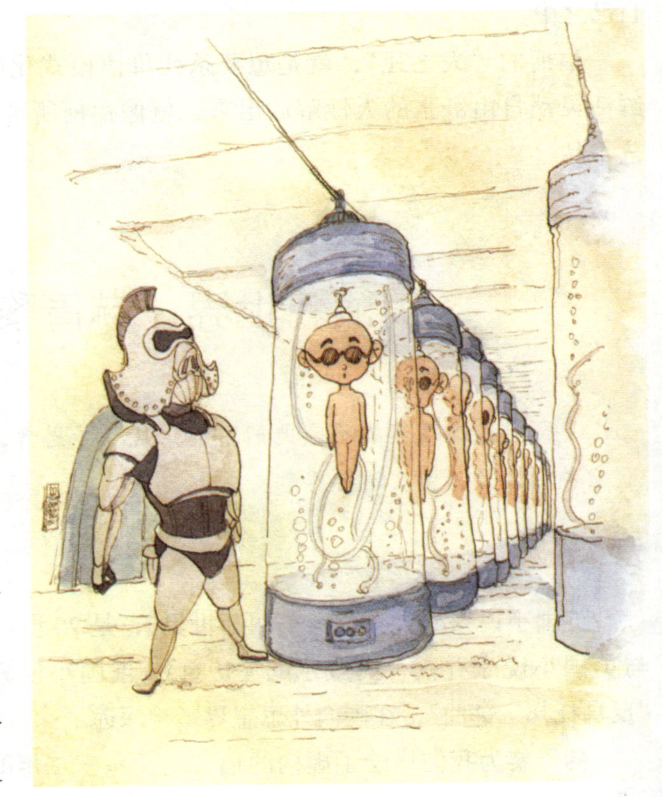

管理人员用试管培植、条件制约、催眠、睡眠疗法、巴甫洛夫条件反射等科学方法，严格控制各姓人类的喜好，让他们用最快乐的心情去执行自己的被命定一生的消费模式、社会性和岗位。真正的统治者则高高在上，一边嘲笑，一边

安稳地控制着制度内的人。

婴儿完全由试管培育、由实验室中倾倒出来，完全不需要书、语言，有情绪问题用“苏麻”（一种无副作用的致幻剂）麻痹，所谓的“家庭”“爱情”“宗教”等皆成为历史名词，社会的箴言是“共有、统一、安定”。

一个“野蛮人”约翰和母亲由美国新墨西哥州的“野蛮人保留区”进入了作为那个时代的最大政权“世界国”的重要城市伦敦。当地人非常惊讶，因为野蛮人有太多使他们不解的地方。而野蛮人也对伦敦有太多使他不解的地方，他为了人生的自由、为了解放城市人而努力过一会儿，但最后却受尽城市人的白眼、取笑，陷入绝望，直至最后他自杀而死。

正是在这个“美丽新世界”里，人们失去了个人情感，失去了爱情，失去了痛苦、激情和经历危险的感觉。最可怕的是，人们失去了思考的权利，失去了创造力。在“美丽新世界”中，每个人都失去了自己的个性与追求，像一台不知烦恼的机器一样活着，不会有悲伤，但也不会有快乐。

人造子宫的伦理颠覆

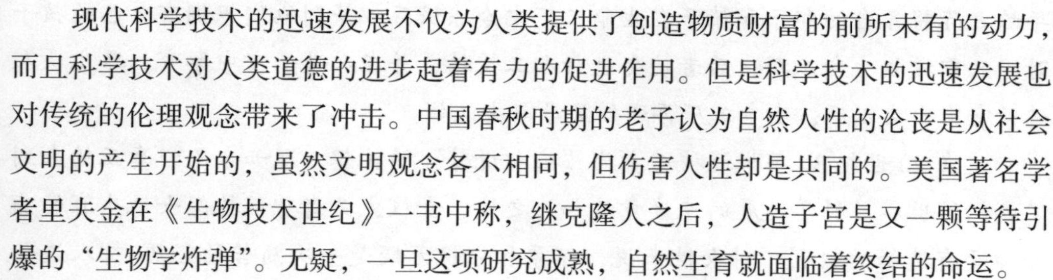

自由的人绝少想到死亡；他的智慧，不是死的默念，而是生的沉思。

——（荷兰）斯宾诺莎

现代科学技术的迅速发展不仅为人类提供了创造物质财富的前所未有的动力，而且科学技术对人类道德的进步起着有力的促进作用。但是科学技术的迅速发展也对传统的伦理观念带来了冲击。中国春秋时期的老子认为自然人性的沦丧是从社会文明的产生开始的，虽然文明观念各不相同，但伤害人性却是共同的。美国著名学者里夫金在《生物技术世纪》一书中称，继克隆人之后，人造子宫是又一颗等待引爆的“生物学炸弹”。无疑，一旦这项研究成熟，自然生育就面临着终结的命运。

1996年7月5日，世界上首只克隆羊“多利”在英国诞生。自此之后，“克隆”在人们的生活中已经不再新鲜了。随着“人造子宫”概念的提出，人们的视野里又多了一个冲击。“人造子宫”的设想，源于1932年英国小说家赫胥黎在反乌托邦小说《美丽新世界》中，他为我们展示了遥远的公元2532年。

他设想那个时候的科技发达到了一个前所未有的高度，人类社会变成了一个“基因乌托邦”。基因技术的高水平使得生育这一漫长而又痛苦的过程变成了机械化工厂里的生产，变成了流水作业。设计、克隆、人造子宫孕育成长，高度机械化的程序运行中，人类延续至今的繁衍过程变得愈加简单。自然生育方式早已变成了“禽兽行为”。女人生育的职责已经彻底解放了。女性和男性通常会选择在最佳生育年龄之际将各自的卵子和精子在生命工厂中冷冻保存，等到他们想拥有自己的孩子时，只需授权生命工厂，后者就会进行人工授精，并在人造子宫中孕育。婴儿从人造子宫中出生以后，生命工厂再通知父母前去认领。

这在 20 世纪 30 年代还被谴责为“痴人说梦”的构想，现如今已经真正的来到了我们的世界。科学发展的速度竟然如此之快，女权主义者曾经抱怨女性生育的痛苦却没有选择的权利，对女性来说，怀孕和分娩无疑是一次痛苦的经历。“人造子宫”的提出，正是给女性提供了一个可以选择的权利。然而，即使有“人造子宫”的存在，多数妇女仍愿意选择亲自怀孕，她们认为这是一个女人的幸福所在。

克隆技术对社会伦理本就产生了影响。克隆人也为人类实现长生不老的千年梦想提供了有科学依据的可能，但祸福总相依，克隆行为将会损害被克隆者的公民权益，使被克隆者的唯一性、独特性大大降低。同时，自我欲求、需要、生存价值将受到限制，与他人同样所应有的自主权、自决权将会遭到否定。

重要的是生物技术“克隆人”的发展为人类人口的非自然生产，即人工生产拉开了序幕。正如一位美国伦理学家所指出的：“如果把克隆技术用于制造婴儿，那么我们便面临着由父母生育子女的时代向父母制造子女的时代转变。”

果真如此的话，我们将面临一系列的伦理问题。父母的职责会发生什么变化？父母与子女的联系是否会大为削弱？我们借以延续人类文明历史的传宗接代观念还会继续存在吗？性别角色在我们的社会中还会存在吗？女人一旦不用自己的子宫生育，那么女人存在的价值就要被重新界定了。

随着时代的进步和科学技术的发展，这类伦理难题虽然有望解决，但积淀于人们内心深处的传统伦理文化观念对未来人们的影响并不会完全消失。由此可见，传统的爱情、婚姻、家庭伦理已处于风雨飘摇之中，这不能不引起我们的高度重视。

第三章
一切历史都是当代史

谁是真的英雄

> 对英雄崇拜的感情是人类生命的要素，是我们这个世界上人类历史的灵魂。
>
> ——（苏格兰）托马斯·卡莱尔

人们经常用“车轮”比喻历史，那么，历史的车轮究竟是谁在推动？是人民群众，还是少数英雄？是人民群众创造了历史，还是英雄们创造了历史？对这个问题的回答，包含着两种相对的关于历史的理解，也就是两种不同的历史观。

一种是认为人民群众不仅创造了社会物质财富和社会精神财富，人民群众更是社会变革的决定力量。人民群众是历史的创造者，是社会实践的主体。

安泰俄斯是海神波塞冬和地神盖亚的儿子。他力大无比，从未遇到过对手。那么，他的力源是什么呢？原来每当他与敌人打斗时，便往他的大地母亲的身体上一靠，就汲取了无穷力量。然而，对手海格力斯得知了他的秘密，于是就千方百计把他举到空中，让他无法靠近大地母亲。由于安泰俄斯失去了力量之源，便被敌人扼死在空中。

一种是认为英雄创造了历史。伟人对社会生活和社会发展起决定作用的社会理论，通常被称为“英雄史观”。

19 世纪苏格兰历史学家托马斯·卡莱尔在《论英雄、英雄崇拜和历史上的英雄业绩》一书中，宣扬了一种英雄史观。

卡莱尔认为，“在世界历史的任何时代中，我们将会发现，伟人是他们那个时代不可缺少的救星，他们是火种；没有他们，柴火就不会自行燃烧。我早已说过，世界历史是伟人们的传记。”因此，世界应该由英雄来领导统治。

马克思主义坚持人民群众创造历史的观点。当然，马克思主义也承认个人在历史中的作用，承认历史人物对历史发挥了很大的作用。

无论是谁在创造推动历史，每个人在书写自己的历史的同时也都有意无意地融入整个时代的历史中，成为历史浪潮中的一分子。

尼采的锤子打破偶像

上帝死了。

——（德国）尼采

尼采打造了一把哲学“锤子”，用来“试探”各种偶像，“用锤子敲打，好比音叉一般”，直到发出的回响证明它们不过是尘土为止。人类建构的至高无上真理——“偶像”，其背后基础不过是历史的产物。

在《偶像的黄昏》之中，尼采一开头就写道：这篇小文章是“战争的伟大宣言”，更是为试探偶像而作；这一次的偶像不只是某时代的偶像，而是“永恒的”偶像，锤子或音叉敲都行。没有比这更古老、更令人确信、更神气的偶像——也没有更空洞、虚伪的偶像。

尼采试图告诉世人，我们建构至高无上的真理的基础——我们的偶像——只不过是历史的产物。他认为这个历史，只是一段自欺欺人的可悲故事。他主张人类不应透过理性来理解生命与本质，而应诉诸意志之力。原因并不在于我们可因而变得更加了解世界（虽然事实上的确如此），而在于如此行动乃是忠于自我本性与“权力意志”之道。尼采形容“权力意志”为“表现权力的强烈欲望、权力的行使与运作、一种创造性驱动力”，他认为现代人普遍缺乏这种能力。此外，尼采更相信，权力意志堕落如此之甚，必须将我们的道德体系完全摧毁，才能唤醒权力意志的往日荣光——世界到那时便是“超人”。

尼采认为我们所发现的真相绝对不是这个世界的本质，而是个人的真相意志强加给它的，因为这个世界本质上是混乱无序的。当个体的自我追求不变之时，即将秩序强加给混沌的世界。人类理解世界的体系不过是哲学家们意志的纪念碑，这样的系统不是依逻辑而建构，反而更像是一种艺术创造。超人不仅能面对四周的混沌，更能通过其权力意志在混沌中加上秩序。

尼采认为，如果这看起来是一种突发奇想的观点，那所谓“客观”真理的概念也好不到哪里去。既然像上帝爱万物这样的虚妄观点能在痛苦的现实中为世人带来安慰的话，那么科学家无条件地选择偏好“真理”而不是“虚妄”只不过是一种道德上的偏见而已。它甚至是一种自我毁灭式的偏见，因为在尼采认定的历史发展过程中，人类对独立于我们的知觉的“真实”世界的信念，转向内部并否定了自身赖以存在的基础。

这个过程从柏拉图就开始了。柏拉图曾构想了一个由智慧和美德所掌控的“真实”世界，后来这个“真实”世界和基督教相互融合，以上帝的形式给世人以希望。到了康德的哲学里，理想世界的性质超出了人类理解能力之外，但它至少是存在的。然而，后来的哲学家仍继续追问，人类怎样才能够期待从不可知的事物身上得到指引。

于是，正如尼采所言，所谓“真实”世界根本是“无用而多余”的，它需以“表象”世界为呈现媒介，而这样一来，事物便不可能“在自身之中”呈现真理，即使最明显的“事实”

亦是一种解释。尼采也承认，他自己这种观念，本身只是一种诠释。然而，尼采并不认为各种诠释都不分轩轾，因为他用道德的量作为衡量真理的标准。快乐、健康、强壮的个体真理和诠释，要比脆弱、卑贱的个体更为可取。令尼采厌恶的是，他发现西方世界的普遍价值似乎源于后者。弱者如何办到的呢？面对具有不屈不挠的“权力意志”的勇者，他们不是完全无法匹敌吗？尼采的回答是平庸之辈以多数取胜。

道德时代于是开始，因为高贵的人不需要规则来加以约束，更不需要处罚来加以胁迫。道德不是用来约束“个人”的，而是用于“平庸大众”的，他们将自己的善恶观灌输给我们，不让个人创造自我价值。少数仅存的个人主义则饱受众人的抨击。群众的反抗激起内心的罪恶感和良心的折磨，进而压抑了人类本性的自由挥洒。罪恶横行，摧毁了人类的自尊，生命更是和驮着重物的骆驼无异，丝毫没有自在悠闲的状态。然而，我们却幻想所过的日子既轻松又舒适，相信“和平时代，好战之人只能攻击自己”。希腊的柏拉图主义这种堕落哲学，先否定“自然的”美德，再进一步否定了感官世界，甚至连自我也被加以分离。在意志直接表露之前，就将个人与他所做出的行动分开，揭示其行为是出自“善”或“恶”的动机。

以史为鉴，可以知兴替

问题是晦涩的，人生是短暂的。

——（古希腊）普罗塔哥拉

中国历史悠久，史籍浩如烟海，历史内容丰富多彩，历史人物风姿万千，我们中华民族有一部令子子孙孙为之骄傲、为之神往的历史。当然，任何事物都有两面性。对于每一个人来说，面对悠久而丰富的历史，究竟怎样去了解它、认识它并从中获得教益，受到启迪与鼓舞？这就不是一个简单的问题了。看来，怎样读史，的确值得认真思考、认真研究。

“以铜为鉴，可正衣冠；以古为鉴，可知兴替；以人为鉴，可明得失。”这段话出自唐太宗李世民与大臣魏徵的故事。

唐太宗时，大臣魏徵能直率地向唐太宗提意见，经常在朝廷上直抒己见，唐太宗也能听取正确意见，所以在他统治期间，政治清明、社会安定，唐朝出现了

经济繁荣、国力强盛的局面。魏徵病死后，唐太宗失声痛哭，非常悲伤，下令为魏徵立碑，亲自撰写碑文并亲笔书写。唐太宗时常想念魏徵，于是就有了上面那段著名的感慨。

中国历史上每一个有责任感、有成就的史学家，都会以他们心血凝聚起来的思想留给后人许多有益的启示。对此，我们首先想到的自然是太史公司马迁。司马迁写的《太史公书》——后人称作《史记》，一方面展示了辉煌的中国通史，一方面凝聚了他对史学和历史的深刻理解与认识。两千多年来，赞叹它、研究它的人不绝于时，证明了它有巨大的魅力和不朽的地位。对于这样一部宏伟的历史著作所展示的历史长卷来说，在历史运动中的个人，都扮演着怎样的角色呢？这些角色和他们所活动的历史舞台及其背景，对今天的人们有些什么样的重要启示呢？对于这样的问题，不同时代人都会有属于他那个时代的思想范围内的一些认识，而从不同角度看问题的人也会有属于他那个领域或视角范围内的一些认识，这是一部说不尽的“史家之绝唱”。尽管如此，在太史公的深邃的思想领域中，必有一些最根本的、对不同时代不同的人们来说都是十分重要的思想观念。

人们为什么要学习历史？人们应该用什么方法或态度对待历史和现实的关系？这是有关社会公众同历史学之关系的最根本的问题，直至今天，还不断有人提出类似的问题来。其实，关于这个问题，太史公早已做了精辟的回答。他写道："居今之世，志古之道，所以自镜也，未必尽同。帝王者各殊礼而异务，要以成功为统纪，岂可绲乎？"他指出了现实中的人们之所以要了解历史、认识历史，是把历史作为现实的一面镜子来看待，加以对照，作为借鉴。既不是把历史与现实等同起来，也不是要现实去模仿历史，二者是不应当混同的。这明确地指出了古今的联系和区别：因有联系，故可"自镜"；因有区别，故"未必尽同"。以往帝王"各殊礼而异务"，他们的制度、政策往往是不同的，但都是要达到治理国家的根本目的。可见"自镜"绝不是混同古今。这两点，很辩证地阐明了"居今之世"何以要"志古之道"。

以史为鉴，是一种态度，这种态度表明我们面临着一个开放的历史。历史不只是记录在泛黄的书页上的陈年旧事，而更多的是一种经验，一种教训，一种传承。在这个意义上，任何历史都具有现代性的意义。

盗火的普罗米修斯：为全人类的幸福

为人类的幸福而劳动，这是多么壮丽的事业，这个目的有多么伟大！

——（法国）圣西门

我们生活在这个世界上，很多时候不能只依靠自己，因为自己的力量毕竟有限，不能克服所有的危险，完成所有的任务。我们可能时时需要别人的援助之手来帮我们渡过难关。而世界上恰恰有一种人，愿意为别人的利益舍弃自己的利益，甚至牺牲自己。古希腊神话中的普罗米修斯是这类人的代表：

在希腊神话中，人类是普罗米修斯创造的。他也充当了人类的教师，凡是对人有用的，能够使人类满意和幸福的，他都教给人类。同样地，人们也用爱和忠诚来感谢他、报答他。但最高的天神领袖宙斯却要求人类敬奉他，让人类必须拿出最好的东西献给他。普罗米修斯作为人类的辩护师触犯了宙斯。

作为对他的惩罚，宙斯拒绝给予人类为了完成他们的文明所需要的最后的物品——火。但普罗米修斯却想到了个办法，用一根长长的茴香枝，在烈焰熊熊的太阳车经过时，偷到了火种并带给了人类。

于是，宙斯大怒，他吩咐火神给普罗米修斯最严厉的惩罚。可是火神很敬佩普罗米修斯，于是悄悄地对他说："只要你向宙斯承认错误，归还火种，我一定请求宙斯饶恕你。"

普罗米修斯摇摇头，坚定地说："为人类造福，有什么错！我可以忍受各种痛苦，但绝不会承认错误，更不会归还火种！"

火神不敢违背宙斯的命令，只好把普罗米修斯带到高加索山，用一条铁链把他绑在一个陡峭的悬崖上，让他永远不能入睡，疲惫的双膝也不能弯曲，在他起伏的胸脯上还钉着一颗金刚石的钉子。他忍受着饥饿、风吹和日晒。此外，宙斯还派一只可恶的鹫鹰每天去啄食普罗米修斯的肝脏，白天肝脏被吃完了，但在夜晚肝脏就会重新长出来，这样，普罗米修斯所承受的痛苦便没有尽头了。尽管如此，他还是没有屈服。就这样，日复一日，年复一年，直到一位著名的大力士赫拉克勒斯（即海格力斯）用箭射死神鹰，用石头砸碎铁链，将他解救出来为止，他一直忍受着这难以描述的痛苦和折磨。

古希腊神话是世界文化史上一朵绚丽的奇葩，神话中蕴藏着取之不竭的文化宝藏。如能从哲学的角度加以审视，就会得到很多有益的启示。普罗米修斯实际是为人类盗取理性，只有有了理性的火种，人才能成为这个世界上有意义的存在。作为天神的普罗米修斯本没有必要这样做，但是他深爱着人类，为了人类不惜冒犯宙斯，为了人类的幸福不惜牺牲自己。这才是我们心目中真正的英雄。

一切历史都是当代史

> 知道人类究竟在寻求什么的是哲学家，而不是历史学家。告诉我们人类已经发现了什么，以及明天可能还将会发现什么的是历史学家，而不是哲学家。
>
> ——（法国）雷蒙·阿隆

"一切历史都是当代史"，这是意大利历史学家、哲学家克罗奇被人引用到泛滥的一句话，然而如果因此望文生义地理解为这是歪曲历史以迎合现在，错过的就不只是克罗奇，还有这篇文章和作者在希腊罗马之间上下求索的意义。

当法西斯主义在意大利横行的时候，作为一个书斋学者，克罗齐却撰写了《反法西斯知识分子宣言》，征集了几百个著名知识分子的签名，在《世界报》和其他大报上发表，这不啻直接向墨索里尼宣战，其勇气和气魄令人叹服，其强烈的社会责任感和使命感让人敬佩。这样一种在紧要历史关头甘做中流砥柱、不惧暴力和压迫的精神，确是知识分子良知的最好体现。更难能可贵的是，克罗齐的这种反抗是长期的，在近20年的时间里，他从未向墨索里尼低头，一直担任着意大利知识界反法西斯的精神领袖。在此期间，他以学术研究为武器，用自己的历史著作和哲学著作与法西斯作战。

正是带着如此强烈的现实关怀，克罗齐才在历史研究领域表现出了自己的特色，即“一切历史都是当代史”。对于克罗奇这句话的解读，可以从以下两个方面：

从认识论的角度可以认为，历史正是以当前的现实生活作为其参照系的，这意味着，过去只有和当前的视域相重合的时候，才为人所理解。一个在自己现实生活中完全不懂得爱情魅力为何的俗物，大概不能理解克里奥佩特拉的眼泪如何使得一个王朝覆灭。他们最多只知道有如此这般的事情，但是不能领会它们。故此可以说，一个对中国民法典的体系毫无热情的人，就不能真正懂得希腊化的罗马法学在形式理性上的成就。

从本体论来看，其含义是说，不仅我们的思想是当前的，我们所谓的历史也只存在于我们的当前——没有当前的生命，就没有过去的历史可言。所谓“当代”，是指它构成我们当前的精神生活的一部分，历史是精神活动，而精神活动永远是当前的，绝不是死去了的过去。对克罗齐来说，时间本身不是独立的存在，也不是事物存在的外在条件；它只是精神自身的一部分，所以我们既不能把时间，也不能把过去看成是精神以外的事物。故此又可以说在大家看来早已消逝的古罗马的荣光，其实依然活生生存在于精神之中，存在于每一个热爱罗马法的人的精神和著述之中。只要它还影响着我们，它就存在于我们之间。

法国思想家雷蒙·阿隆在《知识分子的鸦片》一书中称，“知道人类究竟在寻求什么的是哲学家，而不是历史学家。告诉我们人类已经发现了什么，以及明天可能还将会发现什么的是历史学家，而不是哲学家。”或许，克罗齐不仅可以告诉我们人类在寻求什么，也能告诉我们明天将会发生什么。

整个哲学史都是柏拉图的注脚

在哲学中，我至少学会了要做好准备去迎接各种命运。

——（古希腊）第欧根尼

哲学通常是对终极问题的探讨，当任何一门具体学科无法继续进行下去的时候，往往是哲学站出来解决重大的理论难题，促进具体学科的继续发展。然而当哲学遇到问题的时候该如何解决呢？实际上作为对终极问题探讨的哲学，甚至连一个终极问题都没有解决，大家只是在不断地争吵。英国现代哲学家怀特海讲，整个哲学史都是柏拉图的注脚。任何一种理论，要么是柏拉图主义的，要么是反柏拉图主义的。

柏拉图，从任何方面来说，都是西方文学传统上最耀眼的作家之一，也是哲学

史上最有洞察力和影响力的作家。作为一个高地位的雅典公民，在工作中，他显示出对政治事件和当时的知识分子活动的关注，但是他提出的问题是那么影响深远，他使用的处理问题的策略有丰富暗示性和振奋性，教育了差不多每一时期的读者。几乎在每一个时代都有哲学家认为他们在某些重要的方面是柏拉图主义者。他不是第一个应该使用“哲学家”这个词的思想家或作家，但是他对于哲学该如何构思，它的范围及正确的追求目标是那么自知。通过他全力抓住的哲学的主题，一般被认为是对伦理、政治、形而上学、认识论议题的严格与系统的考察，通过一个有特色的被称为是他发明的方法装备起来，他就是如此改变了知识分子潮流。哲学史上只有少数的其他作家在深度和广度上接近于他——亚里士多德（和他一起学习的人）、阿奎那和康德。

柏拉图与他的学生亚里士多德比起来，在西方得到了更多的尊重和注意。因为他的作品是西方文化的奠基文献，在西方哲学的各个学派中，很难找到没有吸收过他的著作的学派。在后世哲学家和基督教神学中，柏拉图的思想保持着巨大的辐射力，他被称为是西方哲学的奠基人。有的哲学史家认为，直到近代，西方哲学才逐渐摆脱了柏拉图思想的控制。

12世纪以前，亚里士多德的学说一直被教廷排斥，甚至欧洲已经不再流传亚里士多德的著作。当时，柏拉图的学说占统治地位，因为圣奥古斯丁借用和改造了柏拉图的思想，以服务神学教义。直到13世纪，托马斯·阿奎那利用亚里士多德的学说解释宗教教义，建立了烦琐和庞大的经院哲学，亚里士多德才被重新重视。

纵观整个哲学史，任何一位哲学家都没有真正地绕开柏拉图，因为他在很多的方面都开创了哲学的研究方式和对象。研究哲学便是沿着柏拉图的道路前进，虽然你可能不赞同他的观点，但作为哲学发展记录的哲学史便是对柏拉图思想最好的解释。

〉第四篇

人性真相：人是万物的尺度

第一章
人是什么：永远的斯芬克斯之谜

人是机器

自然和人都是机器。

——（英国）霍布斯

既然斯芬克斯之谜没有真正被解开，那么关于人是什么的话题仍然会继续争论下去。在这个过程中产生了很多有趣的思想，“人是机器”便是其中之一。《人是机器》是拉美特利的代表作，“人是机器”是在此著作里提出的著名观点。

拉美特利，法国启蒙思想家、哲学家。1709出生于法国圣马洛的一个富商家庭，起初学习神学，成为耶稣会牧师和圣奥古斯丁宿命论教义的信徒。后来，由于一方面讨厌神学，另一方面认为做医生能够更好地谋生，因而转向医学，1733年获得医学博士学位。之后，来到莱顿师从名医波尔哈维，深受机械主义医学思想的影响。从这时期起，人是机器的观点开始深入拉美特利的心灵。

拉美特利1734年至1745年曾做过军医，而他自己却不幸患病。他根据对自己病情的观察，获得这样的信念：人的精神活动决定于人的机体组织；思想只不过是大脑中机械活动的结果，当体力上变得更虚弱时，精神功能也会衰退。1747年，拉美特利在荷兰匿名发表他最著名的、影响最大的著作《人是机器》。

拉美特利从物质具有运动力和创造力的基本观点出发，批判地继承了笛卡尔的“动物是机器”的思想，进一步得出“人是机器”的结论。

笛卡尔认为动物是机器，而人体功能以机械方式发生作用。拉美特利肯定笛卡尔只以物质的原因说明动物的观点，但不同意笛卡尔把动物看成是没有感觉能力的简单的自动机。他主张用有感觉、有精神的、活的机器这一新概念来说明人，认为人的身体状况毫无例外地决定人的心灵状况，人的机体组织则是类似钟表那样纯粹由物质的机械规律支配的自动机。

拉美特利运用当时医学、生理学和解剖学的大量科学材料，论证了人的心灵对人的机体组织特别是对人脑的依赖关系。比笛卡尔更进一步的地方在于，他把大脑看作精神或心灵的所在地。在他看来，外界对象刺激感觉器官中的神经，由神经腔中一种精细的物质“无精”将运动传入大脑，达到感觉中枢，感觉心灵在这里接受各种感觉。感觉能力是记忆、反省、想象、情感、判断、意志等心灵的其他各种活动的基础，脑部一旦出现了毛病，脑子和感官之间的通道就会被堵塞，心灵的一切活动就会停止。

拉美特利生活的时代是近代机械大发展的时代，是一个知识爆炸的时代。他目睹了现代几何学、数学、化学和物理学的诞生与初步发展，拉美特利以这些知识为基础，解剖并重构了人。

实际上，这种将人视为机器的观点在哲学史上早就有之，著名的英国哲学家、政治理论家、《利维坦》的作者霍布斯就秉持一种机械论的哲学观。他认为世界和人都是机器，世界是由因果链条组成的大机器，世界只有物体存在，物体由因果联结为整体。物体分两部分：自然物体和人工物体。人属于自然物体，人是世界这个大机器中的小机器，人和钟表一样，心脏是发条，神经是游丝，关节是齿轮，这些零件一个推动一个，造成人的生命运动。

拉美特利和霍布斯生活在不同的时代，却得出了类似的结论，说明人和机器确实有相似之处。但细细想来，两者的观点似乎又有不妥之处，人作为有理性、有思想的存在是与无理性、无思想存在的机器有着本质的区别的。机器意味着秩序，也意味着没有选择，这显然不是人应该有的状态。

斯芬克斯之谜

认识你自己。

——（古希腊）苏格拉底

哲学是一种对世界本质的思考，自然也体现了对人的本质的思考。在这个世界上，我们最熟悉同时也最陌生的就是人本身了，说熟悉是因为我们就是人本身，说陌生是因为我们至今对于人还没有一个准确的定位。哲学家虽然被认为是最睿智的人，但是对于人到底是什么的问题也是争论不休。也许，人是什么，注定是一个难解的斯芬克斯之谜。

在希腊神话故事里，有一个狮身人面的怪兽，名叫斯芬克斯。它性格非常怪异，它有一个谜语，询问每一个路过的人，谜面是："早晨用四只脚走路，中午用两只脚走路，傍晚用三只脚走路。"

据说，这便是当时天下最难解的斯芬克斯之谜。如果你回答不出，就会被它吃掉。它吃掉了很多人，直到俄狄浦斯给出谜底。

而俄狄浦斯的谜底是"人"。他解释说："在生命的早期，人是一个娇嫩的婴儿，用四肢爬行。到了中午，也就是人的青年时期，他用两只脚走路。到了晚年，他是那样老迈无力，以至于他不得不借助拐杖，作为第三只脚。"斯芬克斯听了答案，就大叫了一声，从悬崖上跳下去摔死了。俄狄浦斯猜中了，斯芬克斯之谜，就是人的谜、人的生命之谜。

然而，斯芬克斯之谜并没有被真正解开。人的一生可以划分为婴儿、青年和老年时期，但无论是四只脚、两只脚还是三只脚都无法概括人的本质，俄狄浦斯还是没有回答人到底是什么的问题。斯芬克斯的谜底也可以是一只猴子：早晨四脚着地出门，中午两脚着地摘果实，下午一只手抱着果实回家。我们最终得到的只是人可能的形态，而不是人的全部。相信当被问到人是什么的问题时，很少有人会对“人就是早晨用四只脚走路，中午用两只脚走路，傍晚用三只脚走路的东西”这样的答案表示满意吧。

可以说，人到底是什么，直到今天还没有一个令人满意的答案。人是生活在必然性当中，像拉美特利所说的那样像机器一样活着，还是能够独立承担自己的命运，像尼采说的那样只是一个“尚未定型的动物”。人性是善的，还是恶的？如果是善的，为什么为非作歹之事频频发生；如果是恶的，历史上为什么还会出现“杀身成仁”的壮举？也许这些问题不解决，人是什么的问题永远也不会解决。

因此，在“人是什么”这个问题上，也许并没有一个现成的答案，它的回答只能在历史当中，只能在“人是什么”的不断追问当中。也正因为此，斯芬克斯之谜才会成为千古之谜。

人是他所吃的东西

> 新哲学是以人和自然为唯一的最高对象。
>
> ——（德国）费尔巴哈

如果说人是机器还能称得上是一种哲学的表达的话，那么“人是他所吃的东西”就完全不像是从哲学家口中说出的话了，然而这确实是德国著名哲学家费尔巴哈的名言。只不过对于这句话的理解要深入到费尔巴哈的思想体系中。

路德维希·安德列斯·费尔巴哈，德国旧唯物主义哲学家。1804 年 7 月 28 日生于巴伐利亚，卒于 1872 年 9 月 13 日。早年师从黑格尔，对其极其崇拜，后期厌倦黑格尔的哲学体系，批判了康德的不可知论和黑格尔的唯心主义，恢复了唯物主

义的权威；肯定自然离开人的意识而独立存在，时间、空间是物质的存在形式，人能够认识客观世界。

费尔巴哈认为不应该像黑格尔那样将哲学变成一种“思辨神学”去建构虚无缥缈的彼岸世界。费尔巴哈要建立一种以人的当下存在、人本身为思考中心的“新哲学”，从而完成哲学从“神”到“人”的还原——这是极为伟大的哲学洞见。

有人问费尔巴哈：“你怎么看待哲学？”

费尔巴哈说：“真正的哲学应该是人学，人是一切哲学的根本出发点。”

“那怎么看待人呢？”

费尔巴哈说：“人不是什么思维的抽象物，而是有血有肉的人。人在本质上区别于动物，但人也包含有自然的本质。当人刚脱离自然界怀抱的时候，他只是个自然人，而不是人。”

“那人是什么呢？”

费尔巴哈回答：“人是他所吃的东西。”

费尔巴哈的学理性或许并不很强，看上去远没有其他德国古典哲学家们那样深刻。但是，他在西方哲学史上的伟大作用却绝不亚于他们中的任何人。用恩格斯的话来说，标志着一个伟大的转折——西方哲学从对宇宙本体的追问、对人的思维方式与认识能力等主体精神的追问到对人自身存在方式的追问的转折。

人不是天生的人，乃是人、文化、历史的产物。正是在这个意义上，费尔巴哈才说：“人就是他所吃的东西。”当然，人吃的不仅仅有物质食粮，还有文化、历史等精神食粮。正是后者，才使人与动物区别开来。

费尔巴哈在人学上的贡献是将人作为一种自然存在从抽象的概念中拉了出来，人不再依偎于黑格尔“绝对精神”之下。人，自然人本身，就是哲学的主体。人是他所“吃”的东西，按照费尔巴哈的理解，我们对于精神领域关注得越多，我们得到的也就越多。一般而言，我们很难想象一个关注精神生活的人会对书籍毫无兴趣。尤其在青少年时期，心灵世界的觉醒往往会表现为一种勃发的求知欲，对书籍产生热烈的向往。高尔基曾说“我扑在书籍上，就像饥饿的人扑在面包上一样。”在费尔巴哈看来，多读些书，多“吃”点，能让我们以后的人生更美满。

人的存在就等同于个人利益

利益支配着我们在道德上和认识上的一切判断。

——（法国）爱尔维修

人生在世为了什么？有人说为了钱，因为钱能使我们过得更好；有人说是为了权，因为权能使我们活得更体面；有人说是为了情，因为情能使我们过得很惬意；有人说是因为利，因为利益才是生活的本质。功利主义是以功利作为道德标准的伦理学说，边沁是功利主义的著名代表人物。人的本性就是追求个人利益是边沁的基本观点。

每个人都是赤裸裸地来到这个世界上，所以他必须占有才能生存。当所有人都想占有，但资源却是有限的时候，对于利益的争夺便不可避免。因此功利主义思想古已有之。古希腊哲学家伊壁鸠鲁就提出过人生的目的在于摆脱痛苦和寻求快乐，求乐避苦是人的本性，是人的最大利益。

在功利主义者边沁看来，“善”就是最大地增加了幸福的总量，并且引起了最少的痛楚；“恶”则反之。而这种快乐和痛楚，边沁将它们同时定义为在肉体上和精神上的。边沁认为，自然将人置于乐和苦两大主宰之下，由此决定我们应当做什么，将会做什么。基于此，他以功利原则的价值判断为基石，认为快乐就是好的，

痛苦就是坏的，因为人的行为都是趋利避害的。

利益与生存有关，但生存并不等于生活。人活在世上，生存是第一位的，是前提，但不是人生的全部。生存的意义只在于是一种必需，是存在于物质世界的一种必需，是一种现实性的概念。而生活则在于感受和领悟生命的极乐、生命的狂喜。因此，在人类世界中，生存是手段，生活才是目的。因此，利益也不是人生的全部。

功利主义的目的在于追求一种可以简单计算的最大的“幸福”，在这个原则下对于个人利益的追求便以简单的是否对我有用、有多少用来衡量。当生存与生活发生错位时，功利的头脑就会成为目的，所有的行为都会受着功利主义的左右，那就等于是仆人在充当主人的角色。一个人如果越是追求实利，他就越得不到满足，因为总有比他现在得到的更大的利益。功利主义者追求最简单化的幸福，但实际上他们连一丝幸福都感受不到。

人天生是政治动物

> 人类在本性上也正是一个政治动物。
>
> ——（古希腊）亚里士多德

亚里士多德在《政治学》第一卷中，关于人的定义中有这样一句名言：“人类在本性上也正是一个政治动物。”他的原意是，人对城邦有一定的趋向性。也就是说，人按其本性必须结合成共同体才能生存，国家或城邦就是由此而来的。

人不可能单独存在，人首先是生活在一个家庭之中，家庭就成为人类满足日常生活需要而建立的社会基本形式。人总是处在一定的家庭、部族、国家当中，个人与国家的关系就像人的身体一样，不可分。只有个人作为国家的一部分，才能发挥能力、实现自己，脱离社会和国家的人就不能称为真正意义上的人。

由于社会公共资源稀缺性的特征，也由于人类本性等方面的原因，社会公共资源的分配中始终存在着矛盾和冲突。这是人类政治生活固有的困境之所在。如何解决人类政治生活中的矛盾和冲突，如何使所有的人在社会生活中都能够各得其所、相得益彰，就成了人类美好政治生活的根本要义。

亚里士多德的老师柏拉图曾经描述过一个理想国的存在：

《理想国》是西方政治思想传统中最具代表性的作品，通过苏格拉底与他人的对话，给后人展现了一个完美优越的城邦。

柏拉图认为社会起源于经济需要，一个人与另一些人合作的目的是获得更多更好的生活必需品。相互帮助和合作的人聚集而居，“并把聚集的居所称为城邦”。社会的首要原则是分工原则，每个人按照自己的自然禀赋从事一门职业劳动。这样，社会劳动的技能和产品数量才能优于社会分工之前的情况。最初的职业是农夫、鞋匠、木匠、铁匠等满足日常生活需要的职业，后来又出现了适应奢侈生活需要的职业：乐师、诗人、护士，等等。

柏拉图把国家分为三个阶层：受过严格哲学教育的统治阶层、保卫国家的武士阶层和平民阶层。他鄙视个人幸福，无限地强调城邦整体、强调他一己以为的“正义”。在柏拉图眼中，第三阶层的平民是低下的，可以欺骗的。他赋予了统治者无

上的权力，甚至统治者“为了国家利益可以用撒谎来对付敌人或者公民”。有趣的是，他认为最适合当王的正是哲学家，因此也被称为哲学家王。

柏拉图甚至规定了理想国的人数，即一个城邦的公民人数应为5040，分为59个部落，因为这样的统治最为有效。

人天生是政治的动物是从人的本性和自然需求来的。人出生后，由于个人力量的弱小无法满足自己生存的需要，因而要借助家庭；长大后，由于自己无法完成所有的生产，需要和他人交换，因而要借助社会。为了保证自己的安全和维护自己的利益，人们需要借助政治。

人是无法选择自己的

> 人生在世，只不过是过路的旅客。
>
> ——（意大利）托马斯·阿奎那

托马斯·阿奎那认为“人生在世，只不过是过路的旅客”，这是一个有些悲观的说法。然而这与阿奎那本人的思想体系有很大的关系，阿奎那将基督教的神学思想和亚里士多德的哲学融合在一起，建立起了庞大的经院哲学体系。

阿奎那从灵魂不死的观点出发，大力宣扬“来世幸福”。“人生在世，不过是过路的旅客”，自然的道德生活可以使人得到尘世的幸福，但这种幸福是暂时的、虚幻的，只有神性的德性生活，才能使人得到永恒的、真正的幸福，即来世的天国幸福。在他看来，幸福不是美德本身，而是美德的最终报酬，它在本质上是对人类本性能力以外的上帝抱有无限的希望。尘世生活的幸福也并非最高幸福，最高幸福是对上帝的静观，从而使灵魂得救。这只有在来世、在彼岸世界才能做到，因而为争取现实生活的幸福而进行斗争就是恶和犯罪。

“人生在世，不过是过路的旅客。”确实，人是不可能永远活在世上的，无论你是富豪，还是一介平民，都逃脱不了人生之大限——死亡。所以，人生的意义就在这个旅行的过程中。阿奎那让我们把幸福寄托于来世和上帝，把追求尘世幸福的行为和想法看成是邪恶的，其实是让我们否定现在，活在一种期待中。殊不知，人生的旅行并没有什么终极的目的地，耽误了路边的风景本身就是浪费生命。

生命是一种过程。生命本身其实是没有任何意义的，只是你自己赋予了你的生命一种你希望实现的意义，因此享受生命的过程就是一种意义所在。

事情的结果尽管重要，但是做事情的过程更加重要，因为结果好了我们会更加快乐，但过程使我们的生命充实。人的生命最后的结果一定是死亡，我们不能因此说我们的生命没有意义。每个人都无法主宰自己的生死，但每个人都可以活出自己的价值。

人是尚未定型的动物

人是试验品。

——（德国）尼采

关于人是什么的问题在近代哲学家那里有了更深入的思考，哲学家们摆脱了对人本性的机械性探讨，转而采用对生命本身的赞扬来宣扬人生的意义。人是什么的问题被转化为了怎样生活才是人的问题。

尼采是德国著名的哲学家，同时由于其思想的深刻性和敏锐性而著称于世。尼采认为生命力其实就是权力意志，“世界除了权力意志外，什么都不是；同样，你本人除了权力意志之外，什么也不是。”由于生命的本质是权力意志，因此生命必须不断超越自身，求得更强大的生命实现。

“生命自己曾向我说出这秘密。‘看罢’，它说，‘我是必得常常超越自己的。’”价值作为强力的产物，不灭的、长存的善与恶是不存在的，“依着它们的本性，善与恶必得常常超越自己”。所以，尼采认为，每一个人都应该在自己的估价里，“长出一个较强的强力，一个新的自我超越”。

尼采的生日恰好是当时的普鲁士国王腓特烈·威廉四世的生辰。由于尼采的父亲曾执教过四位公主，于是他获得恩准以国王的名字为儿子命名。

尼采回忆道："无论如何，我选在这一天出生，有一个很大的好处，在整个童年时期，我的生日就是举国欢庆的日子。"尼采学话很慢，他老是用严肃的目光注视着一切，老牧师非常喜欢他，经常带着他一起散步。尼采 5 岁时，父亲不幸坠车震伤，患脑软化症，不久就去世了。

由于父亲过早去世，他被家中信教的女人们团团围住，她们把他娇惯得脆弱而敏感。他很少玩耍，也不愿意接近陌生人。

他讨厌那些已经让人厌倦的旧道德，因而他的笔触总是充满了攻击性。他的作品刚出版的时候就受到道学家们的猛烈攻击，尼采也曾经在这种攻击中沉迷过，他一度真的疯掉，甚至还想过自杀。

但尼采并不认为自己的生命已经定型，个体生命的意义仍然如权力意志一样在尼采的内心生长。尼采认为，个体生命的自我超越之所以必要和可能，是因为人本身只是"一个举验"，人的本性是"尚未定型的"。正由于人是尚未定型的动物，他没有一成不变的既定本质，所以，他可以自己改变自己、塑造自己、超越自己和创造自己。

对于人的这种尚未定型的特性，尼采进行了大量的论述。他说："我们人类是唯一的这样的创造物，当其有错误时，能将自己删改，如同删掉一句错误的句子。'人应当看到自己的力量是可大可小的，他的能力如在良好环境下也许可以发展到最高。'"

人是什么？尼采的回答是："人是尚未定型的动物。"尚未定型，意味着人的不完善，同时人正是借此而同其他动物区别开来，并且战胜其他动物的。其他动物在物种上都已固定，没有发展的自由了。人却不然，他没有一成不变的既定本质，他可以改变、塑造自己，创造自己的本质。

正如尼采所说，人要为自己的生命提供一种意义，这意义超过了生命本身的意义，我们尚未定型，我们的未来掌握在自己手里。把握自己才能把握未来。

第二章

人与世界：人不过是一根能思考的芦苇

人不是万能的

人是一根会思考的芦苇。

——（法国）帕斯卡

哲学有不同的种类，有一种哲学使人趾高气扬，以为自己可以征服全世界；然而，另一种哲学不免使人气馁，自惭形秽，看到人自己的有限性。实际上，哲学应当是一面镜子，使人照见自己的卑劣与污秽。一种不知反省的哲学，会使人忘记自己，哲学应当使人学会批判自身。帕斯卡的哲学就是这样的哲学，而他关于人与世界的思考堪称后一种哲学的经典表达。

布莱士·帕斯卡，法国著名的数学家、物理学家、哲学家和散文家。主要贡献是在物理学上，发现了帕斯卡定律，并以其名字命名压强单位。这位建树颇多的物理学家，对于人也有着深刻的思考。有一天，当他从河边经过时，被水中密集的芦苇所吸引。狂风吹来，芦苇随风摇晃，几欲折断，而每次又坚强地站起来。帕斯卡由此联想到了人类：

“人只不过是一根苇草，是自然界最脆弱的东西，但他是一根能思想的苇草。用不着整个宇宙都拿起武器来才能毁灭他，一口气、一滴水就足以致他死命了。然而，纵使宇宙毁灭了他，人却仍然要比致他于死命的东西高贵得多，因为他知道自己要死亡，以及宇宙对他所具有的优势，而宇宙对此却是一无所知。因而，我们全部的尊严就在于思想。”这是帕斯卡关于人的经典比喻，它让人认识到自身的弱点，也让人看到了自己的尊严。

帕斯卡这一比喻虽然深邃、精当，却也有些许悲凉。人确实很脆弱，人类的祖先在优胜劣汰的自然界中能够存活下来，完全是依靠他们的思想。思想生出了智慧，智慧维持了生命。在世界面前我们要谨记，人是一根会思考的芦苇。

然而人们仿佛只注意到了帕斯卡对人思想性的强调，却忘了帕斯卡所强调的前提：在广阔无边的大自然中，我们仅仅是根芦苇，无论人的思想多么伟大，他仍然是一根芦苇，一根弱不禁风的芦苇。以往的哲学都遗忘了这一基本事实，太过于理性，把人的思想看得过于高贵。西方哲学自文艺复兴后强调“人是万能的”“人定胜天”的道理，人的位置被抬得很高，甚至超过了我们存在的自然。

帕斯卡反对笛卡尔的理性至上论，认为只有轻蔑理性，才能有真正的哲学。在自然面前，我们最好还是做一根知道谦逊的芦苇。

孟母三迁：世界对人的影响

近朱者赤，近墨者黑。

——傅　玄

洛克是英国经验主义的创始人，伟大的教育思想家。《人类理智研究》是洛克最重要的作品之一，在该书中，洛克提出了著名的“白板说”。在他看来，人的心灵如同一张白板，一切知识和观念都从经验中来：“我们的全部知识是建立在经验上面的，知识归根到底都是来源于经验的。我们对于外界可感事物的观察，或者对于我们自己知觉到、反省到的我们心灵内部活动的观察，就是供给我们的理智以全部思维材料的东西。这两者乃是知识的源泉，从其中涌出我们所具有的或者能够自然地具有的全部观念。”

由此出发，他在心理学上第一个提出了“联想”的概念，从而为联想主义心理学奠定了基础。洛克说，由感觉和反省得来的观念，最初都是简单观念。而我们心中有很多复杂观念，都是人的心灵用自己的力量把简单观念联合而来的。因此他很重视联想在儿童教育上的作用。他认为，教育对人的发展具有决定性的作用。洛克说，人人生而自由平等。在这个基础上，洛克致力于建设一套宽宏而有希望的政治，强调法律旨在保护和扩大公民自由，并不受他人束缚与强暴。

正是基于“白板说”的理论，洛克提出了很多关于教育改革的方案，特别注重环境的影响和制约。他希望通过对经验来源的优化来达到优化人本身的目的。“孟母三迁”则很好地说明了这种观点。

孟子小的时候，父亲早早地去世了。一开始，他和母亲住在墓地旁边。孟子就和邻居的小孩一起学着大人跪拜、哭嚎的样子，玩起办理丧事的游戏。孟子的母亲

看到了，就皱起眉头："不行！我不能让我的孩子住在这里了！"孟子的母亲就带着孟子搬到市集，靠近屠宰牲畜的地方去住。到了市集，孟子又和邻居的小孩学起商人做生意和屠宰牲畜的事。孟子的母亲知道了，又皱皱眉头："这个地方也不适合我的孩子居住！"于是，他们又搬家了。这一次，他们搬到了学校附近。每月夏历初一这个时候，官员到文庙行礼跪拜，互相礼貌相待，孟子见了一一都学习记住。孟子的母亲很满意地点着头说："这才是我儿子应该住的地方呀！"后来，大家就用"孟母三迁"来表示人应该要接近好的人和事物，才能学习到好的习惯，这也说明环境能改变一个人的爱好和习惯。

"孟母三迁"的故事，影响着世代中国人，也从侧面印证了洛克的"白板说"。中国有句古语："三岁看大，七岁看老。"洛克说："家庭教育决定孩子一生的命运。"不容置疑，一个人儿童及少年时代受的环境影响和家庭教育，终会影响其成年后的行为取向或处世态度。人可以影响这个世界，这个世界也可以塑造人。

人是万物的尺度

古希腊思想最吸引人的地方之一是，它是以人为中心，而不是以上帝为中心的。

——（英国）阿伦·布洛克

来自海滨城市阿布德拉的普罗塔哥拉可以称得上是古希腊第一位"智者"，也是智者学派的代表人物，是一个以向人们，主要是青年传授说话技巧和辩术的人。他将人的活动和创造性，人的认识和活动的社会意义、性质置于视野之外的研究方向，从对自然和"神"的研究转向对人和社会的研究。普罗塔哥拉把感性的个体——人以及人的感官作为判断一切事物的出发点，提出"人是万物的尺度"。普罗塔哥拉的一个学生与苏格拉底的一段对话，体现了他哲学的真正核心。

一个寒冷有风的夜晚，普罗塔哥拉的学生在路上遇见了苏格拉底。

苏格拉底："你认为知识是一种感觉吗？"

普罗塔哥拉的学生："至少我的老师认为是这样的。"

苏格拉底："现在有风在刮着，你我有一个人会觉得冷，另一个人会觉得不冷，或者稍微觉得有点冷，是不是？”

普罗塔哥拉的学生：“是的。”

苏格拉底：“像你老师说的，对于感觉冷的人来说风是冷的，对于感觉不冷的人来说风是不冷的，而风本身冷或者不冷由人的感觉来定吗？”

普罗塔哥拉的学生：“后一种说法对。”

苏格拉底：“那么，风对每一个人来说都应该是一个样子的。人的感觉就可以作为风的尺度。”

普罗塔哥拉的学生：“对，既然人可以定义风这样看不见的东西，更不用说那些可以看得见的东西了。”

苏格拉底：“人就是万物的尺度。”

普罗塔哥拉利用人的认识具有相对意义这点，揭示事物在一定条件下的相对性。他直接否定了神的存在，他说自己既不知道神是否存在，也不知道他像什么东西。如果有神，在各人心目中神也是不一样的，以致被法庭指控为“不敬神”，判决当众烧毁他的著作，并将其逐出雅典。流放途中，他淹死在海里。

“人是万物的尺度”，意思是人的需求是是非善恶的标准，只能是个人的感觉和利害，把社会或国家理解为个人的集合，强调个人选择。个人选择是否合理，人的行为是否善良，不是取决于客观世界，而是取决于社会或国家中大多数的理性选择。普罗塔哥拉认为，事物依靠人的感觉来判断。举个例子，逃跑在战争中是可耻的，而在竞赛中却是可以赞美的行为；杀敌人在战争中是需要的，但在平时的生活中却会受到惩罚。美好和可耻、正义和非正义都取决于人的判断，这就是所谓的相对主义或者叫主观唯心主义。

英国哲学家贝克莱后来提出了“存在即被感知”，与普罗塔哥拉的思想如出一辙。尽管“人是万物的尺度”带有浓厚的主观意味，但它却具有人本主义的精神。将冷热、好坏等事物性质看作是人的主观感觉的产物，否定事物性质的客观性。在认识论领域中，表现为把感觉作为知识。但它毕竟推翻了神是万物的尺度，把人作为主宰万物者，抬高了人的地位。

然而，人又该如何寻找自身的意义呢？人把自己当作尺度去衡量万物，寻求万物的意义，但是如果用人来衡量人的意义，岂不是造成了尺度和对象的同一？人不能用他物来衡量自身的价值，否则就是对自己的贬低。于是，对自身意义的探求使得人类进入了二律背反的境地。因此，人可以衡量万物，却无法衡量自己。

人为自然立法

人类之所以进步，是大自然的恩赐。

——（英国）培根

我们常说，人是万物的灵长。人是高贵的，因为人有理性会思想，同时意味着人具有改变自然、征服自然的能力。人类的进化史向我们昭示了人与自然关系的变迁，人类从敬畏自然、依赖自然转为认识自然、利用自然，为自然立法。

人为自然立法，作为一种主张，是德国著名哲学家康德在他的三大批判之一的《纯粹理性批判》里提出的。作为新时代的哲学家，康德深受休谟的影响，认为有些事情的确像休谟所怀疑的那样——我们怎么能够武断地说，我们知道了这个世界的因果联系呢？我们又怎么能够武断地说，我们发现了这个世界的本来面目呢？但是，康德又不能接受休谟怀疑论的最后结论，把自然界的规律仅仅看作是心理上的习惯，与人的认识能力无关，人对此也不能做什么。这就好比为了避免风浪的危险，就非要把船从海里弄到岸上来，然后让它在那里腐烂掉。“至于我，却不采取这样的做法。”康德说，“我是给它一个驾驶员。这个驾驶员根据航海术的可靠原理，并且备有一张详细的航海图和一个罗盘针，安全地驾驶这艘船，随心所欲地去任何地方。”具体到人与自然的关系，康德认为我们可以认识自然，并且成为在自然中航行的船只的舵手。

人为自然立法，表明人可以认识在自然的规律下存在和发展，手段便是那些“航海术、航海图和罗盘针”。那么，这些航海术、这张航海图和这个罗盘针又是指什么呢？它们就是“人的认识能力”。在康德看来，人的认识能力是一种理性能力。因为人都是有理性的，人依靠理性来认识世界。所谓“纯粹理性批判”，就是要看一看，人的理性能力是如何使人获得知识的。

但是很多人误解了康德的意思。在康德思想的传播过程中，“人为自然立法”被宣扬为一种人高贵至上的理论。人的存在不再被认为是自然的结果，人在自然中生存完全是因为人具有自己的能力，能改造自然为自己服务。同时由于人的思想和技术的进步，人来为自然安排法则成为一种可能甚至是必然。用这种方式来看待康德的观点，实际上只看到了那些“航海术、航海图和罗盘针”，而忽视了在自然中航行的那艘船。实际上，没有了自然的承载，人什么都不是，所谓的技术完全没有了用武之地。

人是自然的产物，要热爱自然。人类只有爱护自然，保护生态平衡，自然才会赐福于人类。人要经常到大自然中去，感悟人与自然的亲密，关心自然，美化自然。这样，你才会理解人生和幸福，才会生活得快乐。

第三章

天使·人·动物：重估一切价值

人的发现：人的高贵超过动物和天使

> 再高明的蜘蛛所织的网，也比不上最差的工程师所造的房子。
>
> ——（德国）马克思

西方哲学史大致可以划分为三个时期：古希腊罗马时期、中世纪时期、文艺复兴及以后时期。古希腊罗马时期是哲学发源时期，讨论的问题集中在本体论、伦理学、政治学阶段，人作为独立个体而存在；中世纪时期是哲学的灰暗时期，哲学完全被神学压制，个人的存在完全被上帝的存在所掩盖了；文艺复兴时期使人们重新发现了人，重新定位了人的存在和价值。正是在文艺复兴中，人的意义被高度地突显出来，人的高贵被认为超过了动物和天使。

有一头狮子从小就在羊群中长大，因为它的叫声和羊不同，因此它感到很自卑。直到一天晚上，另一头狮子的吼声将其唤醒，它才知道自己的同类在哪里，它回到了狮子的群体里。

类似的故事还有灰天鹅。动物无论由谁去养、怎么养，都只能是原来的样子。然而人则不同。

文艺复兴时期哲学家、人文主义者托麦达在《驴的论辩》中设想人与驴争论谁更优越的问题。人说人能建造房屋、宫殿，因此人比动物更高贵；驴则用蜂、蜘蛛

和鸟的例子说明动物也有建筑本领。人说人以动物为食，因而更优越；驴却指出寄生虫以人体为养料，狮子和鹰也食人肉。但人最后找出的证据说服了驴，即天主肉身化的形象是人，而不是其他动物。在此意义上，人要高于动物而存在。

文艺复兴所复兴的是古希腊罗马文化，并借以对抗压迫人性的基督教文化。古希腊神话中的普罗米修斯的例子在此时也被重新提及并被赋予了新的时代意义。人，之所以为人，是因为你是人，世间独一无二的人，你比动物和天使都高贵。

盘古开天地：价值的起源

> 一个人的价值，也体现在对抗垂死与腐朽的生活模式中，以及建立生动和欢乐的新生活中所具有的才能和力量。
>
> ——（德国）尼采

哲学是一种刨根问底的学问，而最好的刨根问底的办法便是追寻到事物的本源。哲学家认为，最初的东西才是最真的。而当我们说动物和人的区别和联系的时候，我们最好能深入到两者的起源去追求。中国古人根据自己的观察和智慧，孕育了“盘古开天地”的传说，人和动物也就此登场了。

传说在天地还没有开辟以前，有一个不知道为何物的东西，没有七窍，它叫作帝江（也有人叫他混沌），他的样子如同一个没有洞的口袋一样，他有两个好友，一个叫倏，一个叫忽。有一天，倏和忽商量为帝江凿开七窍，帝江同意了。倏和忽用了七天为帝江凿开了七窍，但是帝江却因为凿七窍死了。

帝江死后，他的肚子里出现了一个人，名字叫盘古。帝江的精气变成了以后的黄帝。盘古在这个“大口袋”中一直酣睡了约18000年后醒来，当他睁开蒙眬的睡眼时，眼前除了黑暗还是黑暗。他想伸展一下筋骨，但“鸡蛋”紧紧包裹着身子，他感到浑身燥热不堪，呼吸非常困难。盘古不能想象如何在这种环境中生存下去。他火冒三丈，勃然大怒，于是他拔下自己一颗牙齿，把它变成威力巨大的神斧，抡起来用力向周围劈砍。“哗啦啦啦……”一阵巨响过后，“鸡蛋”中一股清新的气体散发开来，飘飘扬扬升到高处，变成天空；另外一些浑浊的东西缓缓下沉，变成大地。从此，混沌不分的宇宙变成了天和地，不再是漆黑一片。人置身其中，只觉得神清气爽。

盘古仍不罢休，继续施展法术，不知又过了多少年，天终于不能再高了，地也不能再厚了。这时，盘古已耗尽全身力气，他缓缓睁开双眼，满怀深情地望了望自己亲手开辟的天地。

啊！太伟大了，自己竟然创造出这样一个崭新的世界！从此，天地间的万物再也不会生活在黑暗中了。盘古长长地吐出一口气，慢慢地躺在地上，闭上沉重的眼皮，与世长辞了。

伟大的英雄死了，但他的遗体并没有消失：盘古临死前，他嘴里呼出的气变成了风和天空的云雾；声音变成了天空的雷霆；盘古的左眼变成了太阳，照耀大地；右眼变成了皎洁的月亮，给夜晚带来光明；千万缕头发变成了一颗颗星星，点缀美丽的夜空；鲜血变成了江河湖海，奔腾不息；肌肉变成了千里沃野，供万物生存；骨骼变成了树木花草，供人们欣赏；筋脉变成了道路；牙齿变成了石头和金属，供人们使用；精髓变成了明亮的珍珠，供人们收藏；汗水变成了雨露，滋润禾苗。盘古倒下时，他的头化作了东岳泰山（在山东），他的脚化作了西岳华山（在陕西），他的左臂化作了南岳衡山（在湖南），他的右臂化作了北岳恒山（在山西），他的腹部化作了中岳嵩山（在河南）。传说盘古的精灵魂魄也在他死后变成了人类。所以，都说人类是世上的万物之灵。

或许这并不是一种太哲学的表达，但它体现了一种哲学的观察精神，即通过创始的描述来验证现存的想象与秩序。中国古人从理论上说明了人与万物都来自统一根源——盘古，或者更久远的，混沌。这是一种最基本的无中生有的哲学观。但是由于人是盘古的精灵魂魄所化，所以人具有超越其他存在的价值，人是万物的灵长。

人与动物的分界：人的双向发展

> 人一旦成为他物，也就可以没有自己。
>
> ——（德国）弗洛姆

哲学家虽然认为人比动物高贵，但并不妨碍哲学家对于动物的赞扬。实际上，古今中外有很多哲学家都曾经歌颂过动物的伟大，指出它们有值得我们学习的地方。

哲学归根到底是要为人的存在和使用服务的，我们应该在认识到人与动物的区别之外，学会从动物界学习一些东西。

中国古代哲人孟子，他在讲人性的时候举了个例子：

当一个蹒跚学步的小孩子将要掉入井里时，在井边的任何成年人都会产生惊骇同情的心情，替那个孩子担忧。他一定会忍不住要上去拉一把，使这个孩子幸免于难。然而，这个为孩子担心的人，可能既不是想与孩子的父母攀交情，也不是想在乡亲朋友面前沽名钓誉，更不是因为害怕听到孩子的哭声。他之所以做善事，只是出于一种人性生而有之的“恻隐之心”。

所以，孟子认为，人与禽兽的根本区别在于有没有五种德性，即仁、义、礼、智、信。人禽之别是中国古代哲人们一直特别关注的问题，他们得出的结论是：人之所以不同于其他动物，是因为人不仅仅是自然的存在，还是一种道德的存在。

再看看古希腊哲学家德谟克利特，他被认为是古希腊一个好学的人。他拿着祖上留给他的遗产——100塔伦特现金漫游了希腊各地，渡过地中海，到达了埃及，到达红海，到达巴比伦平原，往南一直到达埃塞俄比亚，往东到达印度。这是一位爱在游历中观察大自然的思想家。他发现人与动物之间有很密切的关系，他发现人是禽兽的“小学生”：从蜘蛛那儿我们学会了织布和缝补，从燕子那儿我们学会了造房子，从天鹅和莺等鸟儿那儿我们学会了唱歌。人也许在理性上比动物更加高贵，但并不代表动物就不值得人们学习。

实际上，在现代科技的应用中，人类从动物那里学到的东西有很多。比如复眼相机、鸟巢构造，等等。在我国，早就有着模仿生物的事例。相传在公元前三千多年，我们的祖先有巢氏模仿鸟类在树上营巢，以防御猛兽的侵袭；四千多年前，我们的祖先“见飞蓬转而知为车”，即见到随风旋转的飞蓬草而发明了轮子和车子；古代庙宇中大殿之前的山门的建造，就其建筑结构来看，颇有点大象的架势，柱子又圆又粗，像大象的腿；我国古代勤劳勇敢的劳动人民对于绚丽的天空、翱翔的苍鹰早就有着各种美妙的幻想。根据秦汉时期史书记载，两千多年前，我国人民就发明了风筝，并且应用于军事联络；春秋战国时代，鲁国匠人鲁班首先开始研制能飞的木鸟，并且他从一种能划破皮肤的带齿的草叶得到启示而发明了锯子。

据《杜阳杂编》记载，唐朝有个韩志和，“善雕木作鸾、鹤、鸦、鹊之状，饮啄动静与真无异，以关戾置于腹内，发之则凌云奋飞，可高达三丈至一二百步外，始却下。”西汉时期，有人用鸟的羽毛做成翅膀，从高台上飞下来，企图模仿鸟飞行。我国古代劳动人民对鸟类的扑翼和飞行进行了细致的观察和研究，这也是最早的仿生设计活动之一。明代发明的一种火箭武器“神火飞鸦”，也反映了人们向鸟类借鉴的愿望。

柏格森认为，动物都是用自己的身体器官作为生存的工具，而人却使用身体以外的东西作为生存的工具，能够使用、创造、发明工具甚至文明，从动物中借鉴自己所需要的。另外，动物具有种性却没有个性，人不仅可以做出种种选择，而且可以选择正向的，也可以选择负向的，完全由自己决定，人的选择与发展是双向的。

人之初，本无性

> 人不学，不知义。
>
> ——王应麟

刚出生的小狗很快就能站起来，到处觅食；刚出生的鹅，根据本能很快就会去游泳；但是，一个刚出生的人，如果没有大人的帮助，很快就会死亡。与其他动物相比，刚出生的人连最基本的生存能力都没有，人之所以为人，与动物的区别在哪里？这些区别是与生俱来的吗？

1920年，在印度加尔各答东北的一个小城附近有一片森林，一天晚上，人们发现有两个用四肢走路的“像人的怪物”尾随在三只狼后面。

后来，人们打死了狼，在狼窝里发现了两个“怪物”，原来是两个裸体的女孩。其中大的七八岁，小的约两岁。这两个小女孩被送到当地孤儿院去抚养，还给她们取了名字，大的叫卡玛拉，小的叫阿玛拉。到了第二年，阿玛拉死了，而卡玛拉一直活到1929年。

狼孩刚被发现时，生活习性与狼一样：用四肢行走；白天睡觉，晚上出来活

动；怕火、光和水；只知道饿了找吃的，吃饱了就睡；不吃素食而要吃肉；不会讲话，每到午夜后像狼一样引颈长嚎。只是在一年之后，当阿玛拉死的时候，人们看到卡玛拉“流了眼泪——两眼各流出一滴泪”。卡玛拉经过 7 年的教育，才掌握 45 个词，勉强地学几句话，但是并未能真正说话。她死时估计已有 16 岁，但其智力只相当于三四岁的孩子。

人类的知识和才能并非生来就有的，而是人类社会实践的产物。人类不具备其他动物的生物性本能，只能通过教化来获得能力，获得人格，使自己成为一个真正的人。

人是高度社会化了的人，而并非孤立的，脱离了人类的社会环境，就难以形成人所固有的特点。而人脑又是物质世界长期发展的产物，它本身不会自动产生意识，它的原材料来自客观外界，来自人们的社会实践。

所以，这种社会环境倘若从小丧失了，人类特有的习性、他的智力和才能就难以发展，一如“狼孩”刚被发现时那样：有嘴不会说话，有脑不会思维，人和动物的区别也就泯灭了。

人是理性的动物

任何人都会生气，这没什么难的。但要能适时适所，以适当的方式对适当的对象恰如其分地生气，可就难上加难。

——（古希腊）亚里士多德

正如亚里士多德所说，任何人都会生气，生气无可厚非，关键是我们能不能在适当的时间、地点对适当的人生气。也就是说我们能不能理性地控制自己的情绪，这需要高度的自我判断和自我约束的能力。

作为哲学大师的亚里士多德还有一句关于人性的论断，他说："人是理性的动物。"人与其他动物的差别就在于人具有理性思维。人能从理性出发控制自己、约束自己的行为。失控的情绪除了能伤害他人外，更多的反作用力会指向自己。

很久以前，有一个年轻人，每次生气和人起争执的时候，就以很快的速度跑

回家去，绕着自己的房子和土地跑3圈，然后坐在田地边喘气。他工作非常努力，他的房子越来越大，土地也越来越广，但不管自己多么富有，只要与人争论生气，他就会绕着房子和土地跑3圈。为什么他从来不暴跳如雷呢？大家都很奇怪。

许多年过去，他已不再年轻。当心情不愉快的时候，他还是一如既往拄着拐杖艰难地绕着土地和房子走3圈。他的孙子在身边恳求他："爷爷，您年纪大了，这附近地区的人也没有人的土地比您的更大，您何必这么辛苦呢？"

他笑了笑，终于说出隐藏在心中多年的秘密："年轻时，我生气、郁闷，就绕着房子和土地跑3圈，边跑边想，我的房子这么小，土地这么少，我哪有时间、哪有资格去跟人家生气，一想到这里，气就消了，于是就把所有的精力用来努力工作。可是现在，我一边走一边想，我的房子这么大，土地这么多，我又何必跟人计较？这样，我的心又平静下来。我从来不会浪费时间去沮丧，所以每一天都过得很有意义。"

缺乏对自己情绪的控制，是做事的大忌。一个人要想做成大事，必须要有稳定的情绪和成熟的心态。情绪不稳定的人对自己确立的目标常常不能坚持到底，做事容易情绪化，朝三暮四，丝毫没有计划和韧性。

情绪失控只能把事情越搞越糟，对工作是无济于事的。用理智的力量去抑制感情的冲动，不做情绪的奴隶，而做情绪的主人，只有这样，才能真正掌控自己的命运。情绪稳定乐观是心理健康的主要标志，一个人只有能适度地表达和控制自己的情绪，才能成为情绪的主人，才能享受健康的人生。

忒修斯之船：什么使你成为你

人是什么，人应该怎样活着，这是一个问题。

——（古希腊）德谟克利特

世界是变化的，但是人需要寻求一种确定感。我们都想知道自己为什么是自己，我什么时候成为我的。也许你会觉得奇怪，我不本来就是"我"吗？难道2岁的我和88岁的我就不是同一个人了吗？事实上，确实有人对此提出过疑问。

忒修斯是传说中的雅典国王。他的事迹主要有：歼除过很多著名的强盗；解开了米诺斯的迷宫，并战胜了米诺陶诺斯；和希波吕忒结婚；劫持海伦，试图劫持冥王普鲁托的妻子珀耳塞福涅——因此被扣留在冥界，后来被赫拉克勒斯救出。

据古希腊神话记载，忒修斯杀死克里特岛的米诺陶诺斯之后，他的战船每年都要开往提洛岛做一次致意之旅。随着时间的流逝，船桁纷纷腐烂朽坏，于是渐次被换成新板，到最后原先的木板都已不复存在。看起来此船仍旧是忒修斯所拥有的那一条，但我们也许会感到疑惑：现在它还是“同一”条船吗？

鉴于该船生命的各个阶段之间存在连续性，我们可以肯定它的确是当初起航前往克里特岛那一条。然而，假使现在人们将已抛弃的木板收集起来，就能造出一条一模一样的新战船。如此便会有两条战船竞相宣称自己是“忒修斯之船”，而令人困扰的是我们无力做出裁决，尽管我们似乎对两位候选者都了如指掌。

忒修斯之船是一个著名的思想实验，它实际上可能并不存在，然而这个实验本身却具有特别的意义。对于哲学家，忒修斯之船被用来研究身份的本质，特别是讨论一个物体是否仅仅等于其组成部件之和。一个更现代的例子就是一个不断发展的乐队，直到某一阶段乐队成员中没有任何一个原始成员。这个问题可以应用于各个领域，对于企业，在不断并购和更换东家后仍然保持原来的名字；对于人体，人体不间断地进行着新陈代谢和自我修复。这个实验的核心思想在于强迫人们去反思身份仅仅局限在实际物体和现象中这一常识。

量子力学里头有一个“全同原理”，说的是同类的粒子之间本质上是不可区分的。两个氢原子之间没有性质的区别，你用这个氢原子代替水分子中的那个氢原子，这个水分子的性质没有任何改变。那么，问题就来了：我们的身体都是由基本粒子构成的，而且从我们诞生那一天起，一刻不停地进行着新陈代谢，新陈代谢的速度远比我们一般人想象的快得多。今天组成你身体的元素与昨天有很大不同，与几年以前几乎完全不同，那么你还是原来的你吗？

重新回到最初的问题，我什么时候成为现在的“我”的？或者现在的我还是原来的我吗？人一生会发生巨大变化，一个蹒跚学步的 2 岁小孩儿与 88 年后一位步履蹒跚的 90 岁老者之间，在生理和心理上，几乎毫无共同之处。他们是同一个人吗？如果是，又是什么让他们成为同一个人的？这可不是无稽之谈，因为他 70 年前做的某件事而惩罚这位 90 岁老者公正吗？如果他不记得了呢？如果这位 90 岁老人 40 年前说自己到 90 岁时就让医生把自己杀掉，现在他 90 岁了，医生应该那样做吗？

忒修斯之船可以引出很多思考，其中之一就是人的身份问题，这数千年来一直令哲学家感到困惑。什么使之成为你，这也许是个永远都难以回答的问题。

教养：这样实现人的蜕变

> 人的成就只有对社会有用才有价值。
>
> ——（德国）阿德勒

我国古代启蒙读物《三字经》里很早就有“人不学，不知义”“苟不教，性乃迁”之说，于是人们很早就明白了，人是需要教化的，教化是需要一个过程的。那么人到底怎样才会真正成人？教化又是怎样的一个过程呢？

人从出生到 6 岁时是完全依赖于他人的，此后在正式成人之前还必须在某种程度上依赖他人的直接帮助。正是在这一段时间里，人逐渐地摆脱了“淘气”获得了“教养”，人逐渐地掌握了基本的生存能力、学习能力以及社交技能等。

人类的生存技能和科学知识都是在社会生活过程中通过学习慢慢积累起来的。在婴儿的成长过程中，与母亲的互动对婴儿的成长有着十分重要的作用。母亲和婴儿的互动（比如怀抱和亲吻），不仅满足了机体生长发育的需求，也会影响到孩子的情感。一项对比实验表明，经常接受母亲抚摸的婴儿神经系统发育得快，比其他婴儿更活跃、体重增加的速度会比那些不受抚摸的婴儿快出47%。如果最亲近的人长期不能在亲密距离中相处，会导致情感缺失，甚至会在生理上出现不良反应。

美国威斯康星大学的心理学家哈洛对恒河猴做过一个实验，在一个笼子中设置两个“母亲”，哈洛用铁丝做了一个代母，它胸前有一个可以提供奶水的装置；然后，哈洛又用绒布做了一个代母。他写道：“一个是柔软、温暖的母亲；一个是有着无限耐心、可以24小时提供奶水的母亲……”一开始，哈洛把一群恒河猴宝宝和两个代母关在笼子里，很快，令人惊讶的事情发生了。在几天之内，猴宝宝把对猴妈妈的依恋转向了用绒布做成的那个代母。由于绒布代母不能提供奶水，所以猴宝宝只在饥饿的时候才到铁丝代母那里喝几口奶水，然后又跑回来紧紧抱住绒布代母。当把绒布代母拿走之后，猴子们产生了严重的行为问题。哈洛和他的同事证明了：“接触所带来的安慰感”是爱最重要的元素。

心理学家施皮茨比较了两组孩子：

一组是在监狱托儿所中受到自己母亲照顾的孩子，另一组是在孤儿院中由称职的保姆看护而没有得到自己母亲的亲自细心照料的孩子。虽然孤儿院中的孩子刚入院后在身体素质、发育和智力指标上要高得多，但是不到四个月，这些指标就开始下降，情况不断变化。他们不会说话，不会自己进食，也养不成清洁习惯。监狱托儿所的婴儿却在健康成长，因为他们在生命头十二个月里与其母亲有着密切的感情交流。

对儿童安全的巨大威胁则是与母亲分离所造成的创伤。婴儿和幼童应该与母亲（或是长期充当母亲的人）有温暖、亲密和连续的关系，婴儿和母亲双方在这关系中都能得到满足和愉快，这对于人格的健康发展是必不可少的。约翰·鲍尔贝说:“生命的头三年中长期的分离（指母子关系）对孩子的人格起着特有的影响。在临床上，这种孩子感情淡薄，十分孤僻。他们不能开展与其他孩子和成人间的正常联系，从而得不到名副其实的友谊。”

从婴儿成长为成人有一个漫长的过程，婴儿时期只有一些简单的情绪和表情，随着时间的推移，婴儿慢慢地成长，他开始能区分自己的父母亲，随后能对父母亲的微笑和表情做出回应，直到学会走路、学习。一路在与父母亲的互动交流和对周围人的模仿学习下，慢慢长大，成长为一个真正意义上的人。

〉第五篇

超越自我：揭开生命的谜底

第一章

自我认识：我是谁

德尔菲神谕：认识你自己

> 认识你自己。
>
> ——德尔菲神谕

泰勒斯告诉我们哲学其实对很多事情都有指导意义，只不过靠此赚钱并不是哲学本身的目的。那哲学的目的是什么，雅典德尔菲神庙前的石碑上镌刻的神谕也许是最好的说明：认识你自己！泰勒斯非常认可这一名言：

有人问泰勒斯："什么是最困难的事？"

泰勒斯说："认识你自己。"

那人又问："什么是最容易的事？"

泰勒斯说："给别人提建议。"

也许你会感到纳闷，难道我还不认识自己吗？我应该是对自己了解得最清楚的人呀！但是哲学告诉你，恰恰相反，我们感觉最熟悉的东西往往是最难认识的。我们常说人是万物的灵长，人是宇宙的奥秘。"人是什么"这个问题也许比最艰深的数学原理都难以解释。和"人是什么"这个问题一样，追问人生的意义同样是一个非常困难的问题。理性主义的哲学观认为，世界是一个有规律、有逻辑、有意义的客观存在。人是宇宙的精华，可以认识自己、认识世界、战胜自然，从亚里士多德到黑格尔莫不如是。然而，伴随着工业文明的到来以及人类认识的进步，对理性主义的打击也纷至沓来——首先是哥白尼的日心说，发现主宰世界的人原来只不过是茫茫宇宙中一颗小行星上的尘埃；接着是达尔文的进化论，宣布人并非是由上帝造的；继之是弗洛伊德的精神分析学说，声明人连自己都认识不了，更主宰不了自己。在三次沉重的打击之下，营造了千年的理性主义大厦轰然倒塌，令人目瞪口呆、惊心动魄。叔本华、尼采、萨特等人进一步提出了荒谬哲学，认为人的存在并没有合理性，意义只是选择的结果。人的存在是偶然的，人有思想也是偶然的，那么我们是谁，我们的意义何在？经过数千年的争论，我们又回到了起点。近代德国著名哲学家叔本华有一个这样的故事：

在一次名流云集的沙龙里，大家深深地为一位高贵、博学的绅士的风采所迷住。这位绅士高谈阔论、语惊四座，时而评述古希腊精深的哲学思想，时而对当今政府的经济政策加以透彻的赞叹。

一位贵妇人忍不住问道："请恕我冒昧，先生，您真是一位杰出的人物，可是您能告诉我您是谁吗？"

"是的，我是谁？"那位绅士停了一下说，"如果有谁能告诉我这一点就好了。"

当然，他并不是失忆症患者，而是对现代哲学产生巨大影响的思想家叔本华。

当然我们并不是强调人生的偶然和无意义，但是哲学的思考确实会对我们认识自己有所裨益。在生活中也许你是一位成功人士，事业有成，家庭幸福。可是有一天，一阵莫名的空虚突然侵袭了你，你突然感觉自己无所依傍，从前所追求的一切突然都失去了意义。你忍不住问："我到底怎么了？"也许你一直平平淡淡，毫不引人注目，平庸麻木的生活早已消磨掉了你的锐气和志向。然而，当你看到那些成功人士时，仍然会心存茫然。你会忍不住问："我到底怎么了？"正是对于"自我"的追寻，才能使你拨云见日，看到真正的自我，让生活充满意义。当这种动力足够大时，甚至会改变你的一生。

发现自己，求得新生

我要扼住命运的咽喉，它休想使我屈服。

——（德国）贝多芬

没有人问我们愿不愿意，就让我们来到这个世界上，开始了一呼一吸。没有人给我们讲清楚为什么，便开始了人生的旅程。在这场人生的旅途之中，不断遭遇着亲情、学业、爱情、工作的痛苦和快乐，从少年走到青年，从青年走到壮年，从壮年走到……没有人告诉我们什么时候是结束。当你正以为一切都已经结束、可以歇息的时候，却突然困惑起来：自己真的是属于自己吗？在生命的旅途中，究竟是谁在与自己同行呢？

一天，一个农民的驴子掉进了枯井里。可怜的驴子在井里凄惨地叫了好几个钟头，农民在井口急得团团转，就是没办法把它救出来。最后，他断然认定：驴子已经老了，这口枯井也该填起来了，不值得花太大的精力去救驴子。

农民把所有的邻居都请来帮忙填井。大家拿起铁锹，开始往井里填土。驴子很快就意识到发生了什么事，起初，它只是在井里恐慌地大声哀鸣。不一会儿，令大家不解的是，它居然安静了下来。几锹土过后，农民终于忍不住朝井下看，眼前的情景让他惊呆了。面对每一铲砸到驴子背上的土，它都做了出人意料的处理：迅速地把土抖落下来，然后狠狠地用蹄踩紧。就这样，没过多久，驴子竟把自己升到了

井口。它纵身跳了上来，快步跑开了。在场的每个人都惊诧不已。

在现实世界，有很多人因为各种各样的原因，像这头驴子一样，在一口注定要给他带来苦难的井里挣扎。实际上，没有必要抱怨，把生活中压向你的每一铲土，踩在脚底，照样可以求得新生，走向人生巅峰。

生命的战场不是没有同盟，只是这些盟友只能做我们精神上的“啦啦队”，给你加油，让你自信，而一切赛程却还要靠你自己的力量去完成，不能完全依赖别人。许多从艰苦的环境中奋斗出来的人，他们并不比我们拥有更多的天赋，而他们之所以能取得成功，是因为他们能够发现自己的价值。即使我们最终没能到达成功的彼岸，但只要用自己的力量征服痛苦，也能体会到一种快乐。

认识自己方能认识人生

聪明的人只要能认识自己，便什么也不会失去。

——（德国）尼采

世界上最难认清的就是自己。做人最重要的是有“自知之明”，然而“聪明人”很多，他们习惯揣摩别人的心理，于是对别人了如指掌，对自己反倒看不清楚。因而说知人易，知己难，“不识庐山真面目，只缘身在此山中”。如果对自己能多一分了解，也会对生命多一分正确的认识，“知人者，智；自知者，明。”

法国著名散文家、思想家蒙田在《论自命不凡》的随笔中写道：“对荣誉的另一种追求，是我们对自己的长处评价过高。”这是我们对自己怀有的本能的爱，这种爱使我们不能认清自己。有位哲学家讲述了这样一个故事：

一位老师常常教导他的学生说：“人贵有自知之明，做人应该做一个自知的人。唯有自知，方能知人。”

有个学生提问道：“请问老师，您是否自知呢？”

“是呀，我是否知道我自己呢？”老师想，“嗯，我下班后一定要好好观察、思考、了解一下自己的个性。”

回到家里，老师拿来一面镜子，仔细观察自己的容貌、表情，然后开始分析自己的个性。

他摘去帽子看到了自己的秃顶。“嗯，不错，莎士比亚就有个亮闪闪的秃顶。”他想。

接着，他看到了自己的鹰钩鼻。“嗯，大侦探福尔摩斯——世界级的聪明大师就有一个漂亮的鹰钩鼻。”他想。

他看到自己的大长脸。“嗨！美国第十六任总统林肯就有一张大长脸。”他想。

他发现自己个子矮小。“哈哈！法兰西第一帝国皇帝拿破仑个子矮小，我也同样矮小。”他想。

他发现自己具有一双大蹩脚。“呀，喜剧泰斗卓别林就有一双大蹩脚！”他想。

于是，这位老师终于有了“自知”之明：“古今中外名人、伟人和聪明人的特点集于我一身，我是一个不同于一般的人，我将前途无量。”

生活中这样的人不少。认识自己，并不是一件简单的事，它要求我们必须从性格、爱好等各方面全面分析自己。只有正确地认识自己，才能保持本色，找到适合自己的位置。认识自己，并且按自己的意图去办事，才能具有无穷的魅力。

很多人经常是处于一种既自大又自卑的矛盾状态。一方面，自我感觉良好，看不到自己的缺点；另一方面，却又在应该展现自己的时候畏缩不前。对自己的评价都如此之难，如果要反省自己的某一个观念、某一种理论，就更难了。还有很多人认为，认识自我就是认识自己的缺点。认识自己的缺点是好的，可以加以改进。但如果仅认识自己的消极面而不能自拔，就会陷入混乱，使自己变得自卑。与此同时，还要看到自己的优点。所谓的优点，是任何你能运用的才干、能力、技艺与人格特质。用积极的心态看待自己的过去、现在，发现那些优良的特质，利用这些优良的特质成就人生。

一室六窗，认识自己

我到处走动，没有做别的，只是要求你们，不分老少，不要只顾你们的肉体，而要保护你们的灵魂。

——（古希腊）苏格拉底

生活中，有很多人的心情都容易受到外界的影响，甚至将对自己的认识和评价建立在他人的态度之上。为什么人最难认清自己？主要是因为真心蒙尘。就像一面镜子，被灰尘遮盖，就不能清晰地映照出物体的形貌。

在佛教看来，真心不显，妄心就会成为人的主人，时时刻刻攀缘外境，心猿意马，不肯休息。人体如一座村庄，此村庄中主人已被幽囚，为另外六个强盗土匪（六识）所占有，他常在此兴风作浪，追逐六尘，让人不得安宁。

仰山禅师有一次请示洪恩禅师道："为什么吾人不能很快地认识自己？"

洪恩禅师回答道："我给你说个譬喻，如一室有六窗，室内有一猕猴，蹦跳不停，另有五只猕猴从东西南北窗边追逐猩猩。猩猩回应，如是六窗，俱唤俱应。六只猕猴，六只猩猩，实在很不容易很快认出哪一个是自己。"

仰山禅师听后，知道洪恩禅师是说吾人内在的六识（眼、耳、鼻、舌、身、意）和追逐外境的六尘（色、声、香、味、触、法），鼓噪繁动，彼此纠缠不息，如空中金星浮游不停，如此怎能很快认识哪一个是真的自己？因此便起而礼谢道："适蒙和尚以譬喻开示，无不了知，但如果内在的猕猴睡觉，外境的猩猩欲与它相见，且又如何？"

洪恩禅师便下绳床，拉着仰山禅师，手舞足蹈似的说："好比在田地里，防止鸟雀偷吃禾苗的果实，竖一个稻草假人，所谓'犹如木人看花鸟，何妨万物假围绕。'"

仰山顿悟。

佛法要求人能把握自己的心，别让自己的心那么散乱。人心一旦散乱了，活着就会觉得辛苦。

人们想要净心的时候，往往习惯于用理性去控制。但这样做的结果可能适得其反，告诉自己"不能动心，不能动心"的时候，心已经动了；提示自己"心不能随境转"的时候，心已经转了。真正的净心不是特意去控制它，也不是刻意去把握它。什么时候都知道自己的心，心自然而然就不动了。心不动了，人就不会为外界的诱惑所动，从而净化自身。

心不动才能真正认清自己，遇到顺境不动，遇到逆境也不动，不受任何外在的影响。现代人的状况大多相反，遇到顺境的时候高兴得不得了，遇到逆境的时候痛苦得不得了，这就带来了许多痛苦。

第二章

自我定位：我在哪里

人生是一个过程而非结果

> 人之所以伟大，是因为他是一座桥梁，而非目的。
>
> ——（德国）尼采

人的存在本身就是一个过程，而不是为了什么目的。换言之，我们的人生就是一个过程，而不是为寻求一个结果。不要把目的看得太重，那样你会错过人生路途中的美景。

在我们潜意识的深处有一幅美好的田园景象：我们看到自己坐着火车，行进在一条横跨大陆的漫长旅程中，吸吮着饮料，透过车窗，能看到近处高速公路上流动着的车辆；十字路口上向我们挥手致意的孩子；小山坡上吃草的牛群；从发电站喷吐而出的烟雾；一排排连绵不断的玉米、麦子；山川和溪谷；城市建筑的空中轮廓和乡村的小山坡。

可是，很多时候我们会烦躁不安，对车窗外的美景视而不见——等着，等着……在我们心目中，目的地才是最重要的。在特定的一天、特定的时辰，我们的火车将要进站……

“如果我到了车站，事情就妥了。”我们这样安慰自己，“如果我考上理想的大学……”“如果我进了知名的外资企业……”“如果我付清住房的贷款……”“如果我得到提升……”“如果我退休，我就可以好好地享受人生！”但或迟或早，我

们全明白，生活中根本不存在什么车站，也没有什么可以到达的地方。

生活中真正的乐趣就是旅途。车站只不过是一个梦，永远可望而不可即，把我们远远地抛在后面。活着，就尽情地享受人生！有人说："幸福与否不在于达到目的，而在于追求的本身及其过程。"生活中的绝大多数情景就是这样的。珍惜现在，尽可能地享受当下的美好时光吧！

明末崇祯年间，有人画了一幅画，巍然耸立的一棵松树，树下有一方大石，大石上摆着一个棋盘，棋盘上面几颗疏疏落落的棋子，意境深远，若有所指。当时的高僧苍雪大师在画上写了一首诗，将画中之意描述得淋漓尽致："松下无人一局残，空山松子落棋盘。神仙更有神仙着，毕竟输赢下不完。"此诗以一个世外之人的超然心境，将所有的人生哲学、历史哲学包含其中。人生如同一局残棋，你争我夺，世世相传，输赢二字永远也没有定论。

人生如棋局，众生如棋子，输赢下不完，何必工心计。

宇宙间的万事万物时时刻刻都在变化，任何时间、任何地方，一切事情刹那之间都会有所变化，不会永恒存在。生命如莲，次第开放，人生不过一次旅行，漫步在时空的长廊，富贵名利，不过是过眼云烟。

一位美国的旅行者去拜访著名的波兰籍经师赫菲茨，他惊讶地发现，赫菲茨住的只是一个放满了书的简单房间，家具只一张桌子和一把椅子。"大师，你的家具在哪里？"旅行者问。"你的呢？"赫菲茨回问。"我的？我只是在这里做客，我只是路过呀！"旅行者说。"我也一样！"赫菲茨轻轻地说。

天地万物，都在永远不息的动态中循环旋转，在动态中生生不息，并无真正的静止。无论是历史，还是人生，一切事物都是无穷无尽、相生相克，没有了结之时的。既然人生不过是路过，便用心享受旅途中的风景吧！

如果生命是一段旅程的话，那么旅程的起点是诞生，终点就是死亡。在这段旅程中，我们每个人都会欣赏到沿途的无限风光，但景色再美，我们都要到达生命的终点站。生命的历程有长有短，因此路途中总会有人不断到站。当亲人离去时，我们要学会淡忘忧伤；当我们到站时，我们更要学会豁达面对。只要我们好好地生活，珍惜生命旅途，在临近终点时我们便能坦然地说："感谢生命，我已经真正地经历过了。"

生命的价值在于如何使用自己

人的价值并不取决于是否掌握真理或者自认为掌握，决定人的价值的是追求真理的孜孜不倦的精神。

——（德国）莱辛

同样的一瓶饮料，放在便利店里只卖2块钱，但出现在五星级饭店的餐桌上，可能价格就是几十块。一个才华横溢的人一旦站错了位置，就容易被人忽视，即使本身仍有价值，甚至价值不菲。很多的时候，一个人的价值取决于所在的位置，这个位置不必多么尊贵、多么崇高，但一定要合适。

德国管理界有一句名言："垃圾是放错位置的人才。"换言之，学历、经验、能力都不是识别人才的可靠标签。一个人是不是人才，关键要看他处在什么位置上，正在做什么事情。如果他做得好、做得巧，在道德与法律允许的范围内做出了成绩，那么他就是众人眼里的人才，可一旦他站在了错误的位置上，即使是硕士、博士，即使拥有卓越的才能和过人的智慧，也会像个系错西装扣子的绅士，从自信满满到尴尬难堪。

从成分上来讲，注入泥潭和跌落悬崖的流水都由氢原子和氧原子构成，但由于选择的不同，后者成了跌宕且壮丽的瀑布，前者却成了一潭死水。种子选择了泥土才能成就蓬勃的绿，再饱满的种子也难以在花岗岩上扎根；沙粒选择了贝壳才有机会变成夺目的珍珠，否则它就是无垠的沙滩上被踩在脚下的一粒沙。

范增，楚汉相争中最重要的谋士之一，其能力与才华有目共睹，但最后他却抱

恨而终。

虽被项羽奉为“亚父”，但他终为项羽所疑，在回归故里的途中客死他乡，倾尽一生心力的西楚霸业也沦为一场空梦。范增的满腔抱负、一颗忠心最后只能换来后人的一番嗟叹与同情。所以，范增的失误很大程度上在于他选错了队伍。

苏轼在《范增论》中说：“增年七十，合则留，不合则去。不以此时明去就之分，而欲依羽以成功名，陋矣！”范增明知自己与项羽的观点有分歧，却做不到“不合则去”，反而寄希望于依靠项羽建功立业，未能真正分清离与留的利害分别，这令苏轼忍不住以“陋”字作结。

有人把范增的悲剧归咎于命运使然，似乎失之偏颇。失败的痛苦降临时，不要总是拷问命运：“为什么偏偏是我？”因为快乐时你可从来没有问过这个问题。如果你非要去评点自己或他人的失败，就不要偏执地迁怒于外物，不妨向内搜索原因。

邯郸学步：为何做不了自己

> 夫鹄不日浴而白，乌不日黔而黑。
>
> ——庄　子

现在面临的一切，都是以前选择的结果。人从呱呱坠地那一刻起，就已经置身于一个预先设定好的单向的执行程序里，无时无刻不在面临选择，所以说，整个人生其实就是不停判断并做出选择的过程，幸福的人生是一连串正确选择的累积相加。

《庄子·秋水》中记载了这样一则故事：

在燕国寿陵地方有一位少年，人们叫他寿陵少年。

寿陵少年不愁吃不愁穿，论长相也算得上中等，可他就是缺乏自信心，经常无缘无故地感到事事不如人，低人一等——衣服是人家的好，饭菜是人家的香，站相坐相也是人家高雅。他见什么学什么，学一样丢一样，虽然花样翻新，却始终不能做好一件事，不知道自己该是什么模样。

家里的人劝他改一改这个毛病，他以为是家里人管得太多。亲戚、邻居们说他是狗熊掰棒子掰一个丢一个，他也根本听不进去。日久天长，他竟怀疑自己该不该这样走路，越看越觉得自己走路的姿势太笨、太丑了。

有一天，他在路上碰到几个人说说笑笑，只听得有人说邯郸人走路姿势优美。他一听，急忙走上前去，想打听个明白。不承想，那几个人看见他，一阵大笑之后扬长而去。

邯郸人走路的姿势究竟怎样美呢？他怎么也想象不出来。这成了他的心病。终于有一天，他瞒着家人，跑到遥远的邯郸学走路去了。

一到邯郸，他感到处处新鲜，简直令人眼花缭乱。看到小孩走路，他觉得活

泼、美，学；看见老人走路，他觉得稳重，学；看到妇女走路，摇摆多姿，学。就这样，不过半月光景，他连走路也不会了，路费也花光了，只好爬着回去了。

生搬硬套，机械地模仿别人，不但学不到别人的长处，反而会把自己的优点和本领也丢掉。很多人过不上自己想要的生活，就希望自己成为别人，把自己想象成模仿中的人物，过着模仿的生活。其实每个人都有自己的生活，为什么要模仿，为什么就觉得别人的生活比自己好呢？

如果生活中出现了偏差就要及时调整，就像人的皮肤拥有自愈能力一样，生活给了我们足够的包容让我们去检讨并修正自己的言行。不过，千万不要在简单重组自己的偏见时，还以为自己是在思考，这样的话只会沿着错误的方向越走越远。

废墟中的双面神：把握不了现在

最完善的东西就最不容易受外来影响的变动。

——（古希腊）柏拉图

人，不能弥补过去，也不能预测未来，唯一能做的，只有把握现在。不懂得把握现在，过去和未来都将成为落寞的烟尘。有一则广为流传的故事：

一位智者旅行时，途经古代一座城池的废墟。岁月已经让这个城池满目疮痍了，但依然能辨析出昔日辉煌时的风采。智者在此休息，想象着这里曾经发生过的故事，感到沧海桑田，世事无常，不由得叹了一口气。

他望着废墟，想象着曾经发生过的故事，不由得感慨万千。

忽然，他听到有人说："先生，你感叹什么呀？"

他四下里望了望，却没有人，他疑惑着。那声音又响起来，是来自那个石雕，原来那是一尊"双面神"神像。

他从未见过双面神，就好奇地问："你为什么会有两副面孔呢？"

双面神说："有了两副面孔，我才能一面察看过去，牢牢吸取曾经的教训；另一面又可以瞻望未来，去憧憬无限美好的明天。"

智者说："过去的只能是现在的逝去，再也无法留住；而未来又是现在的延续，是你现在无法得到的。你不把现在放在眼里，即使你能对过去了如指掌，对未来洞

察先知，又有什么具体的实在意义呢？”

听了智者的话，双面神不由得痛哭起来：“先生啊，听了你的话，我才明白我落得如此下场的根源。

“很久以前，我驻守这座城，自诩能够一面察看过去，一面又能瞻望未来，却唯独没有好好地把握住现在。结果，这座城池被敌人攻陷了，美丽的辉煌都成了过眼云烟，我也被人们扔在废墟中了。”

过去的事，随风而去，深陷于过去之中不能自拔，只能徒增烦恼而于事无补。同样，将来的事，就像镜花水月一样，无论多么美丽，都不能立刻变为现实，沉湎于未来的憧憬往往让人变得不切实际或者停步不前。

世界上有三种人：第一种人只会回忆过去，在回忆的过程中体验感伤；第二种人只会空想未来，在空想的过程中不务正事；只有第三种人注重现在，脚踏实地，慢慢积累，一步一步踏踏实实地走向未来。

“还有明天”，这是一个可怕的思想，它让人不思进取，蹉跎岁月，浪费生命。它成了人做事拖延的借口，也是许多人无所事事、一事无成的原因。

活在当下：快乐在此刻

幸福的岁月就是失去的岁月。

——（法国）普鲁斯特

佛家常劝世人要“活在当下”。何谓“活在当下”？看似深奥的道理实际上很简单：吃饭就是吃饭，睡觉就是睡觉，没有过去拖着你的脚步，亦没有未来拉扯你的目光，你全部的能量都集中在这一刻，集中在现在的人和物上面，生命因此生长出一种强烈的张力。然而，世俗之中又有多少人无法专注于当下，无数个问号纠缠着他们：我在过去存在，还是不存在？过去我曾是谁？我曾怎么样？后来我又曾如何？我未来将存在，还是将不存在？未来我会是谁？我会怎么样？然后我又会成为什么，变得怎么样？背负着过去，忧虑着未来，却对眼前的一切视若无睹，便永远到不了心灵的净土。

宇宙每一瞬都在改变，我们只有一瞬，只活在当下。生活从来不在别处，只在眼前明明白白的每一分、每一秒。

日本的亲鸾上人9岁时，就已立下出家的决心。他要求慈镇禅师为他剃度，慈镇禅师问他说：“你还这么年少，为什么要出家呢？”亲鸾说：“我虽年仅9岁，父母却已双亡，我不知道为什么人一定要死亡？为什么我一定非与父母分离不可？为了探究这层道理，我一定要出家。”慈镇禅师非常嘉许他的志愿，说道：“好！我明白了。我愿意收你为徒，不过，今天太晚了，待明日一早，再为你剃度吧。”亲鸾听后，非常不以为然地说道："师父！虽然你说明天一早为我剃度，但我终是年幼无知，不能保证自己出家的决心是否可以持续到明天。而且，师父你年事已高，你也不能保证你是否明早起床时还活着。"慈镇禅师听了这话，拍手叫好，并满心欢喜地说道："对的，你说的话完全没错！现在我马上就为你剃度！"

路就在脚下，现在不做，更待何时？

人只活在当下，没有你之前，地球已然存在；有了你之后，地球依然存在。茫茫尘世间，人不过就是一粒浮尘，来自偶然，也不知去向何处。今世做人，就做好人的本分，不必去追问前生，亦不必去幻想来世。

价值取向：人生定位与方向

> 真正的价值并不在人生的舞台上，而在我们扮演的角色中。
>
> ——（德国）席勒

人的一生总是不断地在做价值上的取舍，而每一次选择，就是对自己人生的一次期望。这些期望有些是自己的期望，而有些又是他人价值期望的强加。你将如何选择自己的价值取向呢？在《孟子》里有这样一个故事：

曹交问孟子："人人都可以做尧舜那样的贤人，有这说法吗？"

孟子说："有。"

曹交说："我听说文王身高一丈，汤身高九尺，如今我身高九尺四寸多，却只会吃饭罢了，要怎样做才行呢？"

孟子说："这有什么关系呢？只要去做就行了。要是有人自以为他连一只小鸡都提不起来，那他便是一个没有力气的人。如果有人说自己能够举起三千斤，那他就是一个很有力气的人。同样的道理，举得起乌获所举的重量的，也就是乌获了。人难道以不能胜任为忧患吗？只是不去做罢了。比如说，慢一点走，让在长者之后叫作悌；快一点走，抢在长者之前叫作不悌。那慢一点走难道是人做不到的吗？不那样做而已。尧舜之道，不过就是孝和悌罢了。你穿尧的衣服，说尧的话，做尧的事，你便是尧了；你穿桀的衣服，说桀的话，做桀的事，你便是桀了。"

尧是古代的明君，而桀则是古代的暴君。如果刻意模仿某人，久而久之就可能风格上更接近此人。我们就是在这不知不觉的模仿中，完成了人生的价值取向。

在英文中，取向（Orientation）有两层含义："定位"与"方向"。每个人都有自己的个性和做人处事的风格，不过，经由学习与成长，我们都可以不断调整和修正自己的方向，选择自己成为什么样的人。古希腊哲学家柏拉图，原本是位诗人，并且写过希腊悲剧。20 岁时遇到苏格拉底，听到苏格拉底的演讲之后，就马上烧掉自己所写的诗和剧本，跟随苏格拉底走向哲学之路。

价值取向作为一种选择，是需要勇气的。只要知道自己言行举止背后的意义，坚持走下去，即使付出再大的价值，也无怨无悔。这样，在不断地抉择中，每个人都将形成自己的风格，去完成自己一生的使命。

第三章

自我超越：生命要求超越

“自知无知”的智慧

知者不言，言者不知。

——老　子

在古代科学文化巅峰的雅典，哲学家苏格拉底被视为“最有智慧的人”。然而面对如此的赞誉，这位哲学家却冷冰冰地回应说：我只知道我一无所知。他向人们解释说：如果说他的智慧有什么与众不同的话，那就是他知道自己的无知，而其他人虽然也与他一样的无知，但却不知道自己的无知。

因此苏格拉底式的智慧被称为“自知无知”的智慧。他一生不倦的求知活动仿佛就是为了证明：人们的认识能力是有限的，人们的知识往往是靠不住的。然而两千多年过去了，苏格拉底的见识仍少有人理解，苏格拉底的教养仍鲜见后继者。

同样，在中国古代，道家同儒家一样，也是认为无知最终是可以导向智慧的。但道家如老庄对待无知与儒家截然不同。老庄认为智慧的境界就是与道合一的境界，对无知本身给予了赞扬。老子的基本观点是“为学日益，为道日损”，道不“可道”，所以它不能够通过学习的途径为人所把握。人只能够以“无为”的态度去对待道，故无知与无为之间，是一种直接的联系。所谓“大巧若拙，大辩若讷”也，日常聪明才智与道是不相干的。道之为道，正在于你不知“道”，知“道”也就不是道了。

所以他倡导无知和“去智”，缘于智慧的效果不好。所谓“智慧出，有大伪”，智慧都被用于干坏事去了。所以，统治者如能做到使人民没有知识和欲望，使智慧之人不敢有意作为，就不会再有机巧、奸诈和争斗，那这个社会就会很美满了。《庄子》里有这样一则寓言故事：

啮缺向王倪求教，四次提问，王倪四次都不能作答。啮缺于是跳了起来高兴极了，去到蒲衣子处把上述情况告诉给他。蒲衣子说：“你如今知道了这种情况吗？虞舜比不上伏羲氏。虞舜心怀仁义以获得人心，获得了百姓的拥戴，不过他还是不曾超脱出人为的物我两分的困境。伏羲氏睡卧时宽缓安适，他觉醒时悠然自得；他听任有的人把自己看作马，听任有的人把自己看作牛；他的才思实在真实无伪，他的德行确实纯真可信，而且从不曾涉入物我两分的困境。”

当王倪以“四不知”对答啮缺的四问时，啮缺欢呼雀跃，因为他从中悟出了以无知为知的圣人之道。如此无知可以说是人的最为舒适惬意的状态。它已经远离了常人的“聪明”和“形智”，甚至连自己是人、是牛还是马都分不清楚了。庄子便为自己究竟是人还是蝴蝶感到糊涂。如此无知之知是最为真实之知，最值得信赖和推崇。无疑，庄子所推崇的，其实不是无知本身，而是无知者所达到的与道浑然合一的境界。可以说，老庄是叫人们放弃机巧、奸诈和争斗，这样自然的状态才能与

道合一，成为大智者。

诺贝尔经济学奖获得者、自由主义大师哈耶克是当代少有的深得“苏格拉底式智慧”真传的学者之一。苏格拉底的基本观念：“承认我们的无知，乃是开启智慧之母。”被哈耶克作为理解和认识社会的首要条件，所以他提倡一种“无知”的知识观，而非“知”的知识观。

随着人类知识的进步和人类自信心的增强，自知无知的见识尤显珍贵。而在人类交往日益扩大、社会生活日益多样化的今天，只有培育自知无知的教养，人间才能有宽容与理解、对话与妥协、和平与和谐，人类生活才会减少无谓的内耗、倾轧甚至血腥争斗，从而步入理性化和人道化的光明境界。

人生不要自我设限

> 人由于觉得自己应行某事，就能够实行某事，并且亲自体会到什么是自由的。
>
> ——（德国）康德

我们心中唯一的限制，就是我们为自己设置的那个局限。高度并非无法超越，只是我们无法超越自己思想的限制，更没有人束缚我们，只是我们自己束缚了自己。

生物学家做过这样一个有趣的实验：

他们往一个玻璃杯里放进一些跳蚤，发现跳蚤立即轻易地跳了出来。重复几遍，结果还是一样。根据测试，跳蚤跳的高度均在其身高的100倍以上，所以跳蚤称得上动物中的跳高冠军。

接下来，生物学家再次把这些跳蚤放进杯子里，不过这次是立即在杯上加了一个玻璃罩，“嘣”的一声，跳蚤重重地撞在玻璃罩上。跳蚤虽然十分困惑，但它不会停下来，因为跳蚤的生活方式就是“跳”。一次次被撞，跳蚤开始根据玻璃罩的高度来调整自己所跳的高度。

经过一段时间，这些跳蚤再也不会撞击到这个玻璃罩了，而是在罩下自由地跳动。

第二天，生物学家开始把玻璃罩轻轻拿掉，跳蚤不知道玻璃罩已经去掉了，还是按原来的那个高度继续跳。三天以后，生物学家发现这些跳蚤还按原来的高度跳。一周以后发现，那些可怜的跳蚤还在这个玻璃杯里不停地跳着——其实它们已经无法跳出这个玻璃杯了。

后来，生物学家在玻璃杯下放了个酒精灯，并且点上了火。不到五分钟，玻璃杯烧热了，所有的跳蚤自然发挥求生的本能，每只跳蚤再也不管头是否会被撞痛（因为它们都以为还有玻璃罩），全都跳出了玻璃杯。

生活环境使跳蚤迷失了自我，它们不知道自己是善跳的跳蚤了。这是多么可怕的事实啊！玻璃罩已经罩在跳蚤的潜意识里，罩在了跳蚤的心灵上，行动的欲望和潜能被扼杀了。科学家把这种现象叫作“自我设限”。

人有些时候也是这样。很多人不敢追求成功，不是追求不到成功，而是因为他们心里面也默认了一个“高度”，这个高度常常暗示自己：成功是不可能的，这是没有办法做到的。“心理高度”是人无法取得伟大成就的根本原因之一。只有打破限制，我们才能有所超越。

摆脱自大，谦卑我心

我们很少想到我们有什么，可是总想到我们缺什么。

——（德国）叔本华

在现实生活中，大多数人最佩服的就是自己，佛家所谓的“我慢”，说的就是这个意思。一个人如果不能消除“慢”的心理，就不能摆脱“自我”的困惑，也就容易生出其他各种各样的烦恼。

从前，有一个学僧在无德禅师座下学禅，刚开始他还非常专心，学到了不少东西。可是一年后他自以为学得差不多了，便想下山去云游四方。禅师讲法的时候他什么都听不进去，还常常表现出不耐烦的样子。无德禅师把这些全看在眼里。

这天，禅师决定问清缘由，他找到学僧问道：“这些日子，你听法时经常三心二意，不知是何原因？”

学僧见禅师已看透他的心机，便不再隐瞒什么，他对禅师说：“大师，我这一年

来学的东西已经够了，我想去云游四方，到外面去参禅学道。”

“什么是够了呢？”禅师问。

“够了就是满了，装不下了。”学僧认真地回答。

禅师随手找来一个木盆，然后装满了鹅卵石，对学僧说道：“这一盆石子满了吗？”

“满了。”学僧毫不含糊地答道。

禅师又抓了好几把沙子撒入盆里，沙子漏了下去。

“满了吗？”禅师又问道。

“满了！”学僧还是信心十足地答道。

禅师又抓起一把石灰撒入盆里，石灰也不见了。

“满了吗？”禅师再问。

“好像满了。”学僧有些犹豫地说。

禅师又顺手往盆里倒了一杯水，水也不见了。

“满了吗？”禅师又问。

学僧没有说话，跪拜在禅师面前说：“大师，弟子明白了！”

一颗谦虚的心正如那盛了石子、沙子、石灰及水的木盆，能盛下更多的东西。

这也是只有谦虚的人才能成为智者的原因。只有谦虚，才会承认自己的错误，才会有务实的精神，也才能真正成为一个有用的人。

不要因为自己取得了小小的成绩就不可一世，其实处处皆学问，你所知道的仅仅是大海里的一滴水而已。

真正的谦虚来自人灵魂的自我定位，是一个人对于世界有了客观的认识之后才拥有的人生态度。人外有人，山外有山，天外有天，没有人可以自命是世界上最高明、最完美的。因为，我们每个人视野所及的都是不完整的时空。

当一个人站得越高、看得越远，就会发现自己很无知、很渺小，就像牛顿说自己是站在巨人肩膀上，就像居里夫人说自己很平凡。这样的话看似过于谦虚，他们在某一个时期确实达到了人类智力所能抵达的最高点。然而，他们的话真的是来自他们的世界观，是极其真诚的。

自我超越的最大尺度

如果我战死之后拥有一块墓碑的话，我只要刻上“那个孤独的个体”几个字就可以了。

——（丹麦）克尔凯郭尔

人对于自由的追求与人的有限性，是一切哲学问题的根源。事实上每种文化都有这种传统，在中国传统中有很多“至人”“真人”“仙人”的神话传说。《庄子·逍遥游》记载了这样一个故事：

肩吾向连叔求教：“我从接舆那里听到谈话，大话连篇没有边际，一说下去就回不到原来的话题上。我十分惊讶于他的言谈，就好像天上的银河没有边际，跟一般人的言谈差异甚远，确实是太不近情理了。”

连叔问：“他说的是些什么呢？”

肩吾转述道：“在遥远的姑射山上，住着一位神人，皮肤润白像冰雪，体态柔美如处女，不食五谷，吸清风饮甘露，乘云气驾飞龙，遨游于四海之外。他的神情那么专注，使得世间万物不受病害，年年五谷丰登。我认为这全是虚妄之言，一点也不可信。”

连叔听后说：“是呀！对于瞎子，你没法同他们欣赏花纹和色彩；对于聋子，你

没法同他们聆听钟鼓的乐声。难道只是形骸上有聋与瞎吗？思想上也有聋和瞎啊！这话似乎就是在说你肩吾呀。那位神人，他的德行，与万事万物混同一起，以此求得整个天下的治理，谁还会忙忙碌碌把管理天下当成一回事！那样的人呀，外物没有什么能伤害他，滔天的大水不能淹没他，天下大旱使金石熔化、土山焦裂，他也不感到灼热。他所留下的尘埃以及瘪谷糠麸之类的废物，也可造就出尧舜那样的圣贤人君来，他怎么会把忙着管理万物当作己任呢！”

所谓的“神人”，要实现肉体和精神的双重超越。在肉体上，他们必须是长生不老、永葆青春；在精神上，他们往往是达者、智者，在自然、社会、人生方面有着他们不同凡俗的见解，他们能洞见过去未来、宇宙天地的生成和人生祸福的渊薮。

而“成仙”之道，实际上是成正人、真人之道，也是实现“超人”的必由之道。思考的是人生价值和意义，充分享受人生的自由与真实，而不至于沦为物质的奴隶，是人类追求终极解放的信仰的产物。

第四章

面对未来：我要到哪里去

梦想最容易被遗忘

> 一个人可以非常清贫、困顿和低微，但是不可以没有梦想。只要梦想存在一天，就可以改善自己的处境。
>
> ——（美国）奥普拉·温弗瑞

柏拉图认为，每个人的内心都有一个“精灵”，它是上天注定的一种天命，让人知道自己该往哪个方向发展，最后达成一个目的，完成生命的拼图。我们每向前发展一步，就好像是加上一块拼图，而在尚未完成之前，是无法看到全貌的。一个人如果想将人生拼成美好的图案，一定要有愿景。

这个愿景或者我们内心的“精灵”就是我们的梦想。在20世纪，几乎所有成就都可以通过奋斗得到。现在的时代，科技、信息和知识一切都唾手可得，更多的成就得靠智慧。做出成绩还是要靠梦想。生活往往有一种巨大的惯性，让人们在现有的工作面前安分守己、不思进取。此时应该问一问自己的内心，这是否是自己真正想要的生活，什么工作才是最适合自己的？

梦想的魔力是巨大的，但梦想也是最容易被人遗忘的。不管当初的梦想有多么绚丽多姿，如果你不紧盯着它，时间会褪去它的颜色。很多人在成长的过程中丢失了自己的梦想，等到垂垂老矣才发现，梦想被丢在青春年少时。我们询问小孩子的梦想是什么，十个中有九个会答“将来做个科学家”，但最终成为科学家的却往往只有一个。不只是关于科学家的梦想，还有很多梦想被我们自己遗忘了，而那些把梦想记了一辈子的人最终实现了梦想。

有个叫布罗迪的英国教师，在整理阁楼上的旧物时，发现了一叠作文簿，它们是皮特金中学B（2）班31个孩子的春季作文，题目叫《未来我是……》。他本以为这些东西在德军空袭伦敦时被炸飞了，没想到它们竟安然地躺在自己家里，并且一躺就是25年。

布罗迪顺便翻了几本，很快被孩子们千奇百怪的自我设计给迷住了。比如，有个叫彼得的学生说，未来的他是海军大臣，因为他擅长游泳；还有一个说，自己将来必定是法国的总统，因为他能背出25个法国城市的名字；还有一个叫戴维的盲人学生认为将来他必定是英国的一个内阁大臣。总之，31个孩子都在作文中描绘了自己的未来，五花八门，应有尽有。

布罗迪读着这些作文，突然有一种冲动——把这些本子重新发到同学们手中，让他们看看现在的自己是否实现了25年前的梦想。当地一家报纸得知他这一想法，为他发了一则启事。没几天，书信从四面八方向布罗迪飞来。他们中间有商人、学者及政府官员，更多的是普通人，他们都表示，很想知道儿时的梦想，并且很想得到那本作文簿。布罗迪按地址一一给他们寄了过去。

后来布罗迪收到内阁教育大臣布伦克特的一封信。信中说："那个叫戴维的就是

我，感谢您还为我们保存着儿时的梦想。不过我已经不需要那个本子了，因为从那时起，我的梦想就一直在我的脑子里，我没有一天放弃过，25 年过去了，可以说我已经实现了那个梦想。今天，我还想通过这封信告诉其他的 30 位同学，只要不让年轻时的梦想随岁月飘逝，成功总有一天会出现在你的面前。”

布伦克特的梦想始终牢记在他的心中，而生活中的很多人则忘记了当初的梦想。梦想也有保质期，不要让梦想“变质”，只有这样你才不会在丢失了梦想以后为自己惋惜。

梦想是前进的指南针。因为心中有梦想，我们才会执着于脚下的路，坚定自己的方向不回头，才不会因为形形色色的诱惑而迷失方向，更不会被前方的险阻而吓退。如何才能不忘记自己的梦想呢？汉代的刘向在《说苑·建本》中记载了这样一个故事：

宁越世代种田为生，但他感到种田太辛苦。便问朋友：“怎样才能免除种田的辛苦？”他的朋友说：“如果你能立志求学，苦读 30 年，就不用再种田了。”

于是，在别人休息的时候，宁越不休息；别人睡觉的时候，宁越不睡觉，苦读 15 年，终于变得很有学问。因为品学兼优，周成公聘他为师。

宁越实现了自己的志向，唐代李白的《上安州李长史书》也有“幸容宁越之辜，深荷王公之德”的赞赏诗句。人只有高度的自制，摆脱身体的惰性与软弱，心灵才能更加自由；只要心灵自由了，无论身体如何变化，都可以寻到一个翱翔的天地。而只有爱好智慧，具备智慧的思维，才能点亮人生的照明灯，让我们知道自己该往何处去。

最大的破产是绝望，最大的财产是希望

> 绝望是对无法获取任何益处的处境的想法，其作用是因人而异，有时会带来不安或痛苦，有时会带来平静和懒散。
>
> ——（英国）洛克

在人生的这个征途中，最重要的既不是财产，也不是地位，而是在自己胸中像火焰一般熊熊燃起的意念，即希望。因为那种毫不计较得失，为了巨大希望而活下

去的人，肯定会生出勇气；不以困难为事，肯定会激发巨大的激情，使自己的内心开始闪烁出洞察现实的睿智之光。只有睿智之光与时俱增、终生怀有希望的人，才是具有最高信念的人，才会成为人生的最终胜利者。

亚历山大大帝给希腊和东方、远东带来了文化的融合，开辟了一直影响到现在的丝绸之路。据说他投入了全部青春的活力，出发远征波斯之际，曾将他所有的财产分给了臣下。

为了登上征伐波斯的漫长征途，他必须买进种种军需品和粮食等物，为此他需要巨额的资金。但他从珍爱的财宝到领有的土地，几乎给臣下分配光了。

大臣庇尔狄迦斯深以为怪，便问亚历山大大帝："陛下带什么启程呢？"

对此，亚历山大回答说："我只有一个财宝，那就是'希望'。"

据说，庇尔狄迦斯听了这个回答以后说："那么，请允许我们也来分享它吧。"于是他谢绝了分配给他的财产，而且臣下中的许多人也仿效了他的做法。

只有保持希望的人生才是有力的。失掉希望的人生，则注定走向失败。希望是人生的力量，在心里一直抱着美梦的人是幸福的。也可以说抱有希望活下去是只有人类才被赋予的特权，只有人，才由其自身产生出面向未来的希望之光，去创造

自己的人生。希望能让漆黑的夜晚出现指路明灯，希望能让狂风暴雨出现绚丽的彩虹。只要心存希望，人生就会多姿多彩。

目标有价值，人生才有价值

如果一个人活着不知道他要驶向哪个码头，那么任何风都不会是顺风。有人活着没有任何目标，他们在世间行走，就像河中的一棵小草，他们不是行走，而是随波逐流。

——（古罗马）塞涅卡

只有了解了自己为何有此一生，确立了自己所要完成的目标，人生才会更有意义。因此，我们要树立自己的目标，而且是有价值的目标。有这样一个真实的故事最能体现目标对人生的重要性：

有一次，在高尔夫球场，美国著名哲学家、心灵安慰作家罗曼·V. 皮尔在草地边缘把球打进了杂草区。有一个青年刚好在那里清扫落叶，就和他一块儿找球。

青年犹豫地说："皮尔先生，我想找个时间向您请教。"

"什么时候呢？"皮尔问道。

"哦！什么时候都可以。"青年似乎颇为意外。

"像你这样说，你是永远都没有机会的。这样吧，30 分钟后在第 18 洞见面！"皮尔说道。

30 分钟后他们在树荫下坐下，皮尔先问他的名字，然后说："现在告诉我，你有什么事要同我商量？"

"我也说不上来，只是想做一些事情。"青年回答。

"能够具体地说出你想做的事情吗？"皮尔问。

"我自己也不太清楚。我很想做和现在不同的事，但是不知道做什么才好。"青年显得很困惑。

"那么，你准备什么时候实现那个还不能确定的目标呢？"皮尔又问。

青年对这个问题似乎既困惑又激动，他说："我不知道。我的意思是有一天，有一天想做某件事情。"于是，皮尔问他喜欢什么事。他想了一会儿，说想不出有什么特别喜欢的事。

“原来如此，你想做某些事，但不知道做什么好，也不确定要在什么时候去做，更不知道自己最擅长或喜欢的事是什么。”皮尔说。

听皮尔这样说，青年有些羞愧地点头说：“我真是个没用的人。”

“哪里。你只不过是没有把自己的想法加以整理，或缺乏整体的构想而已。你很聪明，性格好，又有上进心。有上进心才会促使你想做些什么。我很喜欢你，也信任你。”

皮尔建议他花两星期的时间考虑自己的将来，并明确决定自己的目标，不妨用最简单的文字将它写下来。然后，估计何时能顺利实现，得出结论后就写在卡片上，再来找自己。

两个星期后，那个青年显得有些迫不及待，至少精神上看来像完全变了一个人似的在皮尔面前出现了。这次他带来明确而完整的构想，已经掌握了自己的目标，那就是要成为他现在工作的高尔夫球场的经理。现任经理5年后退休，所以他把达成目标的日期定在5年后。

他要在这5年的时间里学会担任经理必备的学识和领导能力，经理的职务一旦空缺，将没有一个人是他的竞争对手。

最终，他实现了自己的目标。现在他过得十分幸福，对自己的人生非常满意。

没有目标的人生就像没有方向的航船，只能在海上漫无目的地漂泊。关于人生和价值，黑格尔有一个著名的论断：“目标有价值，人生才有价值。”为了掌握自己的人生，先要明确你的目标，找到努力的方向，再采取行动，不断努力提高自己的能力，促进自己的成长，才能拥有满意的人生。

目标宜远大，行事须量力

所见所期，不可不远且大，然行之亦须量力有渐。志大心劳，力小任重，恐终败事。

——程　颐

一个人要有远大的志向，但朝着目标迈进的时候要量力而行。志向远大而心神疲劳，任务重大而力量较小，往往会做不成事，达不到自己的目标。

人的一生，要想走向成功，必须有自己的目标。如果没有目标，便犹如大海上没有舵的帆船或看不到灯塔的航船，就会在暴风雨里茫然不知所措，以致迷失方向，无论怎样奋力航行，终究无法到达彼岸，甚至船破舟沉。有的人一生忙碌，但一事无成，便是因为没有目标，导致人生的航船迷失了方向。

有的人虽设定了目标，但在实现梦想的过程中还要量力而行。如果在追梦的过程中心有余而力不足，便要审视自己的目标是否可行，自己的选择是否有所偏差。如果目标与方向没有错，就应该朝着既定的目标量力而行。

人生地图上的路有千百条，选择什么样的路，应当量力而行。要学会审时度势，学会扬长避短。只有量力而行的睿智选择才会拥有更辉煌的成功，中途可以休息，但绝不能够放弃。

“成名成家”固然风光，但绝不是每一个人都可以实现的，“心想事成”只不过是美好的愿望。有信心是重要的，但有信心不一定会赢，而没信心却一定会输。人生的学问，其实就是“量需而行，量力而行”。

要想获得快乐的人生，就不要行色匆匆，不妨停下脚步，暂时休息一会儿，想一想自己需要什么、需要多少。想一想有没有这样的情况：有些东西明明是需要的，你却误以为自己不需要；有些东西明明不需要，你却误以为自己需要；有些东西明明需要得不多，你却误以为需要很多；有些东西明明需要很多，你却误以为需要极少……

也许我们平时会把某个目标定得很高，不过真正实行起来还是要量力而行，不能为了所谓的面子或其他原因勉强自己，这样做的结果多半是让自己后悔不迭。在明知自己可能做不到的情况下还固执地前行，不是执着，而是愚蠢。一种是遇到困难该坚持的时候，你放弃了，距离成功只有一步之遥；另一种是方向错了，明明早就该“弃暗投明”，你还是不撞南墙不回头，这是固执的愚蠢，而非执着的坚定。

我们都不是天才，绝大多数人可能只是普通的人，许多事超过我们的能力范围，我们当然不能做一个不自量力的傻瓜。心有余而力不足，这其实算不上什么特别难堪的事情，就算是大人物也一样会有自己无法解决的事。量力而行是一种智慧，是对自己与周围环境的了解，是用最小的力量去取得最大的成绩。

潘多拉的盒子：希望仍在

希望是厄运忠实的姐妹。

——（俄国）普希金

古希腊神话故事是一个非常系统而庞大的体系，这里面不仅有对不同神的描写，还有对战争的描写、对人类的描写、对未来的描写。其中，有一则关于“希望”的故事特别吸引人，这便是“潘多拉的魔盒”的故事。

潘多拉是宙斯创造的第一个女人，主要是要报复人类。因为众神中的普罗米修斯过分关心人类，还为人类偷盗了天神的圣火，这惹火了宙斯，他决定惩罚人类和普罗米修斯。他将普罗米修斯抓起来，让老鹰每天啄食他的肝。但由于人类没有犯什么错，宙斯只能另想办法。宙斯首先命令火神、工匠之神赫淮斯托斯，使用水土合成搅混，依女神的形象做出一个可爱的女人；再命令爱与美女神阿弗洛狄忒在她身上淋上令男人疯狂的激素；智慧女神雅典娜教女人织布，做出五颜六色的美丽衣服，使女人看来更加鲜艳迷人；完成这一切后，宙斯派遣使神汉密斯说：“放入你狡诈、欺骗、耍赖、偷窃的个性吧！”

一个完完全全的女人终于完成了。众神替她穿戴衣服，使其娇美如新娘。汉密斯出主意说：“叫这个女人潘多拉吧，是诸神送给人类的礼物。”众神都赞同他的建议。古希腊语中，潘是“所有”的意思，多拉则是“礼物”的意思。

宙斯在争夺神界时，曾得到普罗米修斯及其弟伊皮米修斯的帮助，最终登上了众神之王的宝座。普罗米修斯的名字即“深谋远虑”的意思；而其弟伊皮米修斯的意思为“后悔”，所以两兄弟的作风就跟其名字一样，有着“深谋远虑”及“后悔”的特性。潘多拉被创造之后，在宙斯的安排下，送给了伊皮米修斯。因为他知道普罗米修斯不会接受他送的礼物，所以一开始就送给了伊皮米修斯。而伊皮米修斯也接受了她，在举行婚礼时，宙斯命令众神各将一份礼物放在一个盒子里，送给潘多拉当礼物。而众神的礼物是好是坏就不得而知了。

普罗米修斯警告伊皮米修斯，千万不要接受宙斯的礼物。而伊皮米修斯就跟其名字一般，娶了潘多拉之后没多久，就开始后悔了。因为潘多拉最大的缺点就是好奇心。自结婚以后，她就不断地想打开众神送的小盒子，而伊皮米修斯却要时时刻刻提防她的好奇心，因为他知道盒子里的礼物未必都是好的。

有一天，潘多拉的好奇心战胜了一切。她等伊皮米修斯出门后，就打开了盒子，结果一团烟冲了出来，将一切礼物全都施放，这里面包含了幸福、瘟疫、忧伤、友情、灾祸、爱情，等等。在潘多拉打开盒子以前，人类没有任何灾祸，生活宁静，那是因为所有的病毒恶疾都被关在盒子中，人类才能免受折磨。潘多拉害怕极了，慌乱中，潘多拉赶忙盖住了盒子，但一切都已经太迟，盒子内只剩下了希望。

因此，即使人类不断地受苦、被生活折磨，但是心中总是留有可贵的希望。在死亡以前，希望永远存在，人生也一直充满了美好的希望。至今，它一直是人类生活动力的来源，因为它带给人类无穷的“希望”，不管遭遇何种困境，它是人类一切不幸中唯一的安慰。

〉第六篇

幸福人生：幸福有标准吗

第一章

不幸的人各有各的不幸

幸福不是得到得多，而是计较得少

> 所有人生的现象本来是欣喜的，只有妨碍幸福的原因存在时，生命方始失去他本有的活泼的韵节。人生种种苦痛的原因，是人为的，不是天然的；是可移去的，不是生根的。只要能有相当的满足与调和，人生便会快乐。
>
> ——（英国）罗素

人之所以不快乐，是因为人有这样或那样的诸多需求，无论是物质上还是精神上的，这种种需要让人不得不受制于自然或社会的种种存在条件。当然，人毕竟只是人，我们的生活依然需要种种条件来维持。罗素认为，人应当尽量减少自己的需求，幸福不是得到得多，而是计较得少。

生活的差别无处不在，于是人们在差别中情不自禁地产生了攀比心理，而盲目攀比却让人们习惯性地将自己所做的贡献和所得的报酬与别人进行比较。如果这两者之间的比值大致相等，那么彼此就会产生公平感；如果某一方的所得大于另一方，那么另一方就会产生心理失衡。

很多人总希望自己拥有得再多一些，从来没有满足的时候。一个永不知足的人是无法感受到生活的乐趣的，只有对现有的一切感到满足的人，才会活得洒脱，快乐、幸福也在其中。《伊索寓言》里讲述了这样一个故事：

有一个人想得到一块土地，地主就对他说，清早，你从这里往外跑，跑一段就插一面小旗，只要你在太阳落山前赶回来，插上小旗的地都归你。那人就不要命地跑，太阳偏西了还不知足。太阳落山前，他虽然跑了回来，但已精疲力竭，摔了个跟头便再也没爬起来。于是，人们挖了个坑，就地埋了他。牧师在给这个人做祈祷的时候说："一个人要多少土地呢？就这么大。"

即使你拥有整个世界，但你一天也只能吃三餐。这是人生思悟后的一种清醒，谁真正懂得它的含义，谁就能活得轻松、过得自在。

人，饥而欲食，渴而欲饮，寒而欲衣，劳而欲息。幸福与人的基本生存需要是不可分离的。人们在现实中感受或意识到的幸福，通常表现为自身需要的满足状态。人的生存和发展的需要得到了满足，便会产生内在的幸福感。幸福感是一种心满意足的状态，根植于人的需求对象的土壤里。

幸福就好吗

> 在痛苦与虚无之间，我选择痛苦。
>
> ——（美国）威廉·福克纳

不管是痛苦、快乐、疾病、健康还是绝望、挣扎、平静、幸福，都是人的一种成长。人生是一个过程，是一个认识自己找到自己的过程，是一个追寻希望和目标的过程，是一个不断奋斗前进的过程，也必定是体验生命中种种欢娱与种种磨难的过程。如果人生中没了苦难，那是否会尝到辛酸后的甜蜜呢？

曾经有人做了这样一个选择题：假设有这样一架万能机器，不论你想要什么样的生命体验，它都能提供给你。如果你想写一本小说，机器的电极就放到你的大脑里，随着电流的输送，你就会得到创作的快感，犹如身临其境。如果你想游泳，电极就会给你输送犹如大海般的流动性，你闭上眼睛就能体会到在水里的感受。你愿意终身接通这架机器，事先计划好自己的生命体验吗？多数人会选择不与之相连。

人生不只是体会其中的快乐。人的生命是有限的，每一个人都有一种扩大自己人生体验的欲望，使自己有限的生命活得更加丰富和精彩。在如今这个观念多元化的社会，体验自己所没有经历过的事情几乎已成为一种时尚，每个人都在自己的能力范围内选择自己的人生体验。追求幸福是一种天性，谁也不会主动去追求苦难，甘当苦行僧。体验幸福无疑是一种美妙的感受，而体验苦难也何尝不是

一种人生的丰富？苦难的精神价值，也是一种心理上的财富，足可以使人应付再一次到来的苦难。

苦难是人生的常态，谁都有面对绝境的时候，谁都会碰上没有舟的渡口和没有桥的河岸。每个人在人生旅途上，都要受到命运之神的捉弄。人生好比一次远航，由此岸到彼岸，难免有逆境，这是人生中必经的一种生命体验。

一切不幸都只是过程

幸福就是身体无痛苦，灵魂无纷扰。

——（古希腊）伊壁鸠鲁

人生就像天气一样变幻莫测，有晴有雨，有风有雾，不管是谁的人生，都不可能一帆风顺。等人老了的时候，回过头看看自己走过的路，许多辛酸的泪水，许多欢乐的笑声，当一切成为过去，曾经的痛，曾经的快乐，都成了过眼云烟。既然一切都会过去的，那么对于眼前的不幸，又何必过于执着呢？

佛印正坐在船上与东坡把酒话禅，突然听到喊叫声："有人落水了！"

佛印马上跳入水中，把人救上岸来。被救的原来是一位少妇。

佛印问："你年纪轻轻，为什么寻短见呢？"

"我刚结婚三年，丈夫就抛弃了我，孩子也死了，你说我活着还有什么意思？"

佛印又问："三年前你是怎么过的呢？"

少妇的眼睛一亮："那时我无忧无虑，自由自在。"

"那时你有丈夫和孩子吗？"

"没有。"

"那你不过是被命运送回到了三年前。现在你又可以无忧无虑、自由自在了。"

少妇揉揉眼睛，恍如一梦。她想了想，向佛印道过谢便走了。

缘起缘灭，得到失去，好或不好，都是生命的常态，然而这一切都将过去。所以，在顺境中，不可得意忘形；在逆境中，不要自暴自弃，以心灵的常态对待生命就可以了。

命运总是喜欢和人开玩笑，又何必太认真呢？赤条条地来，赤条条地去，把一切不幸都看成一种难得的体验。即使明天就是世界末日，也要为自己能在有生之年体验末日而感到幸福。

依赖成为生命的束缚

一个人的幸福主要还是造就于他自己的手，所以诗人说："人人都可以成为自己的幸福的建筑师。"

——（英国）培根

人们一旦做了某种选择，不管该选择是好是坏，都好比走上了一条不归之路，惯性的力量会使这一选择不断自我强化，且不会轻易让你走出去。要想打破路径依赖，我们必须学会独立自主，掌控自己的命运。

"路径依赖"理论是由1993年诺贝尔经济学奖的获得者诺斯提出的，它的特定含义是经济生活中有一种惯性，类似物理学中的惯性，事物一旦进入某种路径，就可能对这个路径产生依赖。

一个有关历史的细节，或许可以让我们看清路径依赖的力量。这个细节，就是屁股决定铁轨的宽度。

欧洲铁路两条铁轨之间的标准距离是四英尺①又八点五英寸②，这个标准是从哪里来的呢？早期的铁路是由建电车的人所设计的，四英尺又八点五英寸正是电车所用的轮距标准。那么，电车的标准又是从哪里来的呢？最先造电车的人以前是造马车的，所以电车的标准是沿用马车的轮距标准。马车又为什么要用这个轮距标准呢？英国马路辙迹的宽度是四英尺又八点五英寸，所以，如果马车用其他轮距，它的轮子很快会在英国的老路上撞坏。这些辙迹又是从何而来的呢？从古罗马人那里来的。因为整个欧洲，包括英国的长途老路都是由罗马人为他的军队所铺设的，而四英尺又八点五英寸正是罗马战车的宽度，任何其他轮宽的战车在这些路上行驶的话，轮子的寿命都不会很长。罗马人为什么以四英尺又八点五英寸为战车的轮距宽度呢？原因很简单，这是牵引一辆战车的两匹马屁股的宽度。

---

① 1英尺等于0.3048米。

② 1英寸等于2.54厘米。

故事到此还没有结束。美国航天飞机燃料箱的两旁有两个火箭推进器，因为这些推进器造好之后要用火车运送，路上又要通过一些隧道，而这些隧道的宽度只比火车轨道宽一点，因此火箭助推器的宽度是由铁轨的宽度所决定的。所以，最后的结论是：路径依赖导致了美国航天飞机火箭助推器的宽度竟然在两千年前便由两匹马屁股的宽度决定了。

这才是真正的历史厚度。对个人而言，我们只有依靠自己才能打破路径依赖，获得自由，“你的命运藏在你自己的胸里”。遗憾的是，很多人一旦有了拐杖，他们就不想自己走路；一旦有了依赖，他们就不想独立了。可是一个人不学会独立，又怎能在激烈的社会竞争中立足呢?

著名教育家陶行知告诉我们：“淌自己的汗，吃自己的饭，自己的事自己干。靠天靠地靠祖宗，不算是好汉。”

必须打破路径依赖，不要总是踩着别人的脚印走，不要总是听凭他人摆布，而要勇敢地驾驭自己的命运，调控自己的情感，做自己的主宰，做命运的主人。善于驾驭自我命运的人，是最幸福的人。只有摆脱了依赖，抛弃了拐杖，具有自信，能够自主的人，才能在博弈中取得胜利，自立自强是步入社会的第一步，是打开成功之门的金钥匙。

拥有越多，反而越不幸

谁不知足，谁就不会幸福，即便他是世界主宰也不例外。

——（古希腊）伊壁鸠鲁

一个农民独自在原始森林中劳动和生活。农民收获了5袋谷物，这些谷物要使用一年。农民是一个善于精打细算的人，因而精心安排了5袋谷物的用处。第一袋谷物为维持生存所用。第二袋是在维持生存之外增强体力和精力的。此外，农民希望有些肉可吃，所以留第三袋谷物饲养鸡、鸭等家禽。农民爱喝酒，于是将第四袋谷物用于酿酒。对于第五袋谷物，农民觉得最好用它来养几只他喜欢的鹦鹉，这样可以解闷。显然，这5袋谷物的不同用途，其重要性是不同的。假如以数字来表示的话，将维持生存的那袋谷物的重要性可以确定为1，其余的依次确定为2，3，4，5。现在要问的问题是：如果一袋谷物遭受了损失，比如被小偷偷走了，那么农民将失去多少效用？

这是奥地利经济学家庞巴维克在1888年出版的《资本实证论》中为论述边际效用讲的一个故事。故事中的这位农民面前，合理的选择是用剩下的4袋谷物供应最迫切的4种需要，而放弃最不重要的需要。最不重要的需要，也就是经济学上所说的边际效用最低的部分。庞巴维克发现，边际效用量取决于需要和供应之间的关系。要求满足的需要越多和越强烈，可以满足这些需要的物品量越少，那么得不到满足的需要就越重要，因而物品的边际效用就越高；反之，边际效用和价值就越低。经济学家认为，人之所以执着地追求幸福，就是因为幸福能给人带来效用，即生理上和精神上的满足。

农民拥有的5袋谷物，就好像是幸福能为我们带来的不同层级的效用——有健康，有美食，也有精神的享受。我们追求幸福其实就是为了追求需求的满足，幸福效用的实现。不过，幸福终究逃不脱边际效用递减的厄运，好不容易实现的幸福很快就会让你不满足，因此追求幸福的道路注定永远没有尽头。

曾经有一个笑话说，仙女答应一个凡人会给他实现一个愿望，不过只能是一个。凡人思虑良久说，好吧，我的愿望是：让我拥有无数次许愿的机会。但是，可惜人生没有实现无数个愿望的机会。

幸福是一种能力

笨人寻找远处的幸福，聪明人在脚下播种幸福。

——（美国）詹姆斯·奥本汉

周国平说："幸福是一种能力！"幸福作为一种能力，具体说是一种感受幸福、对幸福认知的能力。

幸福并非遥远的幻觉，它是真实存在于我们身边的。寻找幸福的人有两种：一种像在登山，他们以为人生最大的幸福在山顶，于是气喘吁吁、穷尽一生去攀登，最终却发现，幸福这座山，原本就没有顶、没有头；另一种也像在登山，但他们并不刻意登到哪里，一路上走走停停，沿途的美景是他们的最大收获，心灵也在放松中得到某种程度的满足。

有一位先生得到一盆怒放的牡丹花，然而他发现每朵花的边缘都参差不齐，于是心里便不高兴，他觉得牡丹花象征富贵，应该是整齐圆满的。现在这盆花边缘不齐，难道是代表富贵不圆满吗？朋友知道后，便笑着安慰他："这不就是'富贵无边'嘛！"先生听后这才释怀。

幸福与不幸，许多时候只在于你的一念之间。生于尘世，每个人都不免要经历凄风苦雨，而不可能一帆风顺，这其中的许多幸与不幸，往往只是一种感受。而这种心中的感受，往往直接决定人生的轨迹。能否把握住心中的幸福，往往也就决定了现实中的幸福与否。

正如放风筝，风筝飞的高度，不仅取决于风力的大小，还取决于放飞者对手中引线的把握，放得太松或太紧，都会影响到风筝飞翔的高度。空中的风筝就好比手中的幸福，能否拥有这份幸福，也是一种对幸福的认知。

有一只乌鸦不受大家的欢迎，没有鸟愿意和它交朋友，大家都有意地躲着它。

它也想着和大家交好，即使主动打招呼，可是大家还是不理它。于是，它准备迁徙。在飞往他乡的路上，它遇到了喜鹊，便对喜鹊诉苦："这个地方坏透了，大家看到我飞行，听到我的声音，总是批评我、咒骂我，所以我要离开这里，飞到别的地方去重新生活。"

喜鹊听后立即说："乌鸦呀，其实这个世界上到处都是一样的，你应该改一改你的叫声，如果你的声音不改，不管你飞到哪里，其结果都是一样的呀！"

乌鸦以为幸福在遥远的彼岸，而喜鹊则懂得将此岸的事物培育成幸福，这才是获得幸福的能力。

正如一位哲人所说，对幸福的感受，完全出于对幸福的认知，我们的想法可以想出天堂，也可以想出地狱。一个人要想得到真正的幸福，还必须修炼自我，让自己拥有感知幸福的能力。

凡事都往好处想，以欢喜的心想欢喜的事，就是这种能力的表现。所以幸福虽然很微妙，不容易被发觉，但它却是无处不在，上天并没有偏爱谁，这种感觉每个人都应有。

生活中当你口渴时，有人默默地为你递上一杯水；当你生病时，有人为你着急、关心你；当你伤心时，有人安慰你、鼓励你；当你成功时，有人为你真心高兴……幸福就是这生活中的点点滴滴。

每个人对幸福的理解都不同，幸福的感觉要自己去用心体会与理解。要懂得去发现，唯有如此，幸福才会常驻你的心中，围绕在你的周围。

不如意是因为拥有太多

> 知足像是自然赋予了财富，奢求如自己制造了贫穷。
>
> ——（古希腊）苏格拉底

宋代词人辛弃疾有一句名言：“物无美恶，过则为灾。”想拥有，是因为占有欲在作怪，如果舍得放弃，就不会如此痛苦了。生活就是如此，有的时候，痛苦和烦恼不是由于得到太少，反而是因为拥有太多。拥有太多，就会感到沉重、拥挤、膨胀、烦恼、害怕失去。拥有是一种简单原始的快乐，拥有太多，就会失去最初的欢喜，变得越来越不如意。

一个贫穷的人向禅师哭诉：“禅师，我生活得并不如意，房子太小，孩子太多，太太性格暴躁。您说我应该怎么办？”

禅师想了想，问他：“你们家有牛吗？”

“有。”穷人点了点头。

“那你就把牛赶进屋子里来饲养吧。”

一个星期后，穷人又来找禅师诉说自己的不幸。

禅师问他："你们家有羊吗？"

穷人说："有。"

"那你就把羊放到屋子里饲养吧。"

过了几天，穷人又来诉苦。

禅师问他："你们家有鸡吗？"

"有啊，并且有很多只呢。"穷人骄傲地说。

"那你就把它们都赶进屋子里吧。"

从此以后，穷人的屋子里便有了七八个孩子的哭声、太太的呵斥声、一头牛、两只羊和十多只鸡。

三天后，穷人就受不了了。

他再度来找禅师，请他帮忙。

"把牛、羊、鸡全都赶到外面去吧！"禅师说。

第二天，穷人来看禅师，兴奋地说："太好了，现在我家变得又宽又大，还很安静呢！"

老子在《道德经》中说："祸莫大于不知足。"讲的是知足常乐的道理。孟子说："养心莫善于寡欲。其为人也寡欲，虽有不存焉者，寡矣；其为人也多欲，虽有存

焉者，寡矣。”说的也是知足常乐的道理。知足常乐，可以说为每个人所熟知，但在现实中又有几人能做到这一点呢？许多人不可谓不聪明，但却由于看不到自己所拥有的一切，所以常常抑郁苦闷。

唯有知足常乐，才能获得心灵的安宁。也许，你会说这是一种消极的人生态度；也许，你认为真正的勇者是永不满足，不断前进的；也许，更有甚者，会认为在这其中毫无乐趣可言。然而要知道，庄子知足，看淡世间功利，换来逍遥游之畅快；美丽的特蕾莎修女，为每一件小小的善举而满足自乐，温馨而暖人心脾；当社会大地黑暗一片，选一间小小的雅舍，品读美文，这便是梁实秋独到的知足之乐。生活，就是要学会撷取生活中那些愉快的事，让其成为生命刻度里最温暖的一个标记，让自己满足地一笑。

在规则的容器中做水

人们总为自己当前的处境而责怪环境。我不相信环境。能在这世界出人头地的，都是那些能够奋起，并寻找自己所要的环境的人，并且，他们若是找不着它，就自己来开创。

——（爱尔兰）萧伯纳

人生有两种情境，一逆境一顺境。在逆境中，困难和压力逼迫身心，这时应懂得一个“屈”字，委曲求全，保存实力，以等待转机；在顺境中，幸运和环境皆有利于我，这时当不忘一个“伸”字，乘风万里，扶摇直上，以顺势应时，更上一层楼。

做人，应该刚柔并济。人太刚强，遇事就会不顾后果，迎难而上，这样的人容易遭受挫折，人生苦短，能忍受多少挫折？人太柔弱，遇事就会优柔寡断，坐失良机，这样的人很难成就大事，一味软弱，终究是扶不起的阿斗。做人就要刚柔并济，能刚能柔，能屈能伸，当刚则刚，当柔则柔，屈伸有度。能屈能伸是一个人的胸襟问题，若是达到了屈伸自如的境地，那世界上就再也没有困难和挫折、厄运和耻辱了。

有一个人在社会上总是不得志，异常苦恼。有一天，他碰到一位禅师，向他倾吐了自己的伤心事。

禅师沉思了一会儿，默然舀起一瓢水，说：“这水是什么形状？”

这人摇头：“水哪有形状呢？”

禅师不答，只是把水倒入一只杯子。这人恍然，道：“我知道了，水的形状像杯子。”

禅师无语，轻轻地拿起花瓶，把水倒入其中。这人又道：“哦，难道说这水的形状像花瓶？”

禅师摇头，轻轻提起花瓶，把水倒入一个盛满花土的盆中。水很快就渗入土中，消失不见了。

这人陷入了沉思。这时，禅师俯身抓起一把泥土，叹道：“看，水就这么消逝了，这就是人的一生。”

那个人沉思良久，忽然站起来，高兴地说：“我知道了，您是想通过水告诉我，社会就像一个个有规则的容器，人应该像水一样，在什么容器之中就像什么形状。而且，人还极可能在一个规则的容器中消失，消失得迅速、突然，而且一切都无法改变。”

“是这样，”禅师微笑，接着说，“又不是这样！”说毕，禅师出门，这人随后。

在屋檐下，禅师俯下身，用手在青石板的台阶上摸了一会儿，然后顿住。这人把手指伸向禅师手指所触之地，那里有一个深深的凹处。

禅师说：“下雨天，雨水就会从屋檐落下。你看，这个凹处就是雨水落下的结果。”

此人于是大悟：“我明白了，人可能被装入规则的容器，但又可以像这小小的雨滴，改变这坚硬的青石板，直到容器破坏。”

禅师点头：“对，这个窝会变成一个洞。”

人生当如水，无常形常式，却包容万物，无往不利。把社会和社会中的规则当成一个容器，而自己要像水一样，善于调整自己的形状，发挥自己的力量。人生当进退自如，能屈能伸。伸于当伸之时，是一种人生的智慧；屈于当屈之时，更是一种人生的大智慧。屈不是让人不思进取，颓丧沉沦；屈是为了保存力量，是为了寻找更好的策略和道路，以求更大的伸展。只有能屈能伸的人生，才是圆满而丰富的。

做人就要学会做水一样的人，来适应这个社会。真正的勇士是懂得并且善于利用进退规则的，因为无论选择进退都需要大无畏的精神，有时候退更加需要决心和勇气。你可以和一些人在一起工作，也可以一个人工作；你可能被人捧到天上，也要学会忍受别人的责骂。

每个人在有些时候就需要迅速改变自己的观念以适应环境的变化，最重要的是需要我们有聪慧的头脑和灵动的眼睛，做一个生活中有心的人。社会环境的变化，虽然对一个人的命运有直接影响，但是，在任何一个环境当中，都有可供发展的机遇。只要紧紧地抓住这些机遇，好好利用这些机遇，另外还需要有一种机灵，就是随环境的变化来调整自己的观念，也只有这样才有可能站稳脚跟，为自己在社会竞争的舞台上开拓一片天地。

总有人比你更痛苦

当我们决定接纳各种人和事物，并从中发现其光明面时，我们会体验到越来越多的良善与美好。因为我们的关注，将使这样的期许在生活中实现。

——（美国）威尔·鲍温

时常抱怨自己的处境不够完美，总是艳羡他人看似完美的生活，这几乎成了一种随处可见的社会现象。人总是热衷于比较，很多痛苦便由此而来。在比较的时候，人们看到的总是别人的欢乐，总拿自己不如意的地方和别人如意的地方比，总觉得比别人差。人有时就是这样生活在嫉妒与攀比中，常常迷失了自己，让本有的幸福同自己擦肩而过，每日为此郁郁寡欢。实际上大可不必如此，每个人都有痛苦的时候。人之所以痛苦，正是因为不知道有人比自己更痛苦。

佛陀慈悲，他为了消除人间疾苦，有一天把全世界自认为最痛苦的100个人聚在一起。

佛陀问他们：“你们很痛苦吗？”

人们争着说自己非常痛苦。

佛陀说：“好！知道你们都很痛苦，现在每一个人都把你痛苦的事情写在纸条上。”大家很快就写好了。

佛陀又说：“现在拿手中的纸条与别人交换。”

这100个人在交换过别人的痛苦后，纷纷传出惊叫，接着急忙要回了自己原先的痛苦。

不快乐的人，总是相信别人比自己快乐，比自己更顺心，更能掌握自己的人生。他们没有想到，别人也同样会有相同的问题。正由于他们不想，因此就产生了自怨自艾的想法。我们总是认为别人生活如意，而自己似乎总是命运多舛。我们总是忌妒地死盯着别人的光鲜面，恣意放大着自己的挫折和失意。

命运赐予我们欢乐和机遇，同时也给了我们缺憾与苦难。我们没有必要怨天尤人，畏缩自卑。人到世间，不是为苦恼而来，整日忧愁、悲伤、苦恼、失意，这样的人生便没有乐趣。世上没有绝对幸福的人，只有不肯快乐的心。这世界像一面镜子，你对它笑，它也对你笑；你对它哭，它也对你哭；你心平气和，它就还你一个心平气和；你气势汹汹，它也还你一个横眉冷对。拥有一颗快乐之心，见到的就是一个值得欢欣的世界；心中满是忧伤，见到的则只是一个充满悲哀的世界。与其对不能得到的耿耿于怀，倒不如对你已经拥有的满足感恩。人生苦短，与其事事张弓拔弩，不如学着幽默。云聚云散、花开花落、寒来暑往、春来冬去、任意去留，不以物喜，不以己悲，保持一颗平常心，潇洒面对人生中的一切，珍惜所拥有的生活并享受它。安于平和与宁静，用豁达、宽容对待生活，就会减少许多无奈与烦恼，多一些欢乐与阳光，你的人生将更幸福快乐！

当幸福来敲门

只有认为自己是幸福的人才能享受到幸福。

——（美国）约翰逊

幸福是什么？它是一个过程还是一个结果？很多人常常会感到自己不幸福，其实不幸福就是理想跟现实有差距，这也是人们痛苦的根源。人们常常有意把目标定在自己的能力之上，以至于他们努力了却发现了根本无法达到预期的目标，这时挫折感就产生了，幸福感就消失了。

在电影《当幸福来敲门》中，加德纳生活穷困潦倒，与儿子相依为命。为了养活儿子，他从最底层的推销员干起。有一天，他得到一批骨密度扫描仪的代理权，他以为已经寻找到了幸福，没想到全部的投入却变成了沉重的包袱。他不得不奔走在大街小巷，继续追寻他的幸福。他追丢了鞋子，追丢了妻子，但他还是不放弃。

这个决不放弃的男人，搂着熟睡的儿子坐在地铁站的厕所里，泪流满面。但他还是努力修好了最后那台仪器，“啪”的一声，仪器的灯光照亮了黑暗，光明就在眼前。

他曾穿着脏乱的衣服去参加面试，他曾穿一只鞋子办公，但他不放弃，一直牵着儿子的手，不停地奔跑，奔跑——直到幸福来敲门！生活就像他手中的那个魔方，在他不停地旋转下，终于圆满。在这一过程中支撑他的最大动力，除了宝贝儿子外，就是他始终相信：只要今天够努力，幸福明天就会来临。

影片中，主人公加德纳饱受挫折，但是他始终没有放弃。有一天，他停在一辆高级跑车前面，问车主："你是怎么做到的？"车主答道："你只要懂得数字和人际关系就可以了。"他看了看身后高耸的办公楼和每个人脸上的笑容，又找到了幸福的路标。加德纳成为投资人后，走在人群里，他说："这短暂的一刻，叫作幸福。"

人们往往都把目标放在最终的结果上，却时常忘记其实过程本身就是一种结果。当实际的操作达不到目标的时候，我们可以从中吸收到很多经验和得到一些机会。"别问为什么幸福不在身边，最后你会发现其实你一直在幸福里。幸福其实一直在身边，就在奋斗的过程里！"机遇和幸福其实随处可见，只看你能不能把握。明白这一点，就能成为一个幸福的人。

第二章
幸福从未离开你

幸福，就在你转身后光临

以爱情开始而以理想结束的一生是幸福的。

——（法国）帕斯卡

什么是幸福？法国小说家方登纳在《幸福论》中这样定义道："幸福是人们希望永久不变的一种境界。"也就是说，如果我们的肉体与精神所处的一种境界能使我们想，"我愿一切都如此永存下去"，或浮士德对"瞬间"所说的，"哟！留着吧，你，你是如此美妙"，那么我们无疑是幸福的。

在生活中每个女人对幸福的诠释各有不同，许多时候，她们往往对自己的幸福熟视无睹，而觉得别人的幸福很耀眼。

然而，尽管她们没有感觉到自己的幸福，但幸福确实实实在在地存在着。有时候真实的幸福恰恰不是先求而后得，而是在困境之中与之邂逅的。一个女人一直抱怨没有鞋穿，见到没有脚的人之后，她因自己的健全而体味到了幸福。

一个失恋者被痛苦折磨得死去活来，她恨命运不济，让自己变为孤独而又畸形的人，但当她见到一个失去双臂的人用脚写字、缝衣服的时候，突然觉悟到失去一位心上人比起丢失双臂来实在微不足道，虽失去了一段感情，终究还能重新振作起精神，饱尝青春之甘美、沐浴生命之恩泽。她从振作精神中体味到了幸福。

女人最难能可贵的是明白自己追求的是什么、付出的是什么，从而正确地做出自己的选择，快乐地享受自己的幸福。

从前，有一个公主总觉得自己不幸福，就向别人请教如何能够让自己变得幸福。别人告诉她找到一个感觉幸福的人，然后将他的衬衫带回来。公主听后派自己的手下四处寻找自认幸福的人。手下碰到人就问：“你幸福吗？”听到的回答总是：“不幸福，我没钱。”“不幸福，我没亲人。”“不幸福，我得不到爱情。”……就在她们不再抱任何希望时，从对面被阳光照着的山冈上传来了悠扬的歌声，歌声中充满了快乐。她们循着歌声走了过去，只见一个人躺在山坡上，沐浴在金色的暖阳下。

“你感到幸福吗？”公主的手下问。

“是的，我感到很幸福。”那个人回答说。

“你的所有愿望都能实现，你从不为明天发愁吗？”

“是的。你看，阳光温暖极了，风儿和煦极了，我肚子又不饿，口又不渴，天是这么蓝，地是这么广阔，我躺在这里，除了你们，没有人来打搅我，我有什么不幸福的呢？”

“你真是个幸福的人。请将你的衬衫送给我们的公主，公主会重赏你的。”

“衬衫是什么东西？我从来没见过。”

幸福是一种心态，一种自我感受，就像上面故事中那个躺在山坡上的人，他连

衬衫都没见过，可以说在物质上很贫困，可是他依然感到很幸福。

在现实生活中，有钱人物质生活优越这是不争的事实，但是有钱人不一定幸福，更重要的是就算有幸福存在他也可能感受不到。放弃自己的追求，跟随别人的足迹，就会偏离自己人生的轨道。我们可以追求金钱，但是幸福生活的标准并不是由那些富人们定的。钱本身并没有错，错的是我们的态度。也许我们终生都不能够大富大贵，但这并不意味着我们在自己平凡的生活中找不到幸福，找不到健康的身体、充满活力的心、相亲相爱的家人和志同道合的朋友。

幸福有标准吗

没有一个人是幸福的，除非他相信自己是幸福的。

——（古罗马）普布利乌斯

古希腊人对人生的理解，主要采取幸福论的看法。事实上，追求幸福在任何时代都是每一个人所盼望的，但是当我们在讨论什么是幸福的时候，必须考虑两种现象。首先，不同的人会以不同的东西为幸福，有些人追求金钱、权力、地位，但也有些人追求荣誉、友谊、爱情。其次，就算是同一个人，在不同的情况下也会对幸福的看法产生差异。譬如，你今天生病了，就会认为拥有健康是最幸福的事，但病好了之后，恐怕就会忘了健康是最幸福的，反而认为其他东西最重要。由此看来，当我们讨论人生目的的时候，不能只模糊回答说“追求幸福”，还要进一步去讨论：什么是幸福？

古希腊哲学家亚里士多德为幸福定出了两项标准：积极的活动和免于灾祸。所谓积极的活动，是指在追求幸福的道路上，要积极地努力实践自身的本质，将潜能充分发挥。所谓免于灾祸，就是在躲避灾祸的同时不要接受自己不喜欢的东西，浪费自己的时间和精力，还影响心情，带来痛苦。

人要如何积极地活动呢？亚里士多德先将人与动物的活动加以区别，在人的活动中，凡是与动物相同的活动，都与人的幸福无关。因此，凡属于生长、繁殖或感觉的活动，都与人的幸福无关，都不是会带来幸福的活动；只有人所特有的活动才有带来幸福的可能。幸福必须要免于灾祸，否则只要带来任何痛苦，都不配称为幸福。

这点在亚里士多德的前辈、古希腊哲学家赫拉克利特身上体现得非常明显。

赫拉克利特是一位富传奇色彩的哲学家，他出生在伊奥尼亚地区的爱菲斯城邦的王族家庭里。他本来应该继承王位，但是他觉得自己不适合做皇帝，并且自己也不喜欢做皇帝的感觉，于是便将王位让给了他的兄弟，自己跑到女神阿尔迪美斯庙附近隐居起来，研究他心爱的自然和哲学。

据说，当时显赫于世的波斯国王大流士曾经写信邀请赫拉克利特去波斯宫廷教授希腊文化，但被他傲慢地拒绝了。他说："世人都活着，但是对真理与正义却是陌生的。由于可恶的愚昧，他们保持着无节制的和虚妄的意见。而我，由于已遗忘了一切罪恶，遗弃了跟随我的无度的嫉妒和身居高位的傲慢，我将不去波斯，我将满足我的卑微并保持我一贯的意志。"

他整天和小孩玩色子。他对围观的人说："你们这般无赖，有什么值得大惊小怪的！难道这不比你们参加的政治活动更好吗？"

同时，赫拉克利特显然是一个有严重精神洁癖的人。他虽然摒弃了贵族的地位和生活，骨子里却是一个贵族主义者。不过，他心目中的贵族完全是精神意义上的。在他看来，区分人高贵还是卑贱的唯一界限是精神，是精神上的优秀或平庸。

他明确宣布，一个优秀的人抵得上一万人。他还明确宣布，多数人是坏的，只有极少数人是好的。他所说的优劣好坏仅指灵魂，与身份无关。“最美丽的猴子与人相比也是丑陋的。”这句话的意思是：那些没有灵魂的家伙，不管在社会上多么风光，仍是一副丑相。赫拉克利特希望从精神的崇高中获得幸福。

这样看来，赫拉克利特是符合亚里士多德幸福标准的人，他放弃了自己不喜欢的王位，避免了不必要的灾祸；同时又专注于精神的研究，积极地生活，希望从中获得幸福。在上述两项标准之下，到底什么活动是人所特有的，借着其积极性，可以使人免于灾祸、获得幸福？亚里士多德认为那就是理性活动。所谓理性或明智，就是亚里士多德智慧之学的工具，借由理性，不但可看出人类所应实现的自我本质，更可察觉祸福之所系。

幸福由心各自知

幸福越与人共享，价值越大。

——（日本）森村诚一

一位哲人曾说：“当鞋合脚时，脚便被忘却了。”人之所以痛苦，根源在于人在心灵上难以满足，对生命有太多的不满和抱怨，唯独少了一份感激，快乐也因此与他们无缘。如果我们还活着，如果我们还不是特别穷困潦倒，如果我们还有健全的四肢，那么，我们有什么理由不对生命充满感激呢？

杰米·杜兰特是20世纪的伟大艺人之一。他曾被邀做一次慰问第二次世界大战退伍军人的演讲，但他告诉邀请单位自己行程很紧，连几分钟也抽不出来，不过假如让他做一段独白，然后马上离开赶赴另一场演讲的话，他愿意参加。安排演讲的负责人欣然同意。

做完了独白，他却没有立刻离开，掌声愈来愈响。他连续演讲了15分钟、20分钟、30分钟，最后，终于鞠躬下台。后台的人拦住他问道：“我以为你只讲几分钟哩！怎么回事？”杰米回答：“我本打算离开，但我可以让你明白我为何留下，你自己看看第一排的观众便会明白。”

原来，第一排坐着两个士兵，两人均在战争中失去一只手，一个人失去左手，

另一个则失去右手。他们正在一齐鼓掌，而且拍得又开心，又响亮。

在失去了手的士兵身上，体现了一种对自己的热爱以及对生命的珍惜，这都来自他们对生命的感激。当一个人能从心底对自己的生命充满感激意识时，他一定是快乐的、魅力四射的。

幸福有三要素，一个也不能少

> 哪里有生活，哪里就有幸福。越往前去，它就越多，越多。
>
> ——（法国）罗曼·罗兰

哲人说，幸福和快乐有三个不可缺少的因素：

一是有希望。

亚历山大大帝有一次大送礼物，表示他的慷慨。他给了甲一大笔钱，给了乙一

个省份，给了丙一个高官。

他的大臣听到这件事后，对他说："你要是一直这样做下去，你自己会一贫如洗。"亚历山大回答说："我哪会一贫如洗，我为我自己留下的是一份最伟大的礼物。我所留下的是我的希望。"

一个人要是只生活在回忆中，就失去了希望，他的生命已经开始终结。回忆不能鼓舞我们有力地生活下去，回忆只能让我们逃避，好像囚犯逃出监狱。

二是有事做。

一个英国老妇人，在她重病自知时日不多的时候，写了如下的诗句：

现在别怜悯我，永远也不要怜悯我；

我将不再工作，永远永远不再工作。

很多人都有过失业或者没事做的时候，这时他就会觉得日子过得很慢，生活十分空虚。有过这种经验的人都会知道，有事做不是不幸，而是一种幸福。

三是能爱人。

诗人白朗宁曾写道："他望了她一眼，她对他回眸一笑，生命突然苏醒。"

生命中有了爱，我们就会变得谦卑、有生气，新的希望油然而生，仿佛有成百上千件事等着我们去完成。有了爱，生命就有了春天，世界也变得万紫千红。

有了希望，人生就有了前进的动力和方向；有事做，人生就避免了空虚与无聊，从而变得充实起来；能爱人，人生就有了情趣，不枯燥。有希望，有事做，能爱人，你的生命必将缤纷多彩。

第欧根尼的木桶：居于木桶也幸福

通往幸福最错误的途径莫过于，名利、宴乐与奢华生活。

——（德国）叔本华

世界上没有复杂的事情，只有复杂的心灵和黑洞般没有边际不知深浅的欲望。这就像一棵树，细看来是许多的枝，再看是无数的叶，再看，是数不清的细胞。其实，它只是一棵树，一棵树而已。

一些人的一生就是为欲望所左右，浪费在衣、食、住、行之类的琐事中，失去了原来的天性。古希腊哲学家第欧根尼反对人们无休止地追逐欲望，崇尚简单自然的生活。

第欧根尼在市场里放了一个大木桶，他晚上就睡在木桶里面。有人指责他生活在肮脏的环境中，他回答说："太阳也光顾臭水沟，却从未被玷污。"有一天，第欧根尼看到路人用手捧水喝，于是他把水杯摔碎了。又有一天，他看到别人用面包片卷着菜吃，他就把饭碗扔了。第欧根尼抛弃了所有不必要的财产，只留下一根拐杖、一件破衣服和一个讨饭袋。

据说，第欧根尼"像狗一样"活到了80多岁。他的门徒在他的坟墓前立了一座狗的雕像，以纪念他自由的一生。对于第欧根尼来说，什么是有意义的生活？自然的生活，不为财富和欲望所累的生活。

第欧根尼用自己的实际行动向人们阐释了什么才是真正的生活。他无所欲求，饿了就吃、渴了就喝、累了就睡，不追求身外之物。他追求的是自然的生活，抛开那些造作虚伪的习俗，摆脱那些繁文缛节和奢侈享受，不被琐事束缚，从而获得了心灵的自由。

对一个纯粹的人来说，所需并不多。纵使良田万顷、广厦千间，一个人一辈子能享受的东西实在太少了。生活是否幸福又怎能由物质财富决定？对于物质财富，人们的欲望是无穷的、难以满足的。为了获得尽可能多的财富，有的人甚至不惜铤而走险。

简单，是平息外部无休无止的喧嚣、回归内在自我的唯一途径。外界生活的简

朴将带给我们内心世界的丰富。自由自在地生活在人世间，为每一次日出、草木无声的生长而欣喜不已，不在生活的表面游荡不定，而是深入进去，聆听生活本质的呼唤，让生活变得更有意义。

行动远大于思想

> 知是行之主意，行是知之工夫；知是行之始，行是知之成。
>
> ——王阳明

俄国作家冈察洛夫曾塑造过一个奥勃洛摩夫的形象：他“胸怀大志”，也颇有才气，常常“突然产生一个思想，像大海里的波涛似的在他头脑中起伏奔腾。随后发展成为一种企图，使他的血液沸腾、筋肉蠕动、血脉偾张。于是，企图又变成志向。他受到精神力量的激动，一分钟内迅速地改变了两三次姿势……”可是，从早上到黄昏，他只是躺在床上，整整一天什么事情也没做。这就是俄罗斯文学画廊中著名的“多余的人”的形象。

这样的人，当然不可能成为真正的成功者。“只要想做，就立刻去做”，是成功者共同的行为准则。

宋代有一位著名的大慧禅师，门下有位弟子道谦，参禅多年，却始终无法开悟。

一天晚上，道谦诚恳地向师兄宗元诉说自己不能悟道的苦恼，并请求宗元帮忙。

宗元说：“我能帮你的，当然乐意之至，不过有3件事我无能为力，你必须自己去做！”

道谦连忙问：“是哪3件？”

宗元说：“当你肚饿口渴时，

我的饮食不能填饱你的肚子，我不能帮你吃喝，你必须自己饮食；当你想大小便时，你必须亲自解决，我一点也帮不上忙；最后，也是最重要的一点，是除了你自己之外，谁也不能驮着你的身子在路上走。”

道谦大悟，因为他感受到了自我的力量，也决定善用自己的力量。

生活中，很多事情如果不是自己想追求、自己想得到，根本不能激发任何动力，以意兴阑珊的态度去面对，别想成功会从天上掉下来。

别只是羡慕别人外在的光鲜亮丽，却忽略了他们背后努力打下的根基。想要获得成功，就得用心去学，动手去做。有开始，才有后来，这是不变的道理。

感恩与幸福为邻

我的手还能活动；我的大脑还能思维；我有终生追求的理想；我有爱我和我爱着的亲人与朋友；对了，我还有一颗感恩的心……

——（英国）霍金

生命的整体是相互依存的，每一样事物都会依赖其他一些事物而存在。无论是父母的养育、师长的教诲、爱人的关爱、他人的服务……人自从有生命起，便沉浸在恩惠的海洋里。

如果一个人真正意识到这个道理，那么，他就会感恩大自然的福佑，感恩父母的养育，感恩社会的安定，感恩衣食饱暖，感恩花草鱼虫，感恩苦难逆境。因为真正促使自己成功的，不是顺境，而是那些常常可以置自己于困境的打击、挫折和对立面。

一个寺院的方丈曾立下一个奇怪的规矩：每到年底，寺里的和尚都要面对方丈说两个字。第一年年底，方丈问新和尚心里最想说什么，新和尚说：“床硬。”第二年年底，方丈又问新和尚心里最想说什么，新和尚说：“食劣。”第三年年底，新和尚还没等方丈提问，就说：“告辞。”方丈望着新和尚的背影，自言自语地说：“心中有魔，难成正果。”

魔，就是新和尚心里没完没了的抱怨。像新和尚这样的人在现实生活中有很多，他们总是怨气冲天，牢骚满腹，总觉得别人欠他的、社会欠他的，从来感觉不

到别人和社会为他的生活所做的一切。这种人心里只会产生抱怨，不会有所成就。

对生活常怀一颗感恩之心的人，即使遇上再大的灾难，也能熬过去。

“我的手还能活动；我的大脑还能思维；我有终生追求的理想；我有爱我和我爱着的亲人与朋友；对了，我还有一颗感恩的心……”

谁能想到这段豁达而美妙的文字，竟出自一位在轮椅上生活了30余年的高位瘫痪的残疾人——世界科学巨匠霍金。

命运之神对霍金，在常人看来是苛刻得不能再苛刻了：他口不能说，腿不能站，身不能动。可他仍感到自己很富有：一根能活动的手指，一个能思考的大脑……这些都让他感到满足，并对生活充满了感恩之心。因而，他的人生是充实而快乐的。

与霍金相比，我们有的人什么也不缺，要手有手，要脚有脚，要金钱有金钱，可生活给了他一点儿磨难，他就开始怨天尤人。这样的人没有感恩之心，快乐也就与他失之交臂。

感恩是一种处世哲学，是生活中的大智慧。人生在世，不可能一帆风顺，种种失败、无奈都需要我们勇敢地面对、旷达地处理。当挫折、失败来临时，是一味地埋怨生活，从此变得消沉、萎靡不振；还是对生活满怀感恩，跌倒了再爬起来？

感恩之情是滋润生命的营养素，它使我们的生活充满芳香和阳光。一个不懂得感恩的人，即使家财万贯，他仍是个贫穷的人；懂得感恩，才是天底下最富有的人。

假如生活欺骗了你

假如生活欺骗了你，不要悲伤，不要心急！忧郁的日子里需要镇静：相信吧，快乐的日子将会来临！心儿永远向往着未来；现在却常是忧郁。一切都是瞬息，一切都将会过去；而那过去了的，就会成为亲切的怀念。

——（俄国）普希金

从古至今，苦难与人类如影相随。历史长河中，有屈原行吟泽畔的忧愁、李贺长天一叹的心酸、李白拔剑回顾的茫然……但人们若沉湎于过去的苦难，对未来的人生便是一种难以超越的折磨。

有位哲学家，多种不幸都曾降临到他的头上，可谓饱经风霜：年轻时由于战乱几乎失去了所有的亲人，一条腿也丢在空袭中；妻子也离他而去；和他相依为命的儿子又丧生于车祸。

然而在人们的印象之中，哲学家总是矍铄爽朗而又随和。一天，有个少年忍不住提出了心中的疑问："你经受了那么多苦难和不幸，可是为什么看不出你有忧伤呢？"

哲学家沉默片刻，然后将一片树叶举到眼前："你瞧，它像什么？"

这是一片黄中透绿的叶子。这时候正是深秋。

"它是一片叶子啊，有什么不对吗？"

"你能说它不像一颗心吗？或者说就是一颗心？"

少年仔细看后发现，确实是十分像心脏的形状。

"再看看它上面都有些什么？"

哲学家将树叶拿到离少年更近的位置。少年清楚地看到，那上面有许多大小不等的孔洞，就像天空里的星月一样。

哲学家将树叶放到手掌中，平静地说："它在春风中绽出，阳光中长大。从冰雪消融到寒冷的秋末，它走过了自己的一生。这期间，它经受了虫咬石击，以致千疮

百孔，可是它并没有凋零。它之所以享尽天年，完全是因为对阳光、泥土和雨露充满了热爱，对自己的生命充满了热爱，相比之下，那些打击又算得了什么呢？”

少年若有所悟。

面对苦难、厄运，我们需要乐观、豁达，生命的意义不在于历尽苦难痛不欲生，而是要你尝遍人间的百味，并甘愿因此同苦难作战。

假如生活欺骗了你，请不要哭泣、咒骂。生命的严冬去后，雁，依然飞回；花，依然盛开；叶，依然苍翠。

幸福就是换一个角度

生活就是一面镜子，你笑，它也笑；你哭，它也哭。

——（法国）萨克雷

生活不会亏待我们，我们要自己去创造属于我们自己的天堂，只有这样才能拥有真正的幸福与快乐。

有这样一个童话：

一天，小狗问狗妈妈说：“妈妈，幸福在哪里？”

狗妈妈回答说：“幸福在你的尾巴上！”

于是，小狗为了寻找幸福就不停地追着尾巴跑。

可是怎么也找不到，小狗便又跑去问狗妈妈：“妈妈，你说幸福在我尾巴上，可是为什么我找不到呢？”

狗妈妈回答说：“幸福是不必刻意去追寻的，只要你不停往前走，幸福就会一直跟在你身后……”

幸福是小狗的尾巴，小狗追着自己的尾巴跑，却总是追不到。如果小狗昂起头来往前走，幸福的小尾巴将会牢牢地跟着小狗。

原来幸福是如此简单，为什么我们还要在原地徘徊呢？为什么还要躲在自己的世界里回忆那些已经远去了的人呢？拍拍手，我们要大胆地向前走，这样才会有一路的幸福。

乐观主义者和悲观主义者的区别在于，当你把杯子打翻只剩下半杯水的时候，

后者会为失去半杯水懊恼不已，而前者会为剩下半杯水欢欣愉悦。现实生活中的很多事情都如那半杯的水，从不同的角度看会有不同的感受，而换个角度则往往能豁然开朗，收到意想不到的结果。《笑林广记》中有这样一则笑话：

两个秀才一同去赶考，刚上路就遇到出殡的队伍，黑漆漆的棺材擦身而过。

其中一个秀才大感晦气，顿生愁绪，闷闷不乐，结果没有考好，名落孙山。

另一个秀才却暗自高兴，觉得是个好兆头——棺材棺材，有官有财。考试的时候，这个秀才精神爽快，文思泉涌，果然金榜题名。

回来后，两个秀才都说自己的预感很灵验。落榜者说："一碰上那秽物就知道不好了。"高中者说："果然是有官有财了。"

同样一件事情，不同的心态结论就不一样。其实，大多数人的生活都差不多，但各自的感受却不一样。有的人乐观，整日里喜笑颜开，心满意足；有的人悲观，成天愁眉苦脸，怨声载道。很多时候，悲观与乐观只是观察生活的角度不同，转换一下角度，便会活得更轻松一些。

第三章

接纳不完美的自己

没有遗憾的过去无法连接人生

人有悲欢离合，月有阴晴圆缺，此事古难全。

——苏　轼

世界并不完美，人生当有不足。留些遗憾，反倒使人清醒，催人奋进。人生确实有许多不完美之处，每个人都会有这样那样的缺憾，真正完美的人是不存在的。

即使是中国古代的四大美女，也有各自的不足之处。历史记载，西施的脚大，王昭君的双肩仄削，貂蝉的耳垂太小，杨贵妃患有狐臭。道理虽然浅显，可当我们真正面对自己的缺陷、生活中不尽如人意之处时，却又总感到懊恼、烦躁。在《百喻经》中，有这样一则可笑而发人深省的故事：

有个人娶了一个体态婀娜、面貌娟秀的夫人，两人恩恩爱爱，是人人称美的神仙美眷。这位夫人眉清目秀，性情温和，美中不足的是长了个酒糟鼻子。柳眉、凤眼、樱桃小口，瓜子脸蛋上却长了个酒糟鼻子，好像失职的艺术家，对于一件原本足以称傲于世间的艺术精品少雕刻了几刀，因而显得非常突兀、怪异。

这个人对于夫人的鼻子始终耿耿于怀。一日外出经商，行经贩卖奴隶的市场，宽阔的广场上，四周人声沸腾，争相吆喝出价，抢购奴隶。广场中央站着一个身材单薄、瘦小清癯的女孩子，正以一双汪汪的泪眼怯生生地环顾着这群如狼似虎，将决定她一生命运的大男人。这个人仔细端详女孩子的容貌，突然间，他被深深地吸引了。好极了！这个女孩子的脸上长着一个端端正正的鼻子，于是，他不计一切，买下了她！

这个人以高价买下了长着端正鼻子的女孩子，兴高采烈地带着女孩子日夜兼程地赶回家，想给夫人一个惊喜。到了家中，把女孩子安顿好之后，他以刀子割下女孩子漂亮的鼻子，拿着血淋淋而温热的鼻子，大声疾呼："夫人！快出来哟！看我给你买回来的最宝贵的礼物！"

"什么样宝贵的礼物，让你如此大呼小叫的？"夫人疑惑不解地应声走出来。"喏，你看！我为你买了个端正美丽的鼻子，你戴上试试。"

这个人说完，突然抽出怀中锋锐的利刃，一刀朝夫人的酒糟鼻子砍去。霎时夫人的鼻梁血流如注，酒糟鼻子掉落在地上，他赶忙用双手把端正的鼻子嵌贴在伤口处。但是无论他怎样努力，那个漂亮的鼻子始终无法粘上。

可怜的妻子，既没得到丈夫辛苦买回来的端正而美丽的鼻子，又失掉了自己那虽然丑陋但是货真价实的酒糟鼻子，并且还受到无妄的刀刃创痛。而那位糊涂丈夫的愚昧无知，更是叫人可怜！

有些人以为自己是在追求完美，其实他们才是最可怜的人，因为他们是在追求

不完美中的完美——根本不存在的完美。

完美主义的人表面上很自负，内心深处却很自卑。因为他们很少看到优点，总是关注缺点，总是不知足，很少肯定自己，于是就很少有机会获得信心，当然就自卑了。人生确实有许多不完美，但我们可以选择走出不完美的心境，而不是在“不完美”里哀叹，当然，也不意味着要一味地去追求所谓的完美。

优势变隐患

人在他生存的每一瞬间，都是在必然性掌握之中的被动工具。

——（法国）霍尔巴赫

日常生活中，很多人倚仗自己有一定的优势，总想与对方拼个你死我活。殊不知，很多时候，我们败就败在自己的优势上。

三个旅行者早上出门时，一个旅行者带了一把伞，另一个旅行者拿了一根拐杖，第三个旅行者什么也没有拿。

晚上归来，拿伞的旅行者被淋得浑身湿透，拿拐杖的旅行者跌得满身是伤，而第三个旅行者却安然无恙。于是，前两个旅行者很纳闷，问第三个旅行者：“你怎么会没有事呢？”

第三个旅行者没有回答，而是问拿伞的旅行者：“你为什么会淋湿而没有摔伤呢？”

拿伞的旅行者说：“当大雨来到的时候，我因为有了伞，就大胆地在雨中走，却不知怎么被淋湿了。当我走在泥泞坎坷的路上时，我因为没有拐杖，所以走得非常小心，专拣平稳的地方走，所以没有摔伤。”

然后，第三个旅行者又问拿拐杖的旅行者：“你为什么没有被淋湿而摔伤了呢？”

拿拐杖的旅行者说：“当大雨来临的时候，我因为没有带雨伞，便拣能躲雨的地方走，所以没有被淋湿。当我走在泥泞坎坷的路上时，我便用拐杖拄着走，却不知为什么常常跌跤。”

第三个旅行者听后笑笑说：“这就是为什么你们拿伞的被淋湿了，拿拐杖的跌伤了，而我却安然无恙。当大雨来时我躲着走，当路不好时我小心地走，所以我没有被淋湿也没有跌伤。你们的失误就在于你们凭借各自的优势，认为有了优势便少了

忧患。”

优势有时使我们忘乎所以，从而失去理智。拥有自己的优势，是令人羡慕的。但优势不是绝对的，如果不能有效地经营自己的优势，认为凭借优势就可以高枕无忧，过分依赖自己的优势，优势也会转化为劣势，最后只能让你跌倒在自己的优势上。

人是正确的，世界就没错

不要把生命浪费在思考别人上。

——（古罗马）马可·奥勒留

现实世界的浸染常常会让人不自觉地从自己的观念、立场、阅历、利益出发去看待世界，无论是个人价值取向，还是地域观念，都会影响我们眼中所看到的世界。如果一个人戴着墨镜看世界，自然看不到明媚的阳光，长长的鸭舌帽帽檐也会遮蔽头顶广阔的天空。

习惯用自己的判断看待世界、解释世界，甚至改造世界，以至于忽略了这样的事实：世界本来无所谓对错，错的其实是人自己的观念和行为。所以，如果你的行为、观念、价值观是正确的，那么世界就是正确的，世界正确了，幸福指数就会大大增加；而如果一个人的不满、烦恼、怨恨太多，生活就将是一场充满冲突和暴力的噩梦。

一位哲学家在为一场讲座准备讲稿，但他的儿子约翰却在旁边一直吵闹不停。哲学家很生气，但又不想厉声责骂孩子，于是他随手从旁边拿起了一本杂志，将其中印着世界地图的一页撕碎，随意搅乱后丢在地上，对约翰说："如果你能在晚饭前把这幅地图拼好，我就给你五美元。"

约翰听闻立刻停止了吵闹，开始津津有味地拼起地图来，哲学家终于能够思考了。

哲学家本以为这个艰巨的任务会让儿子安安静静地度过整个下午，但是没过多久，儿子就跑过来敲响了他的房门。打开门看到儿子捧在手里的完整的地图，哲学家非常诧异："约翰，你怎么会这么快就把地图拼好了呢？"

"爸爸，这非常容易啊！你不知道，这幅地图的背面是一个人的照片，拼人像可比拼地图简单多了，所以，我先拼好人的照片，再把纸翻了过来。因为我想如果这个人是正确的，那么这个世界也应该不会出错吧！"约翰回答说。

哲学家心中一动，他给了儿子五美元，并高兴地对他说："孩子，你让我脑海

中有了一个更适合明天演讲的题目——如果一个人是正确的，那么他的世界就是正确的。”

一面的人像拼对了，那么另一面的世界地图就应该是正确的。如果把这个简单的变换角度的问题上升到人生观、世界观的高度，就可以这样认为：如果一个人是正确的，那么他的世界就是正确的。

对于约翰来说，地图很大，但人像却很小，把小小的人拼对了，广阔的世界也一定是对的；对于我们来说，世界很大，个人很渺小，改变世界很难，做好自己却相对容易，当我们一点一点地改造自己的同时，就会无限接近那个想象中的完美世界。

所谓的正确并不是要我们随时面对任何问题都能给出正确的答案，而是应该追求正确的思维方式，并采取正确的行动。实现这一点很重要的就是要改变以自我为中心的坏习惯，不要总是戴着“我认为”的有色眼镜看事情、看世界，任何一个拥有基本的哲学常识的人都应该知道：世界不以任何人的意志为转移。

不完美，又怎样

一个人感觉合脚的鞋却会夹痛另一个人的脚，适用于一切病症的生活处方并不存在。

——（瑞士）荣格

很多人对人生总是抱有一种力求完美的心态，凡事都要全力以赴，事事都不能落后于人，可是人生根本没有什么所谓“十全十美”的事情，你又何必把自己折腾得这么累？凡事尽力而为即可，无法改变的事情就不要过度在意，要懂得从内心善待自己，才能成为一个幸福快乐的人。

一个圆环被切掉了一块，圆环想使自己重新完整起来，于是就到处去寻找丢失的那块儿。可是由于它不完整，因此滚得很慢，它欣赏路边的花儿，它与虫儿聊天，它享受阳光。它发现了许多不同的小块儿，可没有一块适合它，于是它继续寻找着。

终于有一天，圆环找到了非常适合的小块，它高兴极了，将那小块装上，然后

又滚了起来，它终于成为完美的圆环了。它能够滚得很快，以致无暇注意花儿或和虫儿聊天。当它发现飞快的滚动使得它的世界再也不像从前那样时，它停住了，把那一小块又放回到路边，缓慢地向前滚去。

其实我们每个人都是一个不完整的圆，生命中有些东西原本是可以舍弃的，太完美的结局往往像那个完整的圆一样，会失去很多曾经拥有的快乐。人生就像一个人手中的弓，追求完美唯一的结果就是让这张弓毁于一旦。

哲学家伏尔泰曾言："幸福，是上帝赐予那些心灵自由之人的人生大礼。"这句话足以点醒每一个追求幸福的人：要做幸福人，你首先要当自己思想、行为的主人。换言之，你只有做自己，当个完完全全的自己，你的幸福才会降临！这就是幸福的秘密。

没有一个人是完美无瑕的，难道有缺点和不足就注定要悲哀，要默默无闻，无法成就大事吗？其实缺憾也是一种美，如同断臂的维纳斯。只要你把"缺陷、不足"这块堵在心口上的石头放下来，别过分地去关注它，它也就不会成为你前进道路上的障碍。

缺憾：人生之中不可避免

尽力“成为某一个人”是没有用处的，你就是你现在这个人。

——（美国）马克斯维尔·马尔兹

每个人都应乐于接受自己，既接受自己的优点，也接受自己的缺点。但事实是，绝大部分人对自己都持有双重的看法，他们给自己画了两张截然不同的画像，一张是表现其优秀品质的，没有任何阴影；另一张全是缺点，画面阴暗沉重，令人窒息。

我们不能将这两幅画像隔离开来，片面地看待自己，而是需要将其放到一起综合考察，最后合二为一。我们在踌躇满志时，往往忽视自己内心的愧疚、仇恨和羞辱；在垂头丧气时，却又不敢相信自己拥有的优点和取得的成绩。其实我们每个人都是综合体，在我们身上都有批评家和勇士的某些性格特征。有时候我们希望支配他人、算计别人，快意于别人的痛苦，但其实我们有足够的能力使这些恶劣品性服从于我们人格中善良的一面。

纽约的一名精神病医生遇到过这样一个病人，他酒精中毒，已经治疗了两年。有一次，这个病人来看医生，要求进行心理治疗。病人告诉医生说，前两天他被解雇了。当心理治疗完毕后，病人说：“大夫，如果这件事发生在一年前，我是承受不住的。我想自己本来可以做得更好，避免这类事情的发生，但却未能做到，为此我会去酗酒。说实话，昨天晚上我还这么想呢。但现在我明白了，事情既然已经发生了，就该正视它，坦然地接受它。失败就像成功一样，是人生中难得的经历，它也是我们人生中不可避免的一部分。”

如果我们都能像这位病人一样，坦然接受生活的全部，那么我们就能够正确地看待各种不良的心境。沮丧、执拗，这些都只是暂时的现象，是人的多种情绪之一。

少许的性格缺点并不能说明我们就是不受欢迎的人。恩莫德·巴尔克曾说过，以少数几个不受欢迎的人为例来看待一个种族，这种以偏概全的做法是极其危险的。我们对自己、对别人具有攻击性、怀有仇恨，这些情感是人性的一部分，我们

不必因此就厌恶自己，觉得自己就像社会的弃儿一般。意识到这一点，我们就能在精神上获得超脱和自由。

懦弱者的立足之地

> 我坚持我的不完美，它是我生命的真实本质。
>
> ——（法国）法朗士

生活中，懦弱被定义为一种胆小、畏缩不前的心理状态。懦弱的人缺乏创造力和冒险精神，一旦遇到新计划、新挑战，总会找出各种理由来推迟实行。在弱肉强食的社会里，性格懦弱的人似乎并无立足之地。不过懦弱性格是否就注定一事无成呢？

卡夫卡，这位伟大的作家生为男儿身，却没有任何男子汉的气概和气质。在他身上根本找不到那种知难而进、宁折不弯、风风火火、刚烈勇敢的男子汉追求独立的精神，更谈不上清风傲骨了。他短暂的一生没有独立性，只有依赖性，一直对父母有比较强的依赖。因此，卡夫卡身上最为突出的性格特征是懦弱，是一种男人身上少见的懦弱。

卡夫卡懦弱的性格是由他生活的家庭造成的，或者说是由他的父母后天塑造的。1883 年，卡夫卡出生在奥匈帝国所辖捷克布拉格的一个犹太商人家庭，父母给他起名卡夫卡。在当时，犹太人的地位是十分低下的，而且这个姓氏是强加给犹太人的，并且带有骂人的贬义。卡夫卡就是出生在这样一个地位低下的犹太人家庭，而且他的名字本身就意味着一种被压迫的屈辱。

卡夫卡的父亲出身贫寒，仅靠一家小商店来维持生计，在那样一个动荡的年代里，一方面没有任何的社会地位，另一方面经济状况十分窘迫，过着捉襟见肘的日子。然而，对卡夫卡来说，生活上的艰辛与困苦似乎是可以忍受的，给他幼小心灵留下累累的、终生难以治愈的创伤是父亲对他无休止的粗暴。卡夫卡一生都无法理解父亲对他的粗暴与专横。年幼的卡夫卡日复一日地这样生活着。生活上的每一个细节、每一件小事对他来说都可能是一个不大不小的灾难，都可能成为父亲发火，乃至大发雷霆的借口。有些时候，父亲对他发的火让他不知所措，弄得他左右为难，对于什么事情都没有把握，从根本上丧失了自信心。他的父亲本来是想利用那种军队式的、高压的方式，达到他教育子女成材的目的，但他的叫骂、恐吓等，不但没有把卡夫卡塑造成他热切盼望的男子汉，反而使他一步步逃离现实世界，性格变得格外懦弱。在紧张、压抑、犹豫环境中成长的卡夫卡完全失去了自信心，也逐步丧失了自我，什么事情都显得动摇不定、犹豫不决。

这种环境使卡夫卡早早地产生了逃离现实生活的想法。现实生活对他来说实在太残酷了，只有在他的非现实世界——内心世界里，他似乎才能摆脱现实世界的烦恼。犹太人的社会境地和备受排斥、压迫的现实，也在卡夫卡幼小的心灵上留下了创伤。随着年龄的增长，卡夫卡愈发感觉周围的一切是那么不可抗拒、不可改变，而只有在他的内心深处，在他自己用想象构造的世界里，他才能找到些许宁静和安慰。这种逃遁实际上是对现实生活的一种反抗，只是这种反抗和卡夫卡的性格一样，是非常软弱的。

卡夫卡直到进入学校依然保持着这种非常懦弱的性格，很少与人交往，也没有朋友，整天活在自己的世界里。幸运的是，这时的他开始接触文学，并对此产生了浓厚的兴趣，阅读和写作就占据了他的大部分时间。

卡夫卡的懦弱让他选择了逃遁，逃向他钟爱的文学。文学，不仅是卡夫卡心灵的家园，也是他生命中的唯一选择。文学是他的王国，在那里，人们处处可以看到卡夫卡的影子。

在文学的王国里，人们看到了卡夫卡的勇气，懦弱的卡夫卡选择了并不懦弱的事业，并且取得了并不懦弱的成就。接纳自己的懦弱，选对自己人生的所在，就是生活的强者。

自卑情结是幸福的最大敌人

自卑往往伴随着懈怠。

——（德国）黑格尔

自卑作为一种消极的不良情绪，对人的幸福感有很大的影响。它表现为对自我的能力评价偏低，因而使人忧郁、悲观、孤僻，总觉得自己不如人，总觉得别人瞧不起自己。他们事事回避，处处退缩，不敢抛头露面，害怕当众出丑。这会导致一个人精神颓废，缺乏幸福感，终日消沉。然而，自卑就不能摆脱吗?

阿德勒是奥地利人，被称为“现代自我心理学之父”。他出生在一个富裕的家庭，可是，童年的阿德勒却一点也不快乐。他与哥哥虽是一母所生，但哥哥身体强壮，活泼开心，人见人爱，阿德勒却自小体弱多病，而且还是个驼背。5岁时的大病，更让他的身体进一步被摧残。幸运的是，阿德勒考入大学，毕业后当了医生，后来提出了“自卑情结”。

他认为社会文化因素在人格形成和发展中起着决定性作用。追求卓越是人类动机的核心，而如何追求卓越，则取决于每个人独特的生活风格。追求卓越是一种天生的内驱力，使人力图成为一个没有缺陷的人、一个完善的人。

也就是说，人之所以自卑，可能是由于自身的缺憾，也可能是来自别人对自己的评价。在现实生活中，几乎人人都曾经被自卑的阴影笼罩过。有自卑感并不可怕，可怕的是这种自卑感被深深地埋藏在心底，日积月累形成一种自卑的情结，从而使自己永远生活在自卑之中。自卑，能摧毁一个人，使人自甘堕落或发生精神病，但是另一方面，它还能使人发愤图强，力求振作，以补偿自己的缺点。

古希腊著名演说家戴蒙斯原先患有严重的口吃，而且呼吸困难，声音微弱。古希腊非常崇尚雄辩术，他立志要当一名雄辩家，并相信自己能成功。于是他刻苦训练，把石头含在嘴里练，把自己关在地下室练，虚心向他人学习。他通过艰苦的努力，最终成为雄辩之父。

类似的还有德国哲学家尼采。尼采出生于勒肯的一个牧师之家，他自幼性情孤僻，而且多愁善感、又矮又瘦，纤弱的身体使他总是有一种自卑感。他曾追求过一个美丽的姑娘，但因为太笨拙，没有成功，这使他更加自卑。然而他没有怨天尤人，没有自暴自弃，而是超越了自卑，战胜了自卑；因为自卑而产生的动力使他比别人更努力，付出更多。最终他成了一位伟大的哲学家。

蝼蚁卑微，但它从来就不嫌弃自我。它从不因自己的外形和表现，以及在这个星球上所存在的价值比重的多少而感到自卑。或许一个伤害就会使它失去了一条腿甚至生命，但面对如此脆弱的自我，它从来不会自怜自叹，它只知道做现在最应该做的事。或许某种时候，当我们感觉在生活中一切似乎退无可退，或看不到方向的时候，我们不妨把自我的认识回归到生命本身。

是的，自卑并不可怕，可怕的是永远沉溺其中，不能自拔。罗素说过，对自我的过分关注是不幸福的来源之一。自卑作为每个人身体都存在的因子，是被它控制，还是控制它、超越它，是每个人自己的选择。具体应该如何选择，也是每个人心里最清楚的。

消沉的人生幸运不再

聪明的人只要能认识自己，便什么也不会失去。

——（德国）尼采

人的一生不可能一帆风顺，总会存在着这样或那样的挫折和困难。也正因为如此，很多人在面对挫折与困难时丧失了挑战的勇气，从此甘于平庸；而有些人则凭着自己顽强不屈的性格勇敢地挑战挫折和困难，最终获得了幸福。

1899 年 7 月 21 日，海明威出生于美国伊利诺伊州芝加哥市郊区的奥克帕克，他 10 岁开始写诗，17 岁时发表了他的小说《马尼托的判断》。上高中期间，海明威在学校周刊上发表作品。14 岁时，他曾学习拳击，第一次训练，海明威被打得满脸鲜血，躺倒在地。但第二天，海明威还是裹着纱布来了。20 个月之后，海明威在一次训练中被击中头部，伤了左眼，这只眼的视力再也没有恢复。

1918 年 5 月，海明威志愿加入赴欧洲红十字会救护队，在车队当司机，被授予中尉军衔。7 月初的一天夜里，他的头部、胸部、上肢、下肢都被炸成重伤，人们把他送进了野战医院。他的膝盖被打碎了，身上中的炮弹片多达 230 余片。他一共做了 13 次手术，换上了一块白金做的膝盖骨。有些弹片没有取出来，直到去世时都留在体内。他在医院躺了 3 个多月，接受了意大利政府颁发的十字军勋章和勇敢勋章，这一年他刚满 19 岁。

日本偷袭珍珠港后，海明威参加了海军，他以自己独特的方式参战，他改装了自己的游艇，配备了电台、机枪和几百磅炸药，他在古巴北部海面搜索德国的潜艇。1944 年，他随美军在法国北部诺曼底登陆，他率领法国游击队深入敌占区，获取大量情报，并因此获得一枚铜质勋章。

记住莎士比亚曾经写下的一句话："当太阳下山时，每个灵魂都会再度诞生。"再度诞生就是你把失败抛到脑后的机会。每一次的逆境、挫折、失败以及不愉快的经历，都隐藏着成功的契机，而不是增加你消沉的机会。

成功者并不一定都具有超常的智能，命运之神也不会给予他们特殊的照顾。相反，几乎所有成功的人都经历过坎坷，都是命运多舛，而他们都会选择从不幸的逆境中奋起前行。其关键在于成功的人有着顽强拼搏的性格，而不是甘心被消沉的情绪所左右。

圣凡各具"神通"

你，正如你所思。

——（美国）爱默生

虽然以道观之，物无贵贱，但世间的事物却千差万别。正如一位哲学家所说："世间没有两片完全相同的树叶。"世间也没有完全相同的两个人。因此，不管是圣人，还是凡人，都有自己的独到之处。

骆驼长得高，羊长得矮。骆驼说："长得高好。"羊说："不对，长得矮才好呢。"骆驼说："我可以做一件事情，证明高比矮好。"羊说："我也可以做一件事情，证明矮比高好。"

他们俩走到一个园子旁边，园子四面有围墙，里面种了很多树，茂盛的枝叶伸出墙外来。骆驼一抬头就吃到了树叶。羊抬起前腿，趴在墙上，脖子伸得老长，还是吃不着。骆驼说："你看，这可以证明了吧，高比矮好。"羊摇了摇头，不肯认输。

他们俩又走了几步，看见围墙上有个又窄又矮的门。羊大模大样地走进门去吃

园子里的草。骆驼跪下前腿，低下头，往门里钻，却怎么也钻不进去。羊说："你看，这可以证明了吧，矮比高好。"骆驼摇了摇头，也不肯认输。

方东美在其著作《中国哲学之精神及其发展》中这样写道："《齐物论》，由章太炎氏依佛家唯识宗之立场阐释之，乃是讨论万物之彻底一往平等性。"既然万事万物都是平等的，那么每个人都要有足够的自信，相信自我的力量能获取成功。

《庄子·秋水》中讲了这样一个故事：

独脚的夔羡慕多脚的蚿，多脚的蚿羡慕无脚的蛇，无脚的蛇羡慕无形的风，无形的风羡慕明察外物的眼睛，明察外物的眼睛羡慕内在的心灵。

夔对蚿说："我依靠一只脚跳跃而行，没有谁再比我简便的了。现在你使用上万只脚行走，究竟是怎么样的呢？"蚿说："不对哩。你没有看见那吐唾沫的情形吗？喷出唾沫大的像珠子，小的像雾滴，混杂着吐落而下的不可以数计。如今我启动我天生的机能而行走，不过我也并不知道自己为什么能够这样。"

蚿对蛇说："我用众多的脚行走反倒不如你没有脚，这是为什么呢？"蛇说："仰赖天生的机能而行动，怎么可以改变呢？我哪里用得着脚呢！"

蛇对风说："我启动我的脊柱和身体而行走，还是像有足而行的样子。如今你呼呼地从北海掀起，又呼呼地驾临南海，却没有留下有足而行的形迹，这是为什么呢？"风说："是的，我呼呼地从北海来到南海。可是人们用手来阻挡我而我并不能吹断手指，人们用腿脚来踢踏我而我也不能吹断腿脚。即使这样，折断大树、掀翻高大的房屋，却又只有我能够做到。"

独脚的夔、多脚的蚿、无脚的蛇、无形的风、明察外物的眼睛、内在的心灵，都只是羡慕别人，从来没有想到自己的能力才是最独特的。

屈原《卜居》中有言："夫尺有所短，寸有所长，物有所不足。智有所不明，数有所不逮，神有所不通。"其实就是在阐明这样一个道理：人人都有其长处，人人都有其短处。

世间万物各有自己的独到之处，即使我们在某些方面差一些，但也许在另一方面我们却比别人更优秀。每个人都不要因自己的优点而过分骄傲，更不要因自己的缺陷而悲观绝望。

"愚蠢"，也是一种力量

愚蠢、自私、身体好，幸福生活三要素。

——（法国）福楼拜

难得糊涂，精明的人太清醒了，看到不该看到的东西；"愚蠢"的人傻里傻气，他不知道世上还有那么多的委屈，那么多的弯弯。"愚蠢"的人头脑是简单的，不会考虑太多，也不会斤斤计较，所以他是快乐的。

正所谓大智若愚，聪明人要学会隐藏，视而不见，充耳不闻。这是一种心态，也是一种境界。眼不见为净，耳不闻为清静，这对聪明人来说是很难的。

古时候有一个名叫愚公的老人，他家的门口有两座大山挡住了他们出行的道路。于是愚公召集全家人一起移走两座大山，邻居寡妇和小儿子也来帮忙。愚公一家搬山的工具只有锄头和背篓，一个月干下来，大山看起来跟原来没有两样。

有一个老头叫智叟，为人处世很精明。他看见愚公一家人搬山，觉得十分可笑。有一天，他就对愚公说："你这么大岁数了，走路都不方便，怎么可能搬掉两座

大山？”

愚公回答说：“你名字叫智叟，可我觉得你还不如小孩聪明。我虽然快要死了，但是我还有儿子，我的儿子死了，还有孙子，子子孙孙，一直传下去，无穷无尽。山上的石头却是搬走一点儿就少一点儿，再也不会长出一粒泥、一块石头的。我们这样天天搬，月月搬，年年搬，为什么搬不走山呢？”自以为聪明的智叟听了，再也没话可说了。

愚公带领一家人，不论酷热的夏天，还是寒冷的冬天，每天起早贪黑挖山不止。他们的行为终于感动了天帝，天帝于是派遣两名神仙到人间去，把这两座大山搬走了。

老子说：“大象无形，大音稀声，大智若愚。”这不但是中华民族的传统美德，更是一个人成熟、睿智的标志。

“愚蠢”的人也是幸福的，他并非觉得吃亏就一定是苦，他对痛苦比较麻木，对快乐比较敏感。因为他的“愚蠢”，所以有一点成功就觉得很满足了，活得更加轻松自在。

自己的幸福不在他人身上

也许人类最真实的尊严就是能够轻视自我。

——（美国）桑塔亚纳

有些人一遇到事，首先想到的是求人帮忙；有些人不管是有事还是没事，总喜欢跟在别人身后，以为别人能解决他的一切疑难，在他们的心里，始终渴望着一根随时可以依靠的拐杖。但实际上，在绝大多数时候，自己才是最可靠的。

某人在屋檐下躲雨，看见观音正撑伞走过。这人说："观音菩萨，普度一下众生吧，带我一段如何？"观音说："我在雨里，你在檐下，而檐下无雨，你不需要我度。"

这人立刻跳出檐下，站在雨中说："现在我也在雨中了，该度我了吧？"观音说："你在雨中，我也在雨中，我不被淋，因为有伞；你被雨淋，因为无伞。所以不

是我度自己，而是伞度我。你要想度，不必找我，请自找伞去！”说完便走了。

第二天，这人遇到了难事，便去寺庙里求观音。走进庙里，才发现观音的像前也有一个人在拜，那个人长得和观音一模一样，丝毫不差。这人便问：“你是观音吗？”那人答道：“我正是观音。”这人又问：“那你为何还拜自己？”观音笑道：“我也遇到了难事，但我知道，求人不如求己。”

把自己的幸福寄托在别的灵魂之上是很难获得安全感的。并不是每个人都能像凌霄花那样攀缘高枝炫耀自己，因为这个世界上没有那么多供你依靠的大树。即使有，也是不可靠的，如果大树倒了，你该怎么办？

就像国际歌中所唱的那样：“从来就没有什么救世主，也不靠神仙皇帝！要创造人类幸福，全靠我们自己！”自己才是最可靠的，自己的生活是把握在自己手中的，是需要自己去创造的。

完美在于不求完美

生活中无完美，也不需要完美。

——（法国）博纳富瓦

残缺之美才是真正惊心动魄的美。欣然接受缺陷，才能发现隐秘之处的幸福。佛说，不圆满的人生才是完美的人生。在这个世界上，每个人都有自己的缺憾，只有有缺憾的人生，才是真正的人生。

我们只有在鲜花凋谢的缺憾里，才会更加珍视花朵盛开时的温馨美丽；只有在人生苦短的愁绪中，才会更加热爱生活，拥抱真情；也只有在泥泞的人生路上，才能留下我们生命坎坷的足迹。

从前有一个男人，他一辈子独身，因为他在寻找一个完美的女人。

当他70岁的时候，有人问他：“你一直在到处旅行，从喀布尔到加德满都，从加德满都到果阿，从果阿到普那，你始终在寻找，难道你没能找到一个完美的女人，甚至连一个也没找到？”

那老人变得非常悲伤，他说：“不，有一次我碰到了一个完美的女人。”

那个发问者说：“那么发生了什么，为什么你们不结婚呢？”

他变得非常非常伤心，他说："怎么办呢？她也在寻找一个完美的男人。"

人生只有短暂的几十年，在感情世界中，完美的真正意义在于不完美。

人生，永远都是有缺憾的。佛学里把这个世界叫作"婆娑世界"，翻译过来便是能容你许多缺陷的世界。本来这个世界就是有缺憾的，如果没有缺憾就不能称其为"人世间"。在这个有缺憾的世间，便有了缺憾的人生。因此苏东坡曰："月有阴晴圆缺，人有悲欢离合，此事古难全。"

何止人生，世界上根本就没有绝对完美的事物，完美的本身就意味着缺憾。其实，完美总包含某种不安，以及少许使我们振奋的缺憾。没有缺憾，生活就会变得单调乏味。

亚历山大大帝因为没有可征服的土地而痛哭，喜欢玩牌者若是只赢不输就会失去打牌的兴趣。正如西方谚语所说："你要永远快乐，只有向痛苦里去找。"

你要想完美，也只有向缺憾中去寻找，最辉煌的人生，也要有阴影陪衬。为了看到人生微弱的灯火，我们必须走进最深的黑暗。我们的人生剧本不可能完美，但是可以完整。当你感觉到缺憾，你就体验到了人生五味，你便拥有了完整的人生——从缺憾中领略完美的人生。

正因为人的不圆满，才会促使人不断向上，渴望自身的圆满。不圆满，正是一个人灵魂飞升的动力所在。因此，正视并珍惜你的不圆满，努力向上，才是真正健康的心态。

第四章

不抱怨的世界

持续不满只会得到更多不幸

你越是放弃自我，相应地你也越变得伟大而真实。

——（德国）费尔巴哈

抱怨存在于我们生活中每一个角落，就好像美丽也总是在不经意间闯入我们的视野一样。抱怨会带来烦恼，痛苦会像滚雪球一样，越来越大，越来越沉重。如何摆脱抱怨的情绪？那就是倾听别人的抱怨，接受别人的抱怨。

佛陀经过了多次轮回才修得正果，他想知道世间其他生命如何看待自己这一世的修行，便询问众生，假如可以重新选择，将会怎样选择今生的生活。

众生的回答令佛陀大吃一惊。

猫说："假如让我再活一次，我要做一只老鼠。我偷吃主人一条鱼，会被主人打个半死；而老鼠呢，可以在厨房翻箱倒柜，大吃大喝，人们对它也无可奈何。"

鼠说："假如让我再活一次，我要做一只猫。吃皇粮，拿官饷，从生到死由主人供养着，时不时还有我们的同类给它送鱼送虾，很自在。"

鹰说："假如让我再活一次，我愿做一只鸡。渴有水，饿有米，住有房，还受主人保护；我们呢，一年四季漂泊在外，风吹雨淋，还要时刻提防冷枪暗箭，活得多累呀！"

鸡说：“假如让我再活一次，我愿做一只鹰。可以翱翔天空，任意捕兔捉鸡；而我们除了生蛋、报晓外，每天还胆战心惊，怕被捉被宰，惶惶不可终日。”

最有意思的是人的回答。

不少男人这样说道：“假如让我再活一次，我要做一个女人：可以撒娇，可以邀宠，可以当妃子，可以当公主，可以当太太，可以当妻妾……最重要的是可以支配男人，让男人拜倒在石榴裙下。”

不少女人这样说道：“假如让我再活一次，一定要做个男人：可以蛮横，可以冒险，可以当皇帝，可以当王子，可以当老爷，可以当父亲……最重要的是可以驱使女人。”

佛陀听完，重重地叹了一口气：“为何人人只懂抱怨？若是如此，又怎会有更加丰富充实的来世？”

每个人都有自己要抱怨的事情，似乎每个人都理直气壮，却不知幸福源自珍惜，生活不是攀比。当这些牢骚与抱怨化作心灵天窗上厚厚的尘埃时，灿烂的阳光又怎能照进心田？那漫天的花雨你又能看见几许？

一位哲人说，世界上最大的悲剧和不幸就是一个人大言不惭地说：“没人给过我任何东西。”许多人都抱怨过处境艰难，毫无疑问，抱怨是无济于事的，反而是乐观旷达的心态能解开心灵的枷锁。抱怨相当于赤脚在石子路上行走，而乐观则是一双结结实实的靴子。

你还在抱怨你生活的世界没有给你美吗？庄子说得好：“天地有大美而不言。”通过万花筒看世界，美得变幻无穷；通过污秽的窗子看人生，到处都是泥泞。到底你的生命画布如何着色，就要看你拥有一颗怎样看待世界的心。不抱怨，把天地装在心中，就能看见自然的美。

勿做生活的附属品

只要人是活着的，人的前途就永远取决于自己。

——（德国）雅斯贝尔斯

今天抱怨这个，明天抱怨那个，仿佛一刻不说抱怨的话，我们就感受不到心理的平衡。可是一味地去抱怨自身的处境，对于改善处境没有丝毫益处，只有先静下心来分析自己，并下定决心去改变它，付诸行动，它才能向你所希望的方向发展。一分耕耘一分收获，不要企望在抱怨或感叹中取得进步，事情的进展是你的行为直接作用的结果。事在人为，只要你去努力争取，梦想终能成真。

画家列宾和他的朋友在雪后去散步，他的朋友瞥见路边有一片污渍，显然是狗留下来的尿迹，就顺便用靴尖挑起雪把它覆盖了，没想到列宾发现时却生气了，他说：“几天来我总是到这来欣赏这一片美丽的琥珀色。”

在我们生活中，当我们总是埋怨别人给我们带来不快，或抱怨生活不如意时，想想那片狗留下的尿迹，其实，它是“污渍”，还是“一片美丽的琥珀色”，都取决于你自己的心态。

不要抱怨你的工作不好，不要抱怨你住在破宿舍里，不要抱怨你的男人穷或你的女人丑，不要抱怨你没有一个好爸爸，不要抱怨你空怀一身绝技没人赏识你，现实有太多的不如意，就算生活给你的是垃圾，你同样能把垃圾踩在脚底下，登上世界之巅。

孔雀向王后朱诺抱怨。她说：“王后陛下，我不是无理取闹来诉说，您赐给我的

歌喉，没有任何人喜欢听，可您看那黄莺小精灵，唱出的歌声婉转，她独占春光，出尽风头。”朱诺听到如此言语，严厉地批评道：“你赶紧住嘴，嫉妒的鸟儿，你看你脖子四周，如一条七彩丝带。当你行走时，舒展着华丽羽毛出现在人们面前，就好像色彩斑斓的珠宝。你是如此美丽，你还好意思去嫉妒黄莺的歌声吗？和你相比，这世界上没有任何一种鸟能像你这样受到别人的喜爱。一种动物不可能具备世界上所有动物的优点。我赐给大家不同的天赋，有的天生长得高大威猛；有的如鹰一样的勇敢，鹊一样的敏捷；乌鸦则可以预告未来之声。大家彼此相融，各司其职。所以我奉劝你去除抱怨，不然的话，作为惩罚，你将失去你美丽的羽毛。”

抱怨对事情没有一点帮助，与其不停地抱怨，不如把力气用于行动。抱怨的人不见得不善良，但常不受欢迎。抱怨的人认为自己经历了世上最大的不幸，但他不知听他抱怨的人也可能同样经历了这些，只是心态不同、感受不同。

宽容地讲，抱怨实属人之常情。然而抱怨之所以不可取在于：抱怨等于往自己的鞋里倒水，只会使以后的路更难走。抱怨的人在抱怨之后不仅让别人感到难过，自己的心情也往往更糟，心头的怨气不但没有减少，反而更多了。天下有很多东西是毫无价值的，抱怨就是其中一种。

只会找借口，只能收获失败

在获得胜利之后而能克制自己的人，获得了双重的胜利。

——（英国）培根

有一天，佛陀坐在金刚座上，开示弟子们道：

“世间有四种马：第一种良马，主人为它配上马鞍，套上辔头，它能够日行千里，快速如流星。尤其可贵的是当主人一抬起手中的鞭子，它一见到鞭影，便能够知道主人的心意，迅速缓急，前进后退，都能够揣度得恰到好处，不差毫厘，这是能够明察秋毫、洞察先机的第一等良驹。

“第二种好马，当主人的鞭子打下来的时候，它看到鞭影不能马上警觉，但是等鞭子打到了马尾的毛端，它也能领受到主人的意思，奔跃飞腾，这是反应灵敏、矫健善走的好马。

“第三种庸马，不管主人几度扬起皮鞭，见到鞭影，它不但迟钝毫无反应，甚

至皮鞭如雨点地挥打在皮毛上，它都无动于衷。等到主人动了怒气，鞭棍交加打在结实的肉躯上，它才能有所察觉，顺着主人的命令奔跑，这是后知后觉的庸马。

“第四种驽马，主人扬起了鞭子，它视若无睹；鞭棍抽打在皮肉上，它也毫无知觉；等到主人盛怒了，双腿夹紧马鞍两侧的铁锥，霎时痛刺骨髓，皮肉溃烂，它才如梦初醒，放足狂奔，这是愚劣无知、冥顽不化的驽马。”

庸马和驽马是职场中许多平庸者的生存写照。他们总是抱怨老板对他们太苛刻，工资太低，抱怨公司没有为他们提供更好的舞台，给他们以施展才华的机会。

职场中，数不清的人正在拼命地为自己的失败寻找借口，造成了职场人生的萎靡与黯然。相比之下，“良马”式员工从不会寻找理由为自己的行为开脱，更不会去抱怨自己的处境和外在的人与事。

真正优秀的人从来不去抱怨环境给予了自己什么，也不会为了自己的失败找寻任何的借口。他们只会勇敢地面对生活，即使面临委屈的处境，也不会觉得难过。可是，在职场中，很多人却在一直为自己找寻借口。这样的人，注定了只能做“庸马”和“驽马”，更不会走向成功。

变化中何求永恒

一个人的真正价值首先决定于他在什么程度上和在什么意义上从自我解放出来。

——（美国）爱因斯坦

从古到今，幽游人世无所挂碍，逍遥自在超凡绝顶的，必然是庄子。庄子自称“无不将也，无不迎也；无不毁也，无不成也”，一个人可以不被任何事物所难倒，庄子的自在境界难道不高明吗？庄子的境界，就如同一个婴儿生下来不到一百天，手里拿着一个东西时好像很牢，但是他没有用力，若有若无之间，安详而宁静，把握得很牢，这就是自在。

人们为什么要若有若无地去把握身边的事物？这是因为宇宙间万千事物时刻在变化。任何时间，任何地方，一切的事情，一刹那之间都在变化，不会永恒存在。

一次，佛陀带着几位侍者出行。正值中午，天气非常热，佛陀觉得口渴，就告诉侍者阿难：“我们不久前曾跨过一条小溪，你回去帮我取一些水来。”

阿难回头去找那条小溪，但小溪实在太小了，有一些车子经过，溪水被弄得很污浊，水不能喝了。于是阿难回去告诉佛陀：“那小溪的水已变得很脏而不能喝了，请您允许我继续走，我知道有一条河离这里只有几里路。”

佛陀说：“不，你回到同一条小溪那里。”阿难表面遵从，但内心并不服气，他认为水那么脏，只不过是浪费时间白跑一趟。他走到那里，发现水虽没有刚才浑浊了但仍有许多泥沙，还是不可以喝的，又跑回来说：“您为什么要坚持？”佛陀不加解释，仍然说：“你再去。”阿难只好遵从。

当他再走到那条溪流边时，发现那些溪水就像它原来那么清澈、纯净——泥沙已经沉到了河底。阿难笑了，赶快提着水回来，拜在佛陀脚下说：“您给我上了伟大的一课，无论是林中的小溪还是生命中的河流，没有什么东西是永恒的。”

溪水的污浊只是一时的，随着时间的流逝，它会再次恢复清澈。人们如果执着于眼前变化，就不可能把握事物的整体，所以若有若无、与时俱进地施行和改变自己的行为，这才是做人的最好方法。

要求一生幸福，那是不可能的事情，因为幸福就像轻飘飘的羽毛一样难以把握，而艰难痛苦就像脚下的大地一样始终不离左右，所以人一生都是身在祸福之中的。福祸不定，世事无常，只有认识了事物变化发展的本质，用变化和发展的眼光看待一切事物，才不会偏离生活的轨道。

直心是道场

不尚贤，使民不争；不贵难得之货，使民不为盗；不见可欲，使民心不乱。

——老　子

自古以来，圣贤总在感叹“世风日下”“人心不古”，中西方皆是如此。古罗马诗人贺拉斯在其《歌集》中叹息：“父辈较之祖辈已经不如，又生出我们这不肖一族，而下一代注定更加恶毒。”对此，老子也有自己的慨叹，老子著述的本意，首重效法自然道德的原则。假如人们都在道德的生活中，既不尚贤，又无欲而不争，那当然合乎自然的规范，也就自然是太平无事的天下了。时代到了后世，人人不能自修道德，人人不能擅自整治争心和欲望，只拿老子那些叹古惜今的话来当教条，自然是背道而驰，愈说愈远了。

无论老子，还是孔子，叹古惜今的圣人们无非是希望人们保留本性中最淳朴的东西，如果人人真善不虚，那么顺其自然的世界自会十分和谐。《维摩诘经》中有一句名言“直心是道场”，充分表达了老子的感叹。

一天，光严童子为寻求适于修行的清净场所，决心离开喧闹的城市。在他快要出城时，遇到了维摩居士。维摩也称为维摩诘，是与佛祖同时代的著名居士，他妻妾众多，资财无数，一方面潇洒人生，游戏风尘，享尽世间富贵；一方面又精悉佛理，崇佛向道，修成了救世菩萨，在佛教界被喻为“火中生莲花”。光严童子问维摩居士：“你从哪里来？”“我从道场来。”“道场在哪里？”“直心是道场。”听到维摩居士讲“直心是道场”，光严童子恍然大悟。“直心”即纯洁清净之心，即抛弃一切烦恼，灭绝一切妄念，纯一无杂之心。有了“直心”，在任何地方都可修道；若无“直心”，就是在最清净的深山古刹中也修不出正果。

人心原本纯真无私、正直光明，随着年龄与阅历的增长，渐渐发现周围的许多

人都是心有城府、尔虞我诈、钩心斗角、自欺欺人，不由自主，随波逐流，便放弃了自己的直心道场。

老子取法于天地自然，超然外物，已达至境，仿佛一位大宗师，看透了世间的万事万物，以天地之道运用于处世之中，既是一位伟大的哲学家，又是一位伟大的思想家。然而，时代变化，后世之人早已偏离了直心道场，故对于老子的告诫不置可否，听着圣人的慨叹，我们也只能体会其中一二。

世风如此，多说无益，一声叹息，只愿自修其身，保持真我的本性罢了。只要越来越多的人远离尔虞我诈，世界便会日渐和谐完满。

止水澄波，悟道须静

平者，水停之盛也。其可以为法也，内保之而外不荡也。

——庄　子

庄子认为，一个人要想获得幸福，必须学会悟道。但怎样才能悟道呢？庄子说一个人必须学会保持自己内心的安静，只有内心安静了，才能在静中映出自己的真实本性，保持本性，获得幸福。

在《庄子·在宥》中，庄子讲述了黄帝向广成子问道的故事：

黄帝做了19年天子，诏令通行天下，听说广成子居住在崆峒山上，特意前往拜见他。

黄帝见到广成子后说："我听说先生已经通晓至道，冒昧地请教至道的精华。我一心想获取天地的灵气，用来帮助五谷生长，用来养育百姓。我又希望能主宰阴阳，从而使众多生灵遂心地成长，对此我该怎么办？"

广成子回答说："你所想问的，是万事万物的根本；你所想主宰的，是万事万物的残留。自从你治理天下，天上的云气不等到聚集就下起雨来，地上的草木不等到枯黄就飘落凋零，太阳和月亮的光亮也渐渐地晦暗下来。然而谗谄的小人心地是那么褊狭和恶劣，又怎么能够谈论大道！"

黄帝听了这一席话便退了回来，弃置朝政，筑起清心寂智的静室，铺着洁白的茅草，谢绝交往，独居三月，再次前往求教。

广成子头朝南地躺着，黄帝则顺着下方，双膝着地匍匐向前，叩头着地行了大礼后问道："听说先生已经通晓至道，冒昧地请教，修养自身怎么样才能活得长久？"

广成子急速地挺身而起，说："问得好啊！来，我告诉给你至道。至道的精髓，幽深邈远；至道的至极，晦暗沉寂。什么也不看什么也不听，持守精神保持宁静，形体自然顺应正道。一定要保持宁寂和清静，不要使身形疲累劳苦，不要使精神动荡恍惚，这样就可以长生。眼睛什么也没看见，耳朵什么也没听到，内心什么也不知晓，这样你的精神定能持守你的形体，形体也就会长生。小心谨慎地摒除一切思虑，封闭起对外的一切感官，智巧太盛定然招致败亡。我帮助你达到最光明的境地，直达那阳气的本原；我帮助你进入幽深渺远的大门，直达那阴气的本原。天和地都各有主宰，阴和阳都各有府藏，谨慎地守护你的身形，万物将会自然地成长。我持守着浑一的大道而又处于阴阳二气调谐的境界，所以我修身至今已经一千二百年，而我的身形还未曾有过衰老。"

黄帝再次行了大礼叩头至地说："先生真可说是跟自然混而为一了！"

开始时广成子不愿向黄帝说道，皇帝放弃天下，斋戒3个月以后，广成子才向黄帝说了以下的话："你问得好啊！来，我告诉你至道是什么。至道的精华，幽深而无状；至道的极致，蒙昧而无声。不听不看，让精神安静，形体就自然端正。一定

要安静，一定要清静，不要劳累形体，不要耗费精力，这样就能长生。”

想要得到幸福，就要保持自己心灵的平静。如果生命一直处于烦躁、嘈杂的状态之中，怎能找到自己的心灵呢？内心的平静是智慧的珍宝，是长久努力自律的成果，它呈现出丰富的经验与不凡的真知灼见。一个人即使身处闹市，也要保持静的状态。

人们认为自己的想法愈益成熟而变得沉稳，要有这样的认识必须了解别人亦是如此。他若有正确的认识，借着因果道理愈来愈透彻明白事物的关联性，便不再惊慌失措、焦虑悲伤，而是稳重镇定、从容沉着。

第五章

财富：心中的财富是真财富

人生在世，怎能不讲利

> 何必曰利？亦有仁义而已矣。
>
> ——孟 子

人类文化思想包含的政治、经济、军事，乃至于人生的艺术、生活等，都是以求利为目的的。如果不求有利，又何必去学？做学问也是为了求利，读书认字，不外是为了获得生活上的方便或是舒适。

孟子来到魏国，见到魏国国君梁惠王，梁惠王问他："叟，不远千里而来，亦将有以利吾国乎？"意思是老头儿，你能为我们国家谋得什么利益吗？

孟子听了之后，没有拍案而起、针锋相对，而是颇有风度、庄重地说："王何必曰利？亦有仁义而已矣。"意思是说，大王您何必只图眼前的利益？其实只有仁义才是永恒的大利。按照孟子的说法，仁义也是利，道德也是利，这些是广义的、长远的利，是大利；不是狭义的金钱财富的利，也不只是权利的利。

可见，人们追求有用或没用的东西都是利，只不过有大利、小利之别而已。人生在世，怎能不讲利？

"采菊东篱下，悠然见南山。"陶渊明以他那高洁的品质和优美的诗句，流传于中国的文学与历史的天空。而他不为五斗米折腰的故事，更是为世人所传颂。世人以不为五斗米而折腰的陶渊明为淡泊名利、知足常乐、悠然处世的典范。殊不知，他挣脱名利的束缚，求来的却是另一种利，这对陶渊明来说也许是一种大利。因此在面临选择时，他毅然抛弃了世人所向往的官阶财富，而选择了维护自己的人格和操守，以取得心灵的宁静。

纵观人的一生，人们都在围绕着利这个圆点，不停地做着圆周运动。追求的东西多了，这个圆就大一些，人也就跑得累一些；追求的东西少，圆就小一些，人自会轻松不少。难怪司马迁在自己的巨著《史记》中叹道："天下熙熙，皆为利来；天下攘攘，皆为利往。"他这一叹，有对世人追逐现实名利的无奈，却也说明了人生以"利"为核心的道理。

不义而富且贵，于我如浮云

> 饭疏食饮水，曲肱而枕之，乐亦在其中矣。不义而富且贵，于我如浮云。
>
> ——孔　子

契诃夫说过，金钱并不就是幸福，一个人即使贫穷也能幸福。虽然金钱是一种有用的东西，但是，只有在你觉得知足的时候，它才会带给你快乐；否则的话，它除了带给你烦恼，使你内心失衡外，毫无意义。有人将金钱视为罪恶的源泉，其实，钱本身并没有错，错的仅仅是人们对于金钱的态度。

美国石油大王洛克菲勒出身贫寒，在他创业初期，人们都夸他是个能干的小伙子。当财富像贝斯比亚斯火山流出的岩浆似的流进他的口袋里时，他变得贪婪、冷酷。深受其害的宾夕法尼亚州油田地方的居民对他深恶痛绝。有的受害者做了他的

木偶像，亲手将“他”处以绞刑。无数充满憎恶和诅咒的威胁信涌进他的办公室。连他的兄弟也十分讨厌他，特意将儿子的遗骨从洛克菲勒家族的墓地迁到其他地方，他说：“在洛克菲勒支配下的土地内，我的儿子变得像个木乃伊。”

由于洛克菲勒为追求财富操劳过度，身体变得极度糟糕。医生们终于向他宣告了一个可怕的事实，以他身体的现状，他只能活到50多岁，并建议他改变拼命赚钱的生活状态，他必须在金钱、烦恼、生命三者中选择其一。这时，他才开始醒悟到是贪婪控制了他的身心，他听从了医生的劝告，退休回家，开始学打高尔夫球，上剧院去看喜剧，还常常跟邻居闲聊。经过一段时间的反省，他开始考虑如何将庞大的财富捐给别人。

于是，他在1901年设立了“洛克菲勒医药研究所”；1903年成立了“教育普及会”；1913年设立了“洛克菲勒基金会”；1918年成立了“洛克菲勒夫人纪念基金会”。他不再做钱财的奴隶，他喜爱滑冰、骑自行车与打高尔夫球。他90岁时依旧身心健康，耳聪目明，日子过得很愉快。他逝世于1937年，享年98岁。他死时只剩下一些标准石油公司的股票，其他的产业都在生前捐掉或分赠给继承者了。

假如只把追逐金钱作为人生唯一的目标，人就会变成一种可怜的动物，就会被金钱这种自己所制造出来的工具捆绑起来，不得自由。对待金钱必须要拿得起、放得下，赚钱是为了活着，但活着绝不是为了赚钱。

金钱并不是唯一能够满足心灵的东西，虽然它能为心灵的满足提供多种手段和工具，但在现实生活中，人不能只顾享受金钱而不去享受生活。

享受金钱只能让自己早日堕落，而享受生活却能够使自己不断品尝人生的幸福。享受金钱会使自己的心智被金钱束缚住，从而整天为金钱所困，为金钱而痛苦，生活便会沦为围绕一张钞票而上演的闹剧。懂得享受生活的人则不在乎自己有多少金钱，多可以过，少一样可以过，问题在于自己能够处处感悟到生活。懂得享受生活的人会感觉人生是无限美好的，于是越活越有劲。

君子爱财，取之有道

你活着的每一天，都应该努力地去追求财富。只要你制造的财富是正大光明的，你就会得到所有人的尊敬与赞扬。

——（美国）比尔·盖茨

在这个世界上，财富本身并没有任何颜色，只是因为追求的方式不同，让财富有了“金色”“灰色”，甚至“黑色”等不同的颜色，但只有阳光下的财富才是最明亮、最干净的。

孔子对财富也有自己的看法：“富与贵，是人之所欲也，不以其道得之，不处也；贫与贱，是人之恶也，不以其道得之，不去也。君子去仁，恶乎成名？君子无终食之间违仁，造次必于是，颠沛必于是。”意思是说，发财和做官是人人都想得到的，不用正当的方法得到的，不要接受；贫穷和地位低贱是人人厌恶的，不用正当方法摆脱的，就不要摆脱。君子扔掉了仁爱之心，怎么能成就君子的名声？君子时时刻刻都不离开仁道，紧急时不离开，颠沛时也不离开。其中也蕴涵了君子只取正义之财的道理。君子爱财，取之有道，这是一个正人君子所应秉持的金钱观。

战国时期，孟子名气很大，府上每日宾客盈门，其中大多是慕名而来、求学问道之人。有一天，接连来了两位神秘人物，一位是齐国的使者，一位是薛国的使者。对他们，孟子自然不敢怠慢，小心周到地接待他们。

齐国的使者给孟子带来赤金100两，说是齐王的一点小意思。孟子见其没有下文，坚决婉拒了齐王的馈赠。使者灰溜溜地走了。

过了一会儿，薛国的使者也来求见。他给孟子带来50两金子，说是薛王的一点心意，感谢孟子在薛国发生兵难时帮了大忙。孟子吩咐手下人把金子收下。左右的人都很奇怪，不知孟子葫芦里卖的是什么药。

其中有一位弟子问孟子：“齐王送您那么多的金子，您不肯收；薛国才送了齐国的一半，您却接受了。如果您刚才不接受是对的话，那么现在接受就是错了；如果您刚才不接受是错的话，那么现在接受就是对了。”

孟子回答说：“都对。在薛国的时候，我帮了他们的忙，为他们出谋设防，平息

了一场战争，我也算个有功之人，为什么不应该受到物质奖励呢？而齐国人平白无故给我那么多金子，是有心收买我，君子是不可以用金钱收买的，我怎么能收他们的贿赂呢？”

左右的人听了，都十分佩服孟子的高明见解和高尚操守。

名利为世人所钟爱，但是人不能违背自己的良心与道义去拿本不属于自己的东西，不义之财就算被你拿到了，将来也会要你数倍于它去偿还。

人生的辩证法是无情的，有得必有失，得到的越多，失去的也就越多。过于贪心的人不仅享受不到幸福，而且弄不好最终还会把自己的性命也搭进去，这绝不是危言耸听，而是有事实为证的。很多人对“君子爱财，取之有道”产生了质疑，从而选择邪道走下去，一步步迈向黑暗的沼泽地，到了万劫不复之时，才发现自己曾经拥有过最珍贵的幸福——自己动手，丰衣足食。

岳飞曾赞一匹千里马：“受大而不苟取，力裕而不求逞，致远之才也。”它食量大而不苟取，拒食不精不洁之物，力量充裕而不逞一时之能，称得上负重致远之才。人亦是如此，不义之财勿纳，不正之道勿走，只有这样才能肩负重任，有所成就。

我役物，而不役于物

放纵自己的欲望是最大的祸害。

——（古希腊）亚里士多德

哲学史上不仅汇集了各种各样的思想，也汇集了各种各样的哲学家。他们有的严于律己，有的醉心于学问，有的舍己为人，当然也有讲求享乐的哲人。古希腊的阿里斯提波就是这样一个人，他的身上充满了市侩气息。

说起来，阿里斯提波还是苏格拉底的学生，与柏拉图是同学，甚至比柏拉图入门还早。当时，苏格拉底盛名远播，阿里斯提波被吸引到了雅典。后来，阿里斯提波创立了享乐主义哲学，主张一个人享受物质的同时做到不被物质支配，即“我役物，而不役于物”。

其一言一行无时无刻不在体现着这一原则。

为了追求物质享受，阿里斯提波投靠了雅典的僭主狄奥尼修，每日游走宫廷，讨好达官显贵。狄奥尼修想嘲弄一下阿里斯提波，就故意问他："为什么哲学家会去富人家里，而富人从不拜访哲学家呢？"

阿里斯提波回答道："智者知道他需要什么，而富人不知道他需要什么。"

狄奥尼修问阿里斯提波："那你为什么离开了苏格拉底来投靠我？"

阿里斯提波说："我需要智慧时，就去苏格拉底那里；现在我需要钱财，就来你这儿。你看，我是用自己有的东西换没有的东西。"

传说有一次第欧根尼洗菜时看见他路过，于是嘲讽他说："如果你学会了以这个为食的话，你就用不着拍国王马屁了。"对此他回答道："如果你知道怎样跟别人打交道的话，你就用不着洗菜了。"有人问他从哲学得到了什么，他回答道："在任何社会中都过得舒适的能力。"一次，有人问他哲学家有什么优点，他回答说："如果所有法律都废除了的话，我们仍会像现在一样生活。"

哲学家并不都是古板严肃的，他们不是圣徒，更不是装模作样的卫道士，而是活生生的凡人。人的优点和缺点在哲学家身上一样会表现出来，只不过会因为其哲学信念而在某一方面表现得更加夸张而已。

在阿里斯提波看来，物欲并不是什么可怕的东西，相反，人们必须依靠物欲来

生活。而实际上，人的欲望是不可能完全满足的，所以人不能回避对物欲的渴求，更不能被欲望所压倒。物欲的满足可以带来安逸的生活。在他看来，学习哲学的目的是为了在任何社会中都过得很舒适。的确，他做到了这一点，并且自己活得还很惬意。

钱，到底有什么魔力

金钱是人类所有发明中近似恶魔的一种发明。

——（苏联）马卡连柯

钱，到底有什么魔力？为什么人们常说："钱不是万能的，但没有钱是万万不能的。"得到了金钱，就等于拥有幸福了吗？

伟大的戏剧家莎士比亚写过一部著名的悲剧《雅典的泰门》：

雅典富有的贵族泰门慷慨好施，所以在他的周围聚集了一些阿谀奉承的"朋友"，无论穷人还是达官贵族都愿意成为他的随从和食客，以骗取他的钱财。泰门很快家产荡尽，负债累累。那些受惠于他的"朋友们"马上与他断绝了来往，债主们也无情地逼他还债。泰门发现同胞们的忘恩负义和贪婪后，变成了一个愤世者。

他宣布再举行一次宴会，请来了过去的常客和社会名流。这些人误以为泰门原来是装穷来考验他们的忠诚，于是蜂拥而至，虚情假意地向泰门表白自己。泰门揭开盖子，把盘子里的热水泼在客人的脸上和身上，把他们痛骂了一顿。从此，泰门离开了他再也不能忍受的城市，躲进荒凉的洞穴，以树根充饥，过起野兽般的生活。有一天他在挖树根时发现了一堆金子，他把金子发给过路的穷人和窃贼。在他看来，虚伪的"朋友"比窃贼更坏，他恶毒地诅咒人类和黄金，最后在绝望中孤独地死去。

在这部悲剧中，莎士比亚借泰门之口大发感慨：

金子！黄黄的、发光的、宝贵的金子！
这东西，只这一点点儿，
就可以使黑的变成白的，丑的变成美的；
错的变成对的，卑贱变成尊贵；

老人变成少年，懦夫变成勇士。
呵，你是可爱的凶手，
帝王逃不过你的掌握，
亲生的父子会被你离间！

说白了，钱就是货币，是一种充当一般等价物的特殊商品，它可以作为价值尺度、流通手段、储蓄手段、支付手段和世界货币等发挥作用，它可以用来购买其他任何商品。难怪有人说："有钱能使鬼推磨。"

在美国人安·比尔斯编撰的《魔鬼辞典》中对金钱的解释是："金钱是一种祝福，不过只有在离开它之后我们才能受益。金钱是有文化修养的标志，也是进入上流社会的通行证。"把实用主义奉为圭臬的美国微软公司对财富与金钱有着特殊的喜好，他们认为财富是上帝赐予的礼物。洛克菲勒说："这是我心爱的独生子，我非常喜欢他。"另一位美国大亨摩根则说："这是对辛劳与美德的奖赏。"人生在世，如何对待金钱，为我们赢取幸福和快乐呢?

在犹太人中间，流传着这样一个故事：

一天，一个拥有无数钱财的吝啬鬼去他的拉比那儿乞求祝福。

拉比让他站在窗前，让他看外面的街上，问他看到了什么，他说：“人们。”

拉比又把一面镜子放在他面前，问他看到了什么，他说：“我自己。”

拉比解释说，窗户和镜子都是玻璃做的，但镜子上镀了一层水银。单纯的玻璃能让我们看到别人，而镀上水银的玻璃都只能让我们看到自己。

可见，金钱的危险性一览无余。金钱的魅力可以转移人的眼光、灵魂，难怪有人说：“有些人是金钱的奴隶。”

因小利而忘命，成大事而惜身

财富并不能带来善，而善能带来财富和其他一切幸福。

——（古希腊）柏拉图

人生如梦，弹指一挥间。在这个过程中，无数人为蝇头小利算来算去，终究一事无成，如一粒尘土来到世间，庸碌过后，仍旧是尘归尘。他到来那刻，世界似乎在打盹，没有被他激起一丝涟漪。因此，要想在短暂的人生中成就一番大事业，必须迈过小利的陷阱，将眼光放长远，才能真正有所作为。

冯谖是孟尝君的食客，因为饭桌无鱼，便弹铗而歌。后来他被孟尝君的诚意与谦逊所感动，终于为其利益而奔走。

有一天，孟尝君想从门客中选一人代他到薛邑（孟尝君的封地）收债，冯谖主动申请前往。孟尝君很高兴，便同意了。冯谖收拾停当之后，向孟尝君辞行，并请示：“收完债，您需要买些什么东西吗？”孟尝君顺口答道：“先生看我家里缺什么，就买些什么吧！”

冯谖驱车来到薛邑，他派人把所有负债之人都召集到一起，核对完账目后，他便假传孟尝君的命令，把所有的债款赏给负债诸人，并当面烧掉了债券，百姓感激不已。

冯谖随即返回，一大早便去求见孟尝君，孟尝君没料到他回来得这么快，半信半疑地问：“债都收完了吗？”冯谖答：“收完了。”“那你给我买了些什么回来呢？”孟尝君又问。冯谖不慌不忙地答道：“您让我看家里缺少什么就买什么，我考虑到您

有用不完的珍宝、数不清的牛马牲畜，美女也很多，缺少的只有‘义’，因此我为您买了‘义’回来。”孟尝君不知其所云，忙问买“义”是什么意思。冯谖就把债款赐薛民的事说了，并补充说：“您以薛为封邑，却对那里的百姓像商人一样盘剥刻薄，我假传您的命令，免除了他们所有的债，并把债券也烧了。”孟尝君听罢心里很不高兴，只得悻悻地说：“算了吧！”

一年后，孟尝君由于失宠被新即位的齐王赶出国都，只好回到薛邑。往日的门客都各自逃散了，只有冯谖还跟着他。当车子距薛邑还有上百里远时，薛邑百姓便已扶老携幼，夹道相迎。孟尝君好生感慨，回头对冯谖说：“先生您为我所买的‘义’，我今天终于看见了！”

元代的一位文人曾作《醉太平·夺泥燕口》，“夺泥燕口，削铁针头，刮金佛面细搜求，无中觅有。鹌鹑嗉里寻豌豆，鹭鸶腿上劈精肉，蚊子腹内刳脂油，亏老先生下手！”这是讥讽贪小利者，其刻画真是入木三分，令人拍案叫绝。也许有夸张之嫌，但也足够引人思考。

以小利而大喜或者大悲，结果是因小利而忘命，成大事而惜身。若一生为小利而蝇营狗苟，则终将一事无成。

财富的能力比传统更重要

凡是胸怀大志的人，最后总是会有所成就的。

——《塔木德》

"不了解犹太人，就不了解世界。"犹太人对世界产生了重大的影响。也有人说："三个犹太人坐在一起，就可以决定世界。"

对于犹太人的财富，有一个非常经典的说法：世界的钱在美国人的口袋里，而美国人的钱却在犹太人的口袋里。

犹太人主张用自己的力量去改变他们认为不合理的东西，甚至认为个人的力量是可以影响和改变世界的。《塔木德》里有这样一个故事：

有两个人，一个是以家世为荣的青年，另一位则是贫穷的牧羊人。

那位家庭富有的青年人非常自豪，把自己祖先的荣耀和富有向牧羊人狠狠吹嘘了一番，然后得意地看着牧羊人。

牧羊人哈哈一笑道："那位伟大祖先的后代原来是你啊。不过你要知道，如果你是你们家族的最后一个人，那我肯定是我们家族的祖先。"

这个牧羊人不看重传统，更不会为传统的背景和势力所吓住。他相信的是自己的能力，相信自己可以改变自己的不利处境。他要做的就是推翻前人带给后人的影响，创建一个由自己主宰的新天地。这就是犹太人，他们思想开放，崇尚自由，反对一切守旧的东西，更不会为一些僵化的观念和传统的做法所拘束。年老的拉比总是鼓励年轻人按自己的意愿去做事，不要害怕去尝试新鲜的事物，即使是冒险也是值得的。

犹太人的思想是开放的。他们甚至没有国家、种族和地域等限制。这些为他们天马行空地行走世界奠定了思想的基础，而这些便是现代商人的原型。

当机遇到来的时候，他们就利用自己的技能，在没有资本、没有工具，也没有钱的情况下，巧妙地利用了经济上的自由，沿着社会阶梯向上攀登。

犹太民族是个谜一般的民族，他们是世界上的少数人，但是却掌握了世界上庞大的资产；他们遭受了千年的凌辱，备受打击，四处流浪却惊人地富有。他们没有什么资本，但却始终处于金钱的顶峰和权力的中心。

〉第七篇

抗争命运：这辈子只能这样了吗

第一章
命运到底在谁手中

顺应天地自然之变化

指穷于为薪，火传也，不知其尽也。

——庄　子

生命就是一个不断转化的过程，人生来自造化，又复归造化，大自然就是这样生生不息。因此，一个人活在这个世界上，一定要使自己的生命有一个灿烂的旅程。

《庄子·至乐》中讲述了这样一个哲理：物类千变万化源起于微细状态的“机”，有了水的滋养便会逐步相继而生。处于陆地和水面的交接处就形成青苔，生长在山陵高地就成了车前草。车前草获得粪土的滋养长成乌足，乌足的根变化成土蚕，乌足的叶子变化成蝴蝶。蝴蝶很快又变化成为虫，生活在灶下，那样子就像是蜕皮，它的名字叫作灶马。灶马一千天以后变化成为鸟，它的名字叫作干余骨。干余骨的唾沫长出虫子斯弥，斯弥又生出蠛蠓。颐辂从蠛蠓中形成，黄軦从九猷中长出；蠓子则产生于萤火虫。羊奚草跟不长笋的老竹相结合，老竹又生出青宁虫；青宁虫生出豹子，豹子生出马，马生出人，而人又返归造化之初的混沌中。万物都产生于自然的造化，又全都回返自然的造化。

《庄子·大宗师》中记载了这样一则故事：

子祀、子舆、子犁、子来四个人在一起谈话，说："谁能够把无当作头，把生当作脊柱，把死当作尻尾，谁能够通晓生死存亡浑然一体的道理，我们就可以跟他交朋友。"四个人都会心地相视而笑，心心相契却不说话，于是相互交往成了朋友。

不久，子舆生了病，子祀前去探望他。

子舆说："伟大啊，造物者！把我变成如此屈曲不伸的样子！腰弯背驼，五脏穴口朝上，下巴隐藏在肚脐之下，肩部高过头顶，弯曲的颈椎形如赘瘤朝天隆起。"阴阳二气不和酿成如此灾害，可是子舆的心里却十分闲逸，好像没有生病似的，蹒跚地来到井边对着井水照看自己，说："哎呀，造物者竟把我变成如此屈曲不伸！"

子祀说："你讨厌这屈曲不伸的样子吗？"

子舆回答："没有，我怎么会讨厌这副样子！假令造物者逐渐把我的左臂变成公鸡，我便用它来报晓；假令造物者逐渐把我的右臂变成弹弓，我便用它来打斑鸠烤熟了吃；假令造物者把我的臀部变化成为车轮，把我的精神变化成骏马，我就用来乘坐，难道还需要更换别的车马吗？至于生命的获得，是因为适时，生命的丧失，是因为顺应；安于适时而处之顺应，悲哀和欢乐都不会侵入心房。这就是古人所说的解脱了倒悬之苦。然而不能自我解脱的原因，则是受到了外物的束缚。况且事物的变化不能超越自然的力量已经很久很久，我又怎么能厌恶自己现在的变化呢？"

不久，子来也生了病，气息急促将要死去，他的妻子、儿女围在床前哭泣。子犁前去探望，说："嘿，走开！不要惊扰他由生而死的变化！"子犁靠着门跟子来说话："伟大啊，造物者！又将把你变成什么，把你送到何方？把你变化成老鼠的肝脏吗？把你变化成虫蚁的臂膀吗？"

子来说："父母对于子女，无论东西南北，他们都只能听从吩咐调遣。自然的变化对于人，则不啻父母，它使我靠拢死亡而我却不听从，那么我就太蛮横了，而它有什么过错呢！大地把我的形体托载，并且用生存来劳苦我，用衰老来闲适我，用死亡来安息我。所以把我的存在看作是好事，也就因此可以把我的死亡看作是好事。现在如果有一个高超的冶炼工匠铸造金属器皿，金属熔解后跃起说'我必须成为良剑镆铘'，冶炼工匠必定认为这是不吉祥的金属。如今人一旦承受了人的外形，便说'成人了，成人了'，造物者一定会认为这是不吉祥的人。如今把整个浑一的天地当作大熔炉，把造物者当作高超的冶炼工匠，用什么方法来驱遣我而不可以呢？"

于是，子来便安闲熟睡似的离开了人世，又好像惊喜地醒过来而回到了人间一样。

当不可与命运相抗争的时候，何不顺应命运的造化，因势而为呢？春暖时节，花开正艳，生命的灿烂一览无余，但花开之后就有凋谢的那一天，就像生命必有终结之时一样。可是生命的灿烂平息之时，生命并不会停止，就像庄子所说的那样，"指穷于为薪，火传也，不知其尽也"，生命会继续生生不息地存在下去。

伤仲永：少年得志未必佳

居逆境中，周身皆针砭药石，砥节砺行而不觉；处顺境时，眼前尽兵刃戈矛，销膏靡骨而不知。

——《菜根谭》

尽管顺境对于人生之奋斗有着诸多有利因素，在很多时候会起到促进作用。但有的时候顺境反而不利于人生之奋斗，真正的奋斗往往是从逆境中产生的。这种顺、逆境在奋斗过程中的颠倒恐怕就是魏源认为只有逆境才能成就人才的原因吧。少年得志，未必是好事。《临川先生文集》中《伤仲永》记载：

金溪民方仲永，世隶耕。仲永生五年，未尝识书具，忽啼求之。父异焉，借旁近与之，即书诗四句，并自为其名。其诗以养父母、收族为意，传一乡秀才观之。自是指物作诗立就，其文理皆有可观者。邑人奇之，稍稍宾客其父，或以钱币乞之。父利其然也，日扳仲永环谒于邑人，不使学。

余闻之也久。明道中，从先人还家，于舅家见之，十二三矣。令作诗，不能称前时之闻。又七年，还自扬州，复到舅家问焉。曰："泯然众人矣。"

神童方仲永，5 岁就能作诗，20 岁时却变得"泯然众人矣"，就是因为优裕的自身条件在作祟。中国有句古话叫"肥田出瘪稻，慈母多败儿"。

明朝万历首辅大臣张居正，从小聪明过人。十三岁赴武昌乡试，湖北按察佥事陈束看了他的试卷，拍案叫绝。正在武汉巡游的湖广巡抚顾玉麟却说"最好让张居正落第"。

他解释说："居正年少好学，吾观其文才志向，是个将相之才，如过早让其发达，易叫他自满，断送了他的上进心。如果让他落第，虽则迟了三年，但能够使他看到自己的不足，反而更能使他清醒，促其发愤图强。"

顾玉麟的远见的确令人折服。后来张居正果然成为杰出政治家、改革家，他在险恶的环境中坚持革新政治，有一种不达目的不罢休的坚韧精神，这不能不说与他少年"落第"的逆境有关。

环境太好反而不利于人的成长与奋斗。《菜根谭》中说：“居逆境中，周身皆针砭药石，砥节砺行而不觉；处顺境时，眼前尽兵刃戈矛，销膏靡骨而不知。”自身的条件太好，则容易产生骄惰之心，自视甚高，忘记了踏踏实实奋斗的必要性；而生活环境太过于优越，则容易滋生懈怠之情，衣食无忧，也就没有努力奋斗的动力了。

选择的困境：你是那头布里丹毛驴吗

鱼，我所欲也；熊掌，亦我所欲也。二者不可得兼，舍鱼而取熊掌者也。

——孟　子

选择的过程就是放弃的过程，选择一种可能性，等同于放弃了其他的可能性。这一逻辑带来了一种巨大的困境：选择越多，失去越多，后悔越多，痛苦越多，就像泰伦斯所描绘的“我周围都是洞，到处都止不住地在流失”。那么，如果你不做选择呢？

哲学家布里丹养了一头小毛驴，他每天要向附近的农民买一堆草料喂它。

这天，送草的农民出于对哲学家的景仰，额外多送了一堆草料放在旁边。这下子，毛驴站在两堆数量、质量和与它的距离完全相等的干草之间，可为难坏了。它虽然享有充分的选择自由，但由于两堆干草价值相等，客观上无法分辨优劣，于是它左看看，右瞅瞅，始终无法决定究竟选择哪一堆好。

于是，这头可怜的毛驴就这样站在原地，一会儿考虑数量，一会儿考虑质量，一会儿分析颜色，一会儿分析新鲜度，犹犹豫豫，来来回回，最后在无所适从中活活地饿死了。

那头毛驴最终之所以饿死，原因就在于它左右都不想放弃，从而将自己置于选择的困境。

在我们每一个人的生活中也经常面临着种种抉择，如何选择对人生的成败得失关系极大，因而人们都希望做出最佳的抉择，常常在抉择之前反复权衡利弊，再三仔细斟酌，甚至犹豫不决，举棋不定。但是，在很多情况下，机会稍纵即逝，并没有留下足够的时间让我们去反复思考。如果我们犹豫不决，就会两手空空，一无所获。

有个农民的妻子和孩子同时被洪水冲走，农民从洪水中救起了妻子，孩子不幸被淹死了。对此，人们议论纷纷，莫衷一是。有的说农民先救妻子做得对，因为妻子不能死而复生，孩子却可以再生一个；有的却说农民做得不对，应该先救孩子，因为孩子死了无法复活，妻子却可以再娶一个。

一位记者听了这个故事，也感到疑惑不解，便去问那个农民，希望能找到一个满意的答案。

想不到农民告诉他说："我当时什么也没有想到，洪水袭来时妻子就在身边，便先抓起妻子往边上游，等返回再救孩子时，孩子已被洪水冲走了。"

人生充满了选择，我们总要在几个可供选择的方案中做出决断。只要决定了某一个选择，从长远来看，任何选择总是对的。一旦选择成为事实，它就会进而产生一系列的事实，最后这些事实就铺天盖地完全笼罩你，并且使你自己也成为事实的一个组成部分，你不可能再去否定它，因为否定它等于否定你自己。

非命，命运在自己手中

你的命运藏在你的胸膛里。

——（德国）席勒

人们在遭遇到不幸和挫折时，往往会把这一切认为是命运的捉弄，既然命中注定自己要承受这样的痛苦，与其挣扎着改变，不如顺应天命，默默承受。但墨子告诉我们，没有冥冥之中的"命"，即使有，命运也是掌握在我们自己手中的，只要你有勇气，你永远是自己人生的主人。

墨子强调“非命”“尚力”，认为决定人们不同遭遇的不是“命”，而是“力”。人们可以通过自身的努力，来掌握自己的命运。

在漫长的人生旅途中，我们总会碰到暗无天日的境遇。我们不能控制逆境的出现与否，但是我们却能够和它抗争，因为命运掌握在自己的手中。

一天，上帝降临到尘世。他看到一位聪明的老人正在思考人生，便走上前说：“我也为人生感到困惑，我们能一起探讨探讨吗？”

老人并未认出上帝，点点头说：“我越是研究，就越是觉得人类是一种奇怪的动物。他们有时候非常善用理智，有时候却非常不理智，而且往往在大的方面失去了理智。”

上帝叹了一口气说：“是啊。他们厌倦童年的美好时光，急着成熟，但长大了，又渴望返老还童；他们健康的时候，不知道珍惜健康，往往牺牲健康来换取财富，然后又用财富来换取健康；他们对未来充满焦虑，却往往忽略现在，结果既没有生活在现在，又没有生活在未来之中；他们活着的时候好像永远不会死去，但死去以后又好像从没活过，还说人生如梦……”

老人感到对方的话十分中肯，就说：“研究人生的问题，是很耗费时间的。您怎么利用时间呢？”

“是吗？我的时间是永恒的。对了，我觉得人一旦对时间有了真正透彻的理解，也就真正弄懂人生了。因为时间包含着机遇，包含着规律，包含着人间的一切，比如新生的生命、没落的尘埃、经验和智慧等一切人生至关重要的东西。”

老人聆听上帝的回答后，请上帝对人生提出自己的忠告。

上帝拿出一本厚厚的书，里面却只有这么几行字：

人啊！你应该知道，你不可能取悦于所有的人；最重要的不是去拥有什么东西，而是去做什么样的人和拥有什么样的朋友；富有并不在于拥有最多，而在于贪欲最少；在所爱的人身上造成深度创伤只要几秒钟，但是治疗它却要很长很长的时光；有人会深深地爱着你，但却不知道如何表达；金钱唯一不能买到的，却是最宝贵的，那便是幸福；宽恕别人和得到别人的宽恕还是不够的，你也应当宽恕自己；你所爱的，往往是一朵玫瑰，并不是非要极力地把它的刺儿除掉，你能做的就是不要被它的刺刺伤，自己也不要伤害到心爱的人；尤其重要的是，很多事情错过了就没有了，错过了就是会变的。

老人读完，激动万分："只有上帝，才能……"抬头时，上帝已经不见了。

其实，懂得了人生和幸福的真谛，我们每个人都是自己的上帝，一切的悲喜哭笑皆掌握在自己的双手中。

对每个生命而言，最最重要的是：只有自己才是自己的上帝。

等待戈多：无望中的希望

为什么在我们年轻时我们面前的生命之路总是显得无比漫长？因为我们不得不找寻空间塞满我们无限的希望。

——（德国）叔本华

希望带来美好，美好的希望更是让人激动，让人无限向往。希望是人们生活的动力和依靠，它让会思考的生命去奋斗、拼搏，让人生变得有意义。爱尔兰剧作家塞缪尔·贝克特的荒诞派戏剧《等待戈多》为我们提出了一个深刻的命题：在无望中寻找希望。

剧中主人公是两个流浪汉戈戈和狄狄，他们出现在一条空荡荡的村路上，只有一棵光秃秃的树做背景。他们自称要等待戈多，可是他们却不清楚戈多是谁、他们相约何时见面，但他们仍然苦苦地等待着。他俩在等待中闲聊，始终不见戈多出现，却来了主仆二人：波卓和幸运儿。幸运儿拿着行李，被主人用绳子牵着，唯命是从。流浪汉终于等来了一个戈多的使者，他告诉两个可怜的流浪汉："戈多今晚不来了，但明天晚上准来。"

同一时间，同一地点，狄狄和戈戈仍然在等待戈多。为了打发烦躁与寂寞，他

们继续说些无聊的话，做些荒唐可笑的动作。这时候，波卓和幸运儿又出现了，只是波卓的眼睛瞎了，幸运儿成了哑巴。最后又等来了那个使者，他告诉狄狄和戈戈，今天戈多不会来了，但他明天准来……

他们既不知道戈多是谁，也不知道戈多什么时候会来，只是一味地苦苦等待。狄狄说："咱们不再孤独啦，等待着夜，等待戈多，等待着，等待着。"天黑了，戈多不来，说明天准来，第二天又没来。第二幕中，一夜之间，枯树长出来了四五片叶子，戈戈和狄狄的穿着更破烂，生存状况更糟糕，波卓成了瞎子，幸运儿成了哑巴。剧中的两天等待情景，是漫长人生岁月的象征，真是"戈多迟迟不来，苦死了等他的人"。

"戈多"迟迟不肯露面，两个流浪汉却坚定地等待着。戈多似乎会来，又老是不来。戈戈和狄狄的生活环境是恶劣的，没有什么生存条件。他们想活连骨头也吃不到，想死连绳子也没有。但他们依然执着地希望着、憧憬着。无论戈多会不会来，也不管希望会不会成真，戈多是他们生存下去的唯一的精神寄托。他们的等待，既有希望，又充满了未知的恐惧。

有人说流浪汉等待的是上帝，有人说戈多根本不存在，甚至有人说戈多象征着人类的死亡。当有人问作者贝克特的时候，他苦笑着说："我要是知道，早在戏里说出来了。"然而，这一回答正好启示我们，人对一切都是无知的，不论是生活在这个世界，还是自己的命运。戈多是希望，戈多是不幸的人对于未来生活的呼唤和向往，戈多是人们对于明天的希望。

希望是存在的，但是要实现希望又是未知的。无论"戈多"是否会来，生活中的人们依然相信，总有一天他会出现，毕竟他是人类生存下去的勇气。没有了"戈多"，等待就意味着幻灭。尽管如此，人类还是应该"明知不可为而为之"，在无尽的等待之中，人类生生不息。

扼住命运的咽喉

由于人心的不明确性，每逢它落到无知里，人就把他自己变成衡量一切事物的尺度。

——（美国）维柯

要改善命运，就必须让自己成为命运真正的主人，因为生活的主体是自己。让我们重温一下"乐圣"的故事：

经过多年的勤学苦练，青年贝多芬逐渐成长为一名优秀的音乐家，创作了数以百计的音乐作品。但从1816年起，贝多芬的健康状况越来越差，后来耳病复发，不久就失聪了。作为一个音乐家，失去了听觉，就意味着将要离开自己喜爱的音乐艺术，这个打击简直比被判了死刑还要痛苦。

他又开始了与命运的抗争。除了作曲外，他还想担任乐队指挥。

结果在第一次预演时弄得大乱，他指挥的演奏比台上歌手的演唱慢了许多，使得乐队无所适从，混乱不堪。当别人写给他“不要再指挥下去了”的纸条时，贝多芬顿时脸色发白，慌忙跑回家，痛苦得一言不发。

在困厄中，贝多芬没有自暴自弃，而是以极大的毅力克服了耳聋带给他的困难。耳朵听不到，他就拿一根木棍，一头咬在嘴里，一头插在钢琴的共鸣箱里，用这种办法来感受声音。这样，他不仅创作出了比过去更多更好的音乐作品，还能登台担任指挥了。

1824年的一天，贝多芬又去指挥他的《第九交响乐》，博得了全场的一致喝彩，一共响起了5次热烈的掌声。然而，他却丝毫没有听到，直到一个女歌唱家把他拉到台前时，他才看见全场纷纷起立，有的挥舞着帽子，有的热烈鼓掌，这种狂热的场面让贝多芬激动不已。1827年3月26日，贝多芬在维也纳病逝。他一生创作了九部交响乐，其中尤以《英雄交响乐》《命运交响乐》《田园交响乐》《合唱交响乐》最为著名，此外还有32首钢琴奏鸣曲，以及大量的钢琴协奏曲、小提琴协奏曲等。他一生为音乐的繁荣发展做出了巨大贡献。

贝多芬以一生的波澜壮阔，传达着这样一句撼天动地的宣言：“我将扼住命运的咽喉，它绝不能使我屈服！”

当你不去掌控命运的时候，就会被命运所掌控，那么，在这个世界上，你就只能成为一个玩偶，受命运摆布的玩偶。换句话说，在你把自己交给命运的那一刻起，你已经没有了灵魂，在这个世界上存在的只是你的肉体，一具行尸走肉而已。

性格决定命运

一个人的性格就是他的命运。

——（古希腊）赫拉克利特

赫拉克利特的这一名言也常被翻译成“一个人的性格就是他的守护神。”的确，一个人一旦认清了自己的天性，知道自己究竟是什么人，他也就知道自己究竟要什么了，如同有神守护一样，不会在喧闹的人世间迷失方向。周国平认为，赫拉克利特这一名言的真正含义是：一个人应该认清自己的天性，过最适合于他天性的生活，对他而言这就是最好的生活。明朝罗祯在《俞净意公遇灶神记》中讲了这样一

个故事：

明朝嘉靖年间，江西有位俞都，字良臣。他少年时就博学多才，18 岁中了秀才。但是到了壮年时，灾祸接踵而至，前后考试 7 次，都名落孙山。5 个儿子，4 个因病夭折，还有一个在 8 岁时走丢了，4 个女儿也只剩下一个了。

妻子因伤心难过而哭瞎了双眼。俞公几十年来一直不得志，家境越来越困难，前途渺茫，很是凄惨。经过这么多挫折，俞公青年时对人生美好的憧憬完全破灭了。他自己反省：我是个读书人，有聪明才智，又一直行善积德，并没有多大的过失，为何老天如此不公平，对我这样严厉地惩罚，天理何在？

有一年腊月三十的晚上，一位姓张的修道者来到他家，俞公就向来客倾诉了满腹的牢骚。张道士一一指出俞公的不良心性和行为。俞公作为老师，在教学及与人交谈中，有轻视、鄙视别人的念头，冒犯了天地鬼神；虽然定期放生，却经常烹饪鲜活的动物；不恭敬圣贤书，经常把书纸糊在窗户上；面对漂亮的女子，虽举止未出轨，却心生邪念……听到这些，俞公一惊，赶紧请张道士帮忙。张道士告诉他，要改造命运，得先从内心开始，从内心驱除邪念，戒除坏毛病、不良习气，唯有如此，才能改造命运。

此后，俞公改名为“净意”，净心而保一颗清纯之心。最终，改变了命运，不仅考上了进士，而且找到了失散多年的儿子，妻子的双眼也复明了。

如果不从自己的内心开始改变，让性格从根本上得以改变，那么无论做出何等努力，都不会从根本上解决问题，一切外在的改变都是徒劳。所谓“贵贱祸福”，都是由自己的心性及行为所播种的因而结出的果。

向苦难的生活索取意义

命运的变化犹如月之圆缺，对强者毫无妨害。

——（美国）富兰克林

“无论什么，只要你在活着的时候应付不了生活，就应该用一只手挡开点儿笼罩着你的生活的绝望……但同时，你可以用另一只手，草草记下你在废墟中看到的一切，因为你和别人看到的不同，而且更多。”1921 年 10 月 19 日，德国小说家卡夫卡在他的《卡夫卡日记》中写下了这段话。这位长期生活在痛苦和孤独之中的伟大文学家用左手挥去一战前后弥漫的硝烟，用右手写下了传世的文字。

含着金钥匙出生的人毕竟是少数，一生顺利的人更是少数中的少数。没有人会给苦难的生活打上漂亮的蝴蝶结，但毋庸置疑，它仍然是一份珍贵的礼物。挫折、坎坷、苦难是大多数人必经的旅程，它们是人生最好的大学。我们需要的是借助挫折的力量提高自己。

一位学者应邀到一个美国军事基地演讲，美方派了一名士兵到机场迎接他。

这位士兵非常有礼貌，一见到学者就立刻上前敬礼致意，并陪他一起去取行李。刚走几步，士兵突然加快了脚步，学者看着他紧赶几步替前面一位老人拎起了箱子；士兵把老人送上出租车才回到学者身边，但不一会他又离开了——他从一位被人群挤得站不稳的母亲怀里接过了她的孩子；后来，士兵又为了帮一位外国人指路走开了。

这一小段路上，士兵离开了学者三次，每次归来时，他都笑得非常开心。学者问他：“你是从哪里学到要这样去做的？”

“战场。”士兵回答，“我亲眼看着自己的战友一个个倒下，我不知道下一个死去的会不会是我。每次抬脚和落脚之间，我都可能会失去生命，所以那时候我开始懂了，每一步都是整个人生。”

学者问：“当时你的任务是？”

“排雷。”

能够在血腥的战场上获得生命的启示，在朝不保夕的境遇里思索存在的意义，这是多么难得！充分利用抬脚与落脚间的间隙，把迈出的每一步都当成整个人生，这是士兵从残酷的战争中获得的经验，也是使他的人生增值的砝码。面对苦难，这位士兵的内心之强大，真是令人不由得心生敬意。

所谓“时势造英雄”，苦难的环境的确成就了很多伟人，比如发于畎亩之中的舜，举于版筑之中的傅说，出身鱼盐之中的胶鬲，举于士、海、市的管夷吾、孙叔敖、百里奚。但是，挫折同样会毁灭弱者。初涉社会的年轻人往往带着些年少的轻狂，认为自己所向披靡、无所不能，但心高气傲与心灰意冷之间往往只有一线之隔，一个小小的挫折就可能像兜头的冰水一样浇熄他们的热情。

从沙粒化身珍珠的过程不难得出结论，苦涩是有价值的，它像一个三棱镜，把单调的人生折射出缤纷的色彩。法国有位诗人曾写下这样的诗句："我洗过无数车子/我擦过无数鞋子/它们愈是闪光/我愈是满手污垢。"若将后两句话的次序颠倒一下，就更容易发现磨难的价值所在了：那无数肮脏的车子、沾染尘埃的鞋子，在我的擦洗下变得异常洁净，尽管双手沾染了污垢，我眼前却是跃动的光亮。

命运只是生命的旁观者

我连做人都感到吃力。

——（俄国）陀思妥耶夫斯基

每个人的背后都有一双命运之手在操控，当你陷入困境之时向命运求救，命运将如何回答你呢？法国小说家加缪在《误会》中，似乎给出了无奈的答案。

一个母亲带着两个孩子在一个山区开了家小旅馆，但是生意并不如意。儿子十五六岁时就离家出走，到外面闯荡。经过几年的奋斗，他赚了不少钱，也结了婚，但是他常觉得不快乐。因为在他心里"幸福不是一切，人还有责任。我的家人在山中受苦，我希望她们也能够享福"。于是，他带上妻子回去探望母亲和妹妹。

在回家的路上，他忽然想到《圣经》中有关浪子回头的故事，心里想："我比浪子好多了，浪子是挥霍家产，我可是赚钱回来孝敬妈妈！那么我应该会受到更好的待遇才对。"想到这里，他希望给母亲一个惊喜。他让妻子住在另一家旅馆，而自己一个人回家。虽然他不断给母亲和妹妹暗示，但是母亲和妹妹并没有认出他来，对他很冷漠。

当妹妹问哥哥："听说外面的世界很美丽，是吗？"哥哥兴高采烈地为妹妹描述外面的世界。然而他没有想到的是，当他出去闯荡的时候，妹妹与母亲为了谋生，开始通过用迷药谋杀单身有钱的客人，抢夺他们的钱财而生活。他描述得越生动，越注定了他非死不可的命运。

儿子看到母亲和妹妹都记不起自己了，很失望，喝了妹妹倒的茶后就上床睡觉了。半夜时，母女两人把他抬到水坝丢下去，旅馆的老仆人捡到了掉在地上的身份证。母亲知道自己竟然杀死了自己的儿子，于是决定上吊自杀。

虽然女儿拼命阻止，但是母亲认为自己连儿子都认不出来，没有资格做母亲

了。女儿说："可是你还有一个女儿啊！"母亲却说："妈妈对儿子的爱与对女儿的爱是不同的。"于是自杀了。

女儿听到妈妈的话很生气，这时，她从未谋面的嫂子跑来找哥哥。妹妹把所有的一切告诉嫂子之后也自杀了，旅馆里只剩下嫂子一个人在痛哭。

老仆人出来问："怎么这么吵？"

这个孤独无助的女人对老仆人说："救救我吧！请你帮助我吧！"

老仆人说："不！"

故事就此结束。加缪说，老仆人就是命运，命运在旁边冷漠地注视着这一切。当你向它求助，希望它能够帮助你的时候，它给你的却是冰冷的答案："不。"为什么会这样呢？因为在加缪看来，痛苦是孤立的，没有任何人可以帮助任何人，人不要指望命运。

人生是苦

> 生命是一团欲望，欲望不能满足便痛苦，满足便无聊，人生就在痛苦和无聊之间摇摆。幸福不过是欲望的暂时停止。
>
> ——（德国）叔本华

叔本华认为，人生受苦的根源在于欲望这一难以控制的意志力量。人在各种欲望不得满足时处于痛苦的一端，得到满足时便处于无聊的一端。人的一生就像钟摆一样在痛苦与无聊这两端之间来回摆动，永不停歇。在无止境的欲望的驱使下，人生充满焦虑、痛苦或无聊，这不是人生的偶然，而是本质。因此，人生根本就不可能有真正的幸福，人生就是不幸。

叔本华以一种绝对否定的方式来看世界，突出生于其中难以解脱的不幸命运。“人生是苦”的生命本质，虽然有些夸大，却让我们难以拒绝这一令人警醒的断言。叔本华讲过这样一个故事：

爪哇漫山遍野全是尸骨，令人恍如置身战场。这些都是雌性大海龟的尸骨。它们每年必须爬上岸来产蛋，于是岸上的野狗就扑到它们的背上，撕去它们的硬壳，活生生地吃掉它们。这一悲剧年复一年地重演了千万遍，那些海龟就是为此而出生的……

海龟简直就不是为了自己而被造出来的，它是作为野狗的食物而生的，而其他被海龟所食的动物同样也是这样的悲剧命运。在叔本华看来，“这里生存意志把它自身客观化了”。

在美国黄石公园里，有一扇门，上面写着：“这里关着最可怕的动物”。拉开门一看，只是一面镜子，照见的正是人自己。

然而，人类如此的种种行动，目的却是虚无的、悲剧性的，“是为了在短暂的一段时间内维持那些转瞬即逝又痛苦不堪的个体生存”。

那么，人生如此痛苦，难道就不能超越吗？如何才能摆脱欲望意志的强大迫使力，从而不受其苦？叔本华说，至少有两条出路：德提升与审美提升。

既然是欲望产生了侵略、占有、毁坏和自我执着之苦，那么，如果我们能够完全摆脱它们，让自己从汹涌不息的欲望长河中抽身出来，而立于岸上漠不关心的旁观位置，一个人就可能至少达到片刻宁静的真正幸福。

凡是以欲望之求的满足作为幸福目标的，必然会不幸地堕入不幸。恰是放弃这种幸福渴求的折磨的，反而能达到宁静的幸福快乐。

也有人曾经这样说过，人生本来就是空虚的，如果把世界看成一个平台，无论相对于谁，每个人都不过是一个小小的推动这个平台的齿轮，无论有着何等的功绩，但最终的结局依然逃不过命运。面对这种虚无论调时，我们需要牢牢记住美国总统富兰克林曾说过的一句话：“命运的变化犹如月之圆缺，对强者毫无妨害。”唯有敢于奋斗的勇者才能够改变世界，遏制命运，对抗死亡；只有善于奋斗的强者才能实现生命的意义和价值；只有坚持奋斗的斗士才能取得最终的胜利，赢得生命最珍美的果实——幸福。面对虚无，奋斗能够创造意义，就像上帝从虚无中创造世界一样，而奋斗本身就是幸福的真义。

第二章
尽人事而知天命

随缘随喜，顺其自然

> 聪明人不注意自己不可能得到的东西，也不会为它们烦恼。
>
> ——（英国）乔·赫伯特

世间万物皆有其自身的规律，水在流淌的时候是不会去选择道路的，树在风中摇摆时是自由自在的，它们都懂得顺其自然的道理。因此，揠苗助长固不可取，逆流而上也是一种愚蠢。

再美好的事物，其结果都是一样的——或好或坏、或高或低、或美或丑、或大或小，感觉上并没有什么太大的差别。不同的则是它们的过程，在过程中享受奋斗的惬意，那才是幸福快乐的，而这个过程便是境遇，一种无法抵抗的客观事实，你只能顺其自然而为。

下面这个小小的禅院故事很好地阐释了顺其自然的真意：

三伏天里，禅院的草地一片枯黄。

“快撒点草籽吧！好难看啊。”小和尚说。

“等天凉了。”师父挥挥手，“随时！”

中秋的时候，师父买了一包草籽，叫小和尚播种。秋风起，草籽边撒边飘。

“不好了！好多种子都被风吹飞了。”小和尚喊道。

“没关系，吹走的多半是空的，即使撒下去也发不了芽。”师父说，“随性！”

种子刚撒完，就飞来几只小鸟啄食。

“要命了！种子都被鸟儿吃了！”小和尚急得直跳脚。

“没关系！种子多，吃不完！”师父说，“随遇！”

半夜下了一阵骤雨，小和尚一大早就冲进禅房：“师父！这下全完了！好多草籽被雨水冲走了！”

“冲到哪里，就在哪里发芽！”师父说，“随缘！”

转眼一个星期过去了，原来光秃秃的地面居然长出了许多嫩绿的草苗，一些原来没播种的角落也泛出了绿意。

小和尚高兴得拍起手来。师父点点头说：“随喜！”

随，不是跟随，而是顺其自然，不怨怒，不躁进，不过度，不强求；随，不是随便，而是把握机遇，不悲观，不刻板，不慌乱，不忘形。

是的，顺其自然并不是消极地去等待，更确切地说，顺其自然是寻求生命的平衡。

很多时候，顺其自然也是一种境界。许多人探讨过烦恼的来源，从某个角度

看，来源其实只有一个：不愿顺其自然，不愿接受冥冥之中的安排。但这都是有代价的，只是当事人不知而已。上帝公平得很，赋予的同时总伴随着索取。佛则认为人的烦恼的产生是由于我们对某物的执着和放不下，我们总是希望事情按照我们的意愿去发展，而事实则正好相反，但我们却依然执着于当初的意愿，这便产生了所谓的“烦恼”。

“命里有时终须有，命里无时莫强求。”生活中有许多东西是可遇而不可求的，有时能有某种体验就足够了，不完美的才是真实的，正如徐志摩所说：“得之我幸，不得我命，如此而已。”这就是我们应该追求的生活态度——顺其自然，不属于你的，大概永远也不会属于你，譬如天上的月亮。你想真正得到你所珍惜的东西最好顺其自然，如果它微笑着翩然而至，它将永远属于你；如果它无意降临，你又何必像放风筝似的，死死吊住它不放呢？

面对此种情形，我们不妨让很多事情都顺其自然，这样你会发现你的内心会渐渐清朗，而思想的负担也会随之减轻许多。的确，顺其自然可以说是经历了万千风雨之后的大彻大悟；是领略了人生的峰回路转之后的空灵；也是一种幽幽暗暗、反反复复追问之后的无奈。

栽好树，兔子才会撞上来

我从来就认为人的自由并不在于可以做他想做的事，而在于可以不做他不想做的事。

——（法国）卢梭

几乎每个人从小学时就知道“守株待兔”的故事，虽然那个守株待兔的农民被嘲笑了几千年，虽然我们大都认为守株待兔的成功概率和“天上掉馅饼”基本持平，但还是有很多人固执地守在那一截木桩旁边，等着兔子撞过来，更有甚者站在旷野里，等着好运砸到自己头顶上。

守株待兔的典故出自《韩非子·五蠹》，一般用来比喻那些存有期望不经过努力而得到成功的侥幸心理的人。其实，守株待兔倒也算不得是什么天方夜谭，但假如你真的希望会有一只兔子撞死在自己身边，起码首先得拥有一棵树吧？所以，如果真的希望能有好的机遇降临在自己身边，首先就要做好迎接机遇的准备，也就是在兔子撞过来之前要先把树栽好。

有位作家做过这样的比喻：“机会犹如梯子两边的侧木，本人的拼搏奋斗和准备犹如梯子中间的横木，两者兼有，才能成为攀向成功的梯子。”我们都需要机遇，但据说机遇的头发全部长在前额上，所以一旦走过去，你就无法再抓到它了；而且它的后脑勺是光的，还从来不回头。既然机遇无法掌控，那么我们只有先准备好梯子的横木。法国科学家巴斯德也曾说过：“机会总是偏爱有所准备的人。”

既然机遇转瞬即逝，那么当它出现时，能否捕捉得到，就因人而异了。常常有这种情况，同一条信息，同样一个机会，有些人视而不见，充耳不闻，甚至让机遇在鼻尖前溜过去；有些人却独具慧眼，机遇一旦出现，就能敏锐地察觉到，抓住不放，迅速做出决策，并发挥平时储备的能力，最终获得收益。这说明，对机遇的成功认识和把握，并不仅仅是一个认识问题，还有一个准备问题，从心灵到身体的双重准备。

这种提前栽树的例子在科学界尤为常见。没有耕耘就没有收获，常有人把科学家重大发现、发明的原因归结为偶然的机遇，这实在是一个谬误。

亚历山大·弗莱明是青霉素的发现者，这个发现为他在全世界赢得了25个名誉学位、15个城市的荣誉市民称号以及其他140多项荣誉，其中包括诺贝尔生理学或医学奖。

可是，弗莱明得到这一发现确实是出于一次比较偶然的机会。

1928年，弗莱明外出休假了两个星期。在这段时间内，实验室里一个被他忘记刷洗的培养皿中长出了一种神奇的霉菌。他休假归来后发现了这种现象，于是他对这种霉菌进行了观察，发现它居然有抗菌作用——细菌覆盖了器皿中没有沾染这种霉菌的所有部位。而且，这一次感染的细菌是一种严重的、有时是致命的感染源——葡萄球菌。

弗莱明在确认这种霉菌是一种青霉菌之后，为

它取了“青霉素”这个名字。在后续的试验中，他逐步证实了这种霉菌液还能够阻碍其他多种病毒性细菌的生长，并最终促成了青霉素这种“神奇药物”的出现。这对当时乃至之后的医学界都有十分重要的意义。

试想，如果弗莱明不是一个细菌学专家，或者对葡萄球菌没有进行数年的研究，或者粗心大意，把发了霉的培养液随手倒掉了，那他根本就不可能成为“青霉素之父”，而医学上青霉素的发现可能还会延后数十年。

事实上，命运是公平的，它公正地对待每一个人，你付出多少劳动，它就给你多少回报。我们每个人都是自身的设计师，在人生的盛大舞会开场之前，我们只需先为自己准备一双合适的舞鞋，随后静待音乐的响起。

向左哲学家，向右皇帝

人类总要顺从那不可避免的命运，在心中抛掉那不可能的事情，而另寻一种新的生活兴趣。

——（德国）歌德

风雨兼程人生路，面对人生中的种种“命运”，庆幸还是哀叹？创造还是顺从？抗拒还是接受？既然无法改变现实，那我们就坦然面对它，在“上帝的笑声”中做一些力所能及的事情，继续我们的生活。孔子说“仁者乐山，智者乐水”，只有在命运面前坦然面对的人，才能不被命运控制，在自我的人生路上生活幸福。

马可·奥勒留的智慧才华深得罗马教皇安东尼的赏识，教皇收他为养子，希望把他培养成国家的领导者。可是奥勒留向往的是隐居静思的哲人精神生活，成为一个像苏格拉底那样的哲学家是他的梦想。面对命运的安排，他没有抗争，而是听从斯多葛哲学的教诲，做一个顺从命运的人。他的内心呼唤他：“让命运成为你唯一的意向吧！因为此外再没有更合理的事情。”

于是，奥勒留在 19 岁的时候，就被推举为罗马的执政官，此后又两次连任，并娶了皇帝的女儿为妻。直到公元 161 年，安东尼驾崩之后，他被推上了帝国最高统治者的座位。

一个渴望归隐的圣人却坐上了世俗王权的宝座，一个哲学家成了一个皇帝，

这是一件奇妙的事情。然而，具有哲学家禀赋的他又同时具备优秀的治国才能，并能够平神静气地顺应命运，成为“罗马五大贤帝”中的一位，更是帝王史上的一个奇迹。

马克·奥勒留是一个悲怆的人。在一系列必须加以抗拒的欲望里，他感到其中最具有吸引力的一种就是引退，去一个宁静的乡村生活。但是实现这种愿望的机会始终没有来临。

理性的狂妄与自我的骄纵只能戏剧性地反证人类的无能与苍白——古希腊英雄阿喀琉斯虽贵为神之后代，却只能选择以死亡为代价的荣誉；俄狄浦斯虽为躲避厄运背井离乡、跋山涉水，仍然无法逃脱杀父娶母的悲剧。正如古人所言：“蜈蚣百足，行不及蛇；雄鸡扇翼，飞不过鸦。马有千里之程，无骑不能自往；人有冲天之志，非运不能自通。”

此心安处是故乡

你总是随身携带你自己，又怎能惊讶于你的旅行未能给你带来幸福？正是驱使你向前的东西本身成了压在你身上的重担。

——（古希腊）苏格拉底

对于随遇而安，人们会有不同的理解和体悟。不少人爱用“随遇而安”一词来批评他人或自嘲，以致使其成了满足现状、不思进取的同义词。细细品味这四个字，觉得不但含义颇深，而且包含着两层意思。

“随遇”者，顺随境遇也，“安”者，一可理解为听天由命，安于现状；二可理解为心灵不为不如意之境遇所扰，无论于何种处境，均能保持一种平和安然的心态，并继续坚持自己的追求。前者之“安”，或许可以称之为“消极处世”；而后者之“安”，则需要一种良好的心理调节能力，甚至需要一种超脱、豁达的胸襟，不是人人都能做到的。庄子有言：“古之真人，其寝不梦，其觉无忧，其食不甘，其息深深。”真人者，有心灵之安，不仅可以使人“其寝不梦，其觉无忧”，而且还可以使人乐观处世，长葆青春。

苏轼的友人王定国有一名歌女，名叫柔奴，眉目娟丽，善于应对。其家世代

居住京师，后王定国迁官岭南，柔奴随之，多年后，复随王定国还京。苏轼拜访王定国时见到柔奴，问她："岭南的风土应该不好吧？"不料柔奴却答道："此心安处，便是吾乡。"苏轼闻之，心有所感，遂填词一首，这首词的后半阕是："万里归来年愈少，微笑，笑时犹带岭梅香。试问岭南应不好，却道，此心安处是吾乡。"在苏轼看来，偏远荒凉的岭南不是一个好地方，但柔奴却能像生活在故乡京城一样安然处之。从岭南归来的柔奴，看上去似乎比以前更加年轻，笑容仿佛带着岭南梅花的馨香，这便是随遇而安，并且是心灵之安的结果了。

这则小故事传递给我们的是人生的另一种境界——随遇而安。那柔奴便是因为深谙了"随遇而安"的内涵与要义，因而能做到"此心安处是吾乡"，并使自己"万里归来更年少"。

"此心安处是吾乡"，直到今天，仍然被无数漂泊者当作自况、自慰之语。多少"身在异乡为异客"的人，因能随遇而安，故而不论在什么样的环境里，均能安之若素。能安之若素，方可心无烦忧，一心做自己应做或爱做之事。

乐天知命，各享逍遥

快乐纯粹是内发的，它的产生不是由于事物，而是由于不受环境拘束的个人举动所产生的观念、思想与态度。

——（美国）马修·杰波

庄子在《逍遥游》中说道："朝菌不知晦朔，蟪蛄不知春秋，此小年也。"意思是说树根上的小蘑菇寿命不到一个月，因此它不理解一个月的时间是多长；蝉的寿命很短，生于夏天，死于秋末，它们自然不知道一年当中还有春天和冬天。它们的生命都是短暂的，或许一般人觉得它们很可怜。然而南怀瑾先生却不这样认为，他说，那些生命即使活了几秒钟也觉得自己活了一辈子，因为它们有它们的快乐。人生也是如此，每个人都有每个人的活法，感受的境界也是各不相同，最重要的是彼此能感受到各自生命中的快乐。

一天龙王与青蛙在海滨相遇，打过招呼后，青蛙问龙王："大王，你的住处是什么样的？"

"珍珠砌筑的宫殿，贝壳筑成的阙楼，屋檐华丽而有气派，厅柱坚实而又漂亮。"龙王反问了一句，"你呢？你的住处如何？"

青蛙说："我的住处绿藓似毡，娇草如茵，清泉潺潺。"说完，青蛙又向龙王提了一个问题："大王，你高兴时如何？发怒时又怎样？"

龙王说："我若高兴，就普降甘露，让大地滋润，使五谷丰登；若发怒，则先吹风暴，再发霹雳，继而闪电，叫千里以内寸草不留。那么，你呢？青蛙！"

青蛙说："我高兴时，就面对清风朗月，呱呱叫上一通；发怒时，先瞪眼睛，再鼓肚皮，最后气消肚瘪，万事了结。"

人活在世上都要扮演一定的社会角色，或是"龙王"，或是"青蛙"。龙王有龙王的活法，青蛙有青蛙的活法。或许你的生活很简单，但是你也会有自己的乐趣。

心理学家马修·杰波博士说："快乐纯粹是内发的，它的产生不是由于事物，而是由于不受环境拘束的个人举动所产生的观念、思想与态度。"生命各有各的快乐，

选择属于你自己的快乐，这就是庄子提倡的人生哲学。

人来到这个世界后，一开始无忧无虑，因为需求的东西少，负担少，所以得到的快乐也就多。随着自己想要得到的东西不断地增加，要求不断地提高，各种各样的负担和烦恼也由此而生，除了苦苦挣扎得到想要得到的一切之外，再也没有时间去想自己是不是过得快乐。到了最后，终于明白了这个问题时，生命的守护神已经开始远离你而去了，等待你的就是生命的衰落、灭亡。

天地之间三尺高

相信一切的人和怀疑一切的人，其错误是一样的。

——（古罗马）塞涅卡

在崇尚个性的今天，不少人，尤其是那些心比天高的年轻人常常将“弯腰”“低头”视为软弱甚至媚俗，事实上少些傲气不等于没有傲骨，甘居人后者的卑微姿态下往往藏有一颗并不卑微的心。据说，企鹅在上岸之前，先要猛地扎到水里，尽力下沉，然后借助海水的浮力蹿出水面、腾空而起，潜得越深，就会腾起得越高，这就是所谓的“蓄势而待发”。

有人问一位哲人：“据说你是天底下最有学问的人，那我想请教一个问题。请你告诉我，天与地之间的高度到底是多少？”

哲人微笑着回答说：“三尺！”

“胡说！”对方非常不满，“我们每个人都有四五尺高，天与地的高度若只有三尺，那人还不把天给戳出许多窟窿？”

哲人说：“所以，凡是高度超过三尺的人，要想长久地立足于天地之间，就要懂得低头呀！”

天地间的高度只有三尺，想安身者务须学会忍耐，这不仅是哲人对人生的认识，也是先贤们用亲身经历佐证过的。热衷做预言家或批评家的人常常会对身边刚刚或正在发生的事情做出评判，既可能会失了公允，又可能会囿于眼光的短浅。如此一来，倒不如做个善于归纳的匠人，从几千年历史的兴衰荣辱中触摸生活的脉搏。

古来由忍得以避祸、先忍而后显贵的人不胜枚举。提到忍辱负重的典型，卧薪尝胆的勾践和受胯下之辱的韩信真是家喻户晓。除了他们，从屈辱中萃取财富，从磨难中提炼智慧人还有很多，如在外流亡十九载的公子重耳，假如他没能经受得住颠沛之苦和流离之悲，怎么能在春秋五霸中占据一席；又如将父仇和血吞咽、委曲求全的秦孝公渠梁，忍下割地之辱的“赳赳老秦”自此休养生息，从任人宰割的贫瘠小邦变成了一统天下的泱泱大国。

反观那些受不了气、弯不下腰的人，他们时常怒发冲冠或任性行事，最终的结果常常是或沦为庸人，或功败垂成。

雄鹰有时候飞得比鸡还要低，但鸡永远不能飞得像雄鹰那样高。学会低头，这是一种智慧。人生之路何其漫长，不可能每一扇门都是按照我们的高矮胖瘦修建成的，执拗的人若只知一味向前、不懂迂回，难免会磕在门框上，甚至撞得头破血流；智者就懂得侧一侧身、弯一弯腰，甚至从低矮的门洞中爬过，姿势固然丑了些，但终归是安全通过了那些没必要为之流血牺牲的障碍。

第三章

究竟什么是自由

坚持有原则的自由

一个人只要宣称自己是自由的，就会同时感到他是受限制的。如果你敢于宣称自己是受限制的，你就会感到自己是自由的。

——（德国）歌德

“大鱼吃小鱼，小鱼吃虾米”，这就是生物链，而生物链就是自然界中自由与约束的关系。没有一种生物是没有天敌的，它们在和同类生活的同时，也必然要提防天敌的袭击。假设哪天狮子不吃羊了，豹不吃兔子了，所有动物都安乐地繁殖，那么终有一天，世界上的动物会越来越多，那么除了“人口危机”外，还会出现“动物危机”，到时候动物们是不是也需要找一个星球来移民呢?

人与动物最根本的区别便在于，人有一种非凡的能力，那便是：人懂得自我约束。

任何事物都需要有一定的约束，所以佛法中存在十分严格的“持戒”。俗话说：“没有规矩，无以成方圆。”的确，世间的万事万物都要受到一定的约束，没有一个事物是绝对自由的。有这样一则寓言：

车轮对方向盘说：“你总是限制我的自由。”

方向盘说：“我若不限制你的自由，你就会跌到深渊中去。”

汽车不能离开方向盘的限制，人也离不开社会的约束。

世上并没有无约束的自由，而只有不同约束条件下的自由。自由与约束是相对的，自由和约束总是在变化，约束少一点，自由就会多一些；约束多一些，则自由便会少一点。

生活中，很多人都崇尚自由，反对约束，但世界上有绝对的自由吗？

云雀总以为笼子是它的束缚，想方设法地逃离那里，飞向心中的自由之所——天空。后来，它发现笼子外的世界有太多危机，有太多的艰辛束缚着它，使它疲惫，于是它又回到了那个原本是约束，现在又成为它眼中自由的地方——笼子。

从云雀身上，我们不难看出，约束和自由并非是绝对的，而是相对的。有了约束才会有自由，因为自由存在的前提是束缚，没有各种各样比如道德法律上的约束和规定，或者各种人为的规则和要求，自由就无从谈起；另一方面，没有自由，约束也就失去了它本身具有的意义和作用。

所以，自由和约束看似矛盾，却又和谐统一。

其实，人类是经过了无数次“包装”的，约束就是那一层又一层的包装纸，没经过包装的人做起事来随心所欲、无法无天，这种人将无法立足于社会。

我们不愿被别人抛弃，不想被社会淘汰，那么，我们必须约束自己。

方向盘对车轮的限制、约束，是为了不让它走错路，以致跌入深渊；人们对花、草、树、木的约束，是为了塑造它们美的气质，让它们供人观赏。因此，约束是必要的，而且对人对事的成就都具有促进作用。放任自由只会导致泛滥成灾，只有约束才能成就秩序，成就和谐，成就圆满的人生。

自由的，就可自由选择吗

> 不能制约自己的人，不能称之为自由的人。
>
> ——（古希腊）毕达哥拉斯

当代法国存在主义哲学家萨特认为，人的存在先于人的本质。他的意思是说，人生下来的时候，并没有什么本质，其本质是在生存的过程中逐渐呈现出来的——先存在，后本质。那么，所谓本性，是在生活过程中逐渐形成的，这个形成过程的关键是个人自由的选择。在每一次选择中，每个人的本质就出现了。

第二次世界大战中，德国占领了法国，有个法国青年前来请教萨特，因为他不知道该如何选择自己的人生。这个年轻人面临着两个选择：选择参加抵抗运动，离开自己年迈的、需要照顾的母亲；选择留在母亲的身边，而听任德国人在法国肆虐。二者只能选择其一，一经选择，这个青年就会走上完全不同的道路，因此希望萨特能给他指点迷津。

听完青年人的陈述，萨特给他分析了两种选择的后果：如果选择抵抗运动，他就成为面对侵略奋起反抗的英雄，但失去了做一个孝子的可能；相反，如果留在母亲身边，他就可以服侍母亲，全尽孝道，但却成了没有血性的懦夫。然后萨特说，这两种选择并没有什么高下之分，完全是不同的选择而已，选择不同就是不同的人生，他就成为不同的人——英雄或懦夫，不肖或孝子。最后，萨特说："你是自由的，所以你自由选择吧。"

萨特的自由选择强调人在选择

面前的自由，坚持不屈服于传统、权威和说教，无疑具有巨大的解放作用。但是，每一种人生选择都是选择，都有其理由，都是人的本质形成的过程。那么，杀人越货与舍生取义在实质上都是一样的，没有好坏之分，因此，想干什么就干什么吧！显然，这种自由选择在现实生活中有时是行不通的。

自由选择之后呢？萨特说，每个人都要对自己的选择负责，因为选择是自由的，没有人逼迫你选择。这样一来，无论一个人的人生出现了什么情况，都不能抱怨，只能怪自己的选择。这种观念是个人英雄主义的，同时也是冷酷无情的。

按照这种逻辑，人世间的不幸都是个人造成的，社会就没有任何责任了。一个人出生的时候，父亲是酒鬼和小偷，母亲是妓女，他从小在妓院长大，社会抛弃了他……最后他成了一个罪犯——难道悲剧的所有责任都该由这个可怜的人来负吗？如果是这样，“各人自扫门前雪，莫管他人瓦上霜”，社会对个体的帮助，比如慈善活动、公益事业甚至包括政府履行的社会救助职责就都不需要了。实际上，个人问题也是社会问题，不能把所有的责任归结到个人的身上。可以说，萨特的自由选择是对西方资本主义社会问题的逃避。

随野鸡自由游走

生命诚可贵，爱情价更高。若为自由故，二者皆可抛。

——（匈牙利）裴多菲

《庄子·养生主》曰：“泽雉十步一啄，百步一饮，不蕲畜乎樊中。神虽王，不善也。”在庄子的眼中，野鸡为了生存，十步一啄，百步一饮，一天到晚四处找食。虽然如此，但它觉得很快乐，因为野鸡没被关在笼子里。而那些被关在笼子里的动物，虽然不必四处觅食，可它们却为此付出了沉重的代价。自由是珍贵的，一旦失去了就再也无法挽回，这也是做人的道理。

戴晋生是个很有才学的人，魏王听说后，便把他请到王宫中面谈。谈话间，魏王见他气度不凡，是经国济世之才，于是要留戴晋生在宫中做官，赐给优厚的俸禄。

戴晋生却拒绝了，他说：“您见过那沼泽荒地中的野鸡吗？它没有人用现成的食物喂养，全靠自己辛勤觅食，总要走好几步才能啄到一口食，常常是用整天的劳动才能吃饱肚子。可是，它的羽毛却长得十分丰满，光泽闪亮，能和天上的日月相辉映；它奋翅飞翔，引吭长鸣，那叫声弥漫在整个荒野和山陵。您说，为什么会这样呢？因为野鸡能按自己的意志自由自在地生活，它不停地活动，无拘无束地来往于广阔的天地之中。现在如果把它捉回家，喂养在粮仓里，使它不费力气就能吃得饱饱的，它必然会失去原来的朝气与活力，羽毛会失去原有的光润，精神衰退，垂头丧气，叫声也不再雄壮了。

“您知道这是什么原因吗？是不是喂给它的食物不好呢？当然不是。只是因为它失去了往日的自由，禁锢了它的志趣，它怎么会有生气呢？”

自由是比任何物质的享受都要珍贵的，野鸡尚且如此，更不用说人了。在生活中，自由的内涵是丰富的：对于一个身陷囹圄的人来说，想去哪就去哪就是自由；对于一个疾病缠身的人来说，拥有健康就是自由；对于一个为高考埋头苦读的学生来说，不再有考试就是自由；对于一个要养家糊口的人来说，有钱就是自由……

同时，自由也是珍贵的，不要等到失去时才追悔莫及。对于一个渴望自由的人来说，做一只自由游走的野鸡远比困在樊笼里的孔雀要幸福，因为自由永远都是无价的。

有两只老虎，一只在笼子里，一只在野地里。

在笼子里的老虎三餐无忧，在野外的老虎自由自在。两只老虎经常进行亲切的交谈。

笼子里的老虎总是羡慕外面老虎的自由，外面的老虎却羡慕笼子里的老虎安逸。一天，一只老虎对另一只老虎说："咱们换一换。"另一只老虎同意了。

于是，笼子里的老虎走进了大自然，野地里的老虎走进了笼子。从笼子里走出来的老虎高高兴兴，在旷野里拼命地奔跑；走进笼子的老虎也十分快乐，他再不用为食物而发愁。

但不久，两只老虎都死了。

一只是饥饿而死，一只是忧郁而死。从笼子中走出来的老虎获得了自由，却没有同时获得捕食的本领；走进笼子的老虎获得了安逸，却没有获得在狭小空间生活的心境。

适合的才是最好的。许多时候，人们往往对自己的幸福熟视无睹，而觉得别人的幸福很耀眼。想不到，别人的幸福也许对自己并不适合；更想不到，别人的幸福也许正是自己的坟墓。这个世界多姿多彩，每个人都有属于自己的位置，有自己的生活方式，有自己的幸福，又何必去羡慕别人呢？安心享受自己的生活，享受自己的幸福，才是快乐之道。

让人无可奈何的假选择

自由是令人迷惑的：人们占有它的时候，往往不知道有它；直到失去了，没有了，他们才知道它。

——（美国）卡尔·桑德堡

生活中我们都会有这样的体会，自己面临各式各样的选择，但很多是假选择，我们经常被表面上众多的选择项弄昏了头，其实摆在面前的只有一个选项或者没有选项。这种现象就是经济学中所说的"霍布森选择"，这个说法来自英国剑桥商人霍布森做生意的一个故事：

1631年，英国剑桥商人霍布森从事贩马生意，他说："买我的马或者租我的马，价格绝对便宜，并且你们可以随便挑选。"霍布斯的马圈很大，马匹很多，然而马圈只有一个小门。高头大马出不去，能出去的都是瘦马、小马。霍布斯只允许人们在马圈的出口处选。大家挑来挑去，自以为完成了满意的选择，最后的结

果可想而知——只是一个低级的决策结果，其实质是小选择、假选择、形式主义的选择。

可以看出，这种选择是在有限的空间里进行着有限的选择，无论你如何思考、评估与甄别，最终得到的还是一匹劣马。后来，管理学家西蒙把这种没有选择余地的所谓“选择”讥讽为“霍布森选择”。

生活中，我们也往往会遇到类似的陷阱，我们经常听到“自由选择”，实际上，这种自由总是或多或少受到限制和约束，这使得选择的范围大大缩小。

举一个简单的例子，对于一个自由的大学生来说，他毕业后可以工作，可以读研究生，可以出国留学，甚至可以成为自由职业者。但是，真实的选择并不是这么回事：因为囊中羞涩，出国留学的选择实际已经名存实亡；因为英语基础差，通过考研英语分数线的可能性很低，这无疑又使读研成为弃选项；因为家里强烈反对他做自由职业者，于是必须得放弃这种选择……这就是残酷的现实给选择套上的枷锁，因此他必须在毕业后找寻一份正式的工作。

一个企业家在挑选部门经理时，往往只局限于在自己熟悉的范围内挑选人才，选来选去，再怎么公平、公正和自由，也只是在小范围内进行挑选，很容易出现霍布森选择的局面，甚至出现“矮子里拔将军”的状况。“当看上去只有一条路可走时，这条路往往是错误的。”毫无疑问，只有一种备选方案就无所谓择优，没有了择优，决策也就失去了意义。

霍布森选择一直在我们的生活中存在着。虽然从理论上说你总是有许许多多的选择，但因某些限制的存在，减少了你选择的范围，甚至只允许你有一种选择。受到限制的选择也并不是一无是处。现代商品经济下，生产资料日益丰富，走进超市面对各种品牌的同类商品往往会感觉有点无从下手，不知道自己该选择哪个，很担心自己会选中了质量差的产品。谁能保证自己的选择就一定是正确的呢？如果只有一种商品可供选择，人们对该商品的认知已经很清晰，不再有这些担心，人们至少可以选择买或不买。此外，如果只有一种选择，也可节省选择的机会成本。

精神自由乃真自由

无知者是不自由的，因为和他对立的是一个陌生的世界。

——（德国）黑格尔

庄子告诉我们，一个人要从重重束缚和限制中摆脱出来，达到自由的境界。这自由是怎样的自由，该如何获得自由？徐复观先生认为，庄子告诉我们的自由方式是精神的自由，一个人人身的自由算不上自由，只有精神的自由才是真正的自由。

无论如何，一个人都要有自己的自由精神，否则，就只能拾人牙慧，成为别人的精神附庸，永远活不出真实的自己，又谈何自由？

普鲁斯特是法国著名作家，他所开创的意识流写作方法已成为现代小说的一大奇观。

普鲁斯特是一个家境富裕、体弱多病然而很有才华的年轻人，他酷爱书籍和绘画，经常出入巴黎社交场合。他在一次疗养过程中爱上了一个叫阿尔贝蒂娜的姑娘，初时遭到拒绝，后来姑娘态度有所改变，他更狂热地爱恋着她，想将她迎娶回家。但是那位姑娘却不辞而别，他到处找寻，最后得知她已突然死去。

普鲁斯特在深感绝望之中，决定从事文学创作，写出一生经历的悲欢苦乐。由于身患疾病，所以他几乎足不出户，一生都幽居在他的病榻之上，连阳光都极少见。但是他凭借着自己的思想在精神领地语言疆土上自由驰骋，在他的病榻上开创了意识流的写作方法。20 世纪最伟大的意识流派文学作品《追忆逝水年华》就是这样在病榻上写就的。

普鲁斯特因疾病被困在病榻之上，从来不能自由行走在繁华的世界中，但是普鲁斯特有一颗自由驰骋的心灵，所以他依然能够依靠心灵在世间飞驰。

庄子曾经就精神自由用了一个很动感的词来表达：坐驰。怎样才能坐驰呢？坐在那里，身子不动，心灵在宇宙之间自由飞翔驰骋。一个人的肉体是可以被羁绊的，但是一定不要给你的心灵戴上枷锁。一个人如果能够保持心灵的自由飞翔，那他在人间就获得了真正的自由。

伟大的代价即是责任

伟大的代价即是责任。

——（英国）丘吉尔

丘吉尔的这句名言激励着一代代英国人去担负起时代赋予的重大责任与使命。一个英国人告诫自己的儿子，作为国家的一员，要背负为了国家的前途而努力奋斗的责任。在他看来，具有一颗崇高的责任心，一个人就拥有了生命的脊梁。

美国总统本杰明·富兰克林小时候很喜欢钓鱼，他把大部分闲暇时间都花在了那个磨坊附近的池塘旁边。在那儿，他可以得到从远方游来的鲥鱼、河鲈和鳗鲡。

本杰明和小伙伴们最喜欢到波士顿郊外的一个地方去钓鱼，那儿的水边有一片深深的泥塘。有鱼上钩的时候，他们必须站到泥塘里才能抓住它们。

一天，大家都站在泥塘里，本杰明对伙伴们说："站在这里太难受了。"

"就是嘛！"别的男孩子们说，"如果能换个地方多好啊！"

在泥塘附近的平地上，有许多用来建造新房地基的大石块。本杰明爬到石堆高处。"喂！"他说，"我有一个办法。站在那烂泥塘里太难受了，泥浆都快淹没到我的膝盖了，你们也差不多。我建议大家来建一个小小的码头。看到这些石块没有？它们都是工人们用来建房子的。我们把这些石块搬到水边，建一个码头。大家说怎样？我们要不要这样做？"

"要！要！"大家齐声大喊，"就这样定了吧！"

他们决定当晚再聚到这里开始他们"伟大的"计划。在约定的时间里，孩子们都到齐了，他们开始两三个人一起搬运石块。最后，他们终于把所有的石块都搬来

了，建成了一个小小的码头。

“伙计们，现在，”本杰明喊道，“让我们大喊三声来庆祝一下再回去，我们明天就可以轻轻松松地钓鱼了。”

“好哇！好哇！好哇！”孩子们欢叫着跑回家去睡觉了，梦想着明天的欢乐。

第二天早晨，当工人们来做工时，惊奇地发现所有的石块都不翼而飞了。工头仔细地看了看地面，发现了许多小脚印和小鞋印，沿着这些脚印和鞋印，他们很快就找到了失踪的石块。

“嘿，我明白是怎么回事了。”工头说，“那些小坏蛋，他们偷石头来建了一个小码头。不过，这些小鬼还真能干。”

他立即跑到地方法官那儿去报告。法官下令把那些偷石头的家伙带来。

幸好，失物的主人比工头仁慈一点，否则本杰明和他的伙伴们恐怕就麻烦了。石头的主人是一位绅士，他十分尊重本杰明的父亲。而且孩子们在这整个事件中体现出来的气魄也让他觉得非常有趣，因此，他表示不追究责任。

但是，这些孩子们却要受到来自他们父母亲的教训和惩罚。在那个悲伤的夜晚，许多荆条都被打断了。至于本杰明，他更害怕父亲的训斥而不是鞭打。事实上，他父亲的确是愤怒了。

“本杰明，过来！”富兰克林先生用他那一贯低沉严厉的声音命令道。

本杰明走到父亲的面前。

“本杰明，”父亲问，“你为什么要去动别人的东西？”

“唉，爸爸！”本杰明抬起了先前低垂的头，正视着父亲的眼睛说，“要是我仅仅是为了自己，我绝不会那么做。但是，我们建码头是为了大家都方便。如果把那些石头用来建房子，只有房子的主人才能使用，而建成码头却能为许多人服务。”

“孩子，”富兰克林严肃地说，“你的做法对公众造成的损害比对石头主人的伤害更大。我确信，人类的所有苦难，无论是个人的还是公众的，都来源于人们忽视了一个真理，那就是罪恶只能产生罪恶。正当的目的只能通过正当的手段去达到。”

一个人只有真正为公众的利益担当起自己应有的责任时，他的所作所为才会变得伟大而值得称颂。人们从来不会指望一个游手好闲、没有责任感的人能够成功。只有在真正懂得了责任的意义和内涵，并付诸行动时，才预示着开始走向新的历程。

正心诚意，敬钟如佛

耐心是一切聪明才智的基础。

——（古希腊）柏拉图

如果人的心中没有如来佛祖，那么即使学佛一万年，也无法领会其中的奥妙。所以，学佛法，首先要正心。心正了，思想不再扭曲；身正了，行为不再偏颇；身心都正了，语言不再苦涩，人就不会有偏离正道的危险。

正心的人眼里只看到一种事物，看山时，山是佛祖；看水时，水是佛祖；看钟时，钟亦是佛祖。普通人如果也能达到这种境界，做事也会更容易成功。

钟是佛教丛林寺院里的号令，清晨的钟声是先急后缓，警醒大众，长夜已过，勿再沉睡；而夜晚的钟声是先缓后急，提醒大众觉昏衢，疏昏昧！故丛林的一天作息，始于钟声，止于钟声。

有一天，奕尚禅师从禅定中起来时，刚好听到阵阵悠扬的钟声，禅师特别专注地用心耳聆听，待钟声一停，便忍不住召唤侍者，询问道：“早晨司钟的人是谁？”

侍者回答道：“是一个新来参学的沙弥。”

于是，奕尚禅师就让侍者将这沙弥叫来，问道：“你今天早晨是以什么样的心情

在司钟呢？”

沙弥不知禅师为什么要这么问他，他回答道：“没有什么特别的心情！只为打钟而打钟而已。”

奕尚禅师道：“不见得吧？你在打钟时，心里一定念着些什么，因为我今天听到的钟声是非常高贵响亮的声音，那是正心诚意的人才会发出的声音。”

沙弥想了又想，然后说道：“报告禅师！其实也没有刻意念着，只是我尚未出家参学时，家师时常告诫我，打钟的时候应该要想到钟即是佛，必须要虔诚、斋戒，敬钟如佛，用入定的禅心和礼拜之心来司钟。”

奕尚禅师听了非常满意，再三地提醒道：“往后处理事务时，不可以忘记，都要保有今天早上司钟的禅心。”

这位沙弥从童年起就养成了恭谨的习惯，不但司钟时如此，做任何事、动任何念，一直记着剃度师和奕尚禅师的开示，保持司钟的禅心。他就是后来的森田悟由禅师。

森田沙弥虽小，但连司钟时都知道敬钟如佛的禅心，这对他日后成为禅师大有裨益。

有些人看不起老实人，他们期望以最小的投入去攫取最大的利润，而不具有集中全部精神的虔敬心，这种心态本身就是不正；而虔诚的人，却能凭借虔敬带来的韧性和智慧，创造辉煌，这对于那些崇尚机巧的所谓“聪明人”，真是一种有力的嘲讽。

权力并不是一切

在这个世界上，最渺小的人与伟大的人同样有一种责任。

——（法国）罗曼·罗兰

在许多人眼里，权力象征着一切，拥有了权力，也就拥有了金钱，也就拥有了幸福与自由。然而真的是这样吗？

在世人的眼中，亚历山大大帝是有史以来最伟大的征服者之一。据说，当时的人们把他当作是太阳神的儿子，将其奉为自己的守护神，对他毕恭毕敬。因为怕被他的眼睛灼伤，没有人敢与他直视。亚历山大的权力可以说是达到了顶峰，那么他幸福吗？

在古希腊作家卢奇安的《对话录》中，第欧根尼和亚历山大大帝两人死后在阴间有这样一段对话：

第欧根尼问亚历山大大帝：“你不是太阳神的儿子吗？怎么你也会死啊？”

亚历山大沮丧地说：“现在我知道，那不过是骗人的妄想。”

接着，亚历山大感慨道，世间的权力和荣耀不过是一场空。他刚闭眼，将士们就忙于争权夺利，瓜分他的帝国，都没有人想着为他下葬。

亚历山大怨恨老师亚里士多德误导了自己。第欧根尼问他：“难道你老师没有告诉你命运的眷顾是不可靠的，世俗的荣耀是不可靠的吗？”

亚历山大愤怒地对第欧根尼说：“他是个骗子！一个金牌骗子！我的一切他都说好，我的行为和我的钱——他把钱也算成一种‘善’，这就意味着他不会为收钱而羞耻。是他的‘智慧’教导我执着于金钱、权力和征服，而让我遗忘了最重要的‘自由’！”

在对话的结尾，第欧根尼建议亚历山大喝下忘川水，忘记尘世的经历，以减少两相对比徒增的烦恼。他还告诉亚历山大要小心，因为他生前得罪和伤害过许多人，他们也要来阴间了。

亚历山大权倾一世，却身不由己，生活并不幸福。权力越大责任就越大，责任越大压力就越大，压力越大就越难快乐。一句话，幸福并不等于权力。

第四章

无奋斗，不人生

君子以自强不息

在这个世界上，最坚强的人是孤独的只靠自己站着的人。

——（挪威）易卜生

人，要想经历风雨而立于不败之地，必须学会自立，我们不能靠天，不能靠地，我们只能靠自己。人要学会自立，遇到困难时，不可畏缩，但是要想战胜困难，自立只是第一步，还要学会自强，欲成事，先壮大自己的力量，练就一身真本领。

西晋时期，司马家族的统治极其腐败，致使国力衰弱。北方匈奴乘机入侵，打败了晋军主力，攻陷了晋都洛阳，俘虏了晋愍帝。匈奴对晋愍帝百般羞辱，最后杀了他。在匈奴的统治下，百姓的生活更是水深火热。

这时，一位名叫祖逖的爱国志士，发誓要收复失地，拯救苦难百姓。他与好友刘琨住在一起，每日凌晨鸡鸣之时，两人就起床练剑。无论酷暑严冬、刮风下雨，从不间断。就这样，他们练就了高超的武艺，磨砺了坚定的意志。

公元 317 年，司马睿在建康（今南京市）建立了东晋政权，史称晋元帝。东晋朝廷苟安于江南一隅，并没有收复失地的意图。祖逖为此十分焦虑，他专程赶到建康求见司马睿，请求领兵北伐，收复中原。

司马睿没有办法拒绝祖逖的请求，就任命祖逖为豫州刺史，却不给他一兵一卒，只拨给他 1000 人的粮食和 3000 匹布，要他自己招兵买马，建立军队。

虽然得不到朝廷的全力支持，可祖逖并没有放弃北伐的决心。他带领几百名志愿北伐的壮士，渡江北上。船到江心，祖逖敲着船桨，大声地发誓："北伐如不成功，我祖逖决不再踏入这条大江。"随行的人听了祖逖的豪言壮语，一个个热血沸腾。

过江以后，祖逖一边召集人马，打造兵器，一边与敌人英勇作战。中原的老百姓给他们送来了粮草。军民同心协力，浴血奋战，祖逖很快就收复了黄河以南的大部分土地。

《周易·乾卦》中说："天行健，君子以自强不息。"无论是想在世界上安身立命，还是想实现宏图伟业，都需要自立自强。

也许蜡梅并不喜欢严寒霜冻，也许青松并不喜欢悬崖峭壁，也许海燕并不喜欢狂风暴雨。但它们不甘于放弃，自己做自己的救星，它们为自己奏响了生命乐章。

雨果曾经写道："我宁愿靠自己的力量打开我的前途，而不愿求有力者的垂青。"只要一个人是活着的，他的前途就永远取决于自己，成功与失败，都只系于自己身上。而依赖作为对生命的一种束缚，是一种寄生状态。

态度决定人生的高度

人类的一切事物都是悬吊在一根细丝上，昔日的强盛可以因时运的倒转而毁于一旦。

——（古罗马）奥维德

一天，有位哲学家带弟子们出行。途中，他问弟子们："有一种东西，跑得比光还快，瞬间能穿越银河系，到达遥远的地方，这是什么？"弟子们争着回答："我知道、我知道，是思想！"

哲学家微笑着点点头："那么，有另外一种东西，跑得比乌龟慢，当春花怒放时，它还停留在冬天；当头发雪白时，它仍然是个小孩子的模样，那又是什么？"

弟子们不知如何回答。

"还有，不前进也不后退、没出生也不死亡，始终漂浮在一个定点。谁能告诉我，这又是什么？"

弟子们更加茫然，面面相觑。

“答案都是思想！它们是思想的三种表现，换个角度来看，也可比喻成三种人生。”

望着聚精会神的弟子们，哲学家解释说：“第一种是积极奋斗的人生。当一个人不断力争上游，对明天永远充满希望和信心，这种人的心灵不受时空限制，他就好比一只射出的箭矢，总有一天会超越光速，驾驭在万物之上。

“第二种是懒惰的人生。他永远落在别人的屁股后面，捡拾他人丢弃的东西，这种人注定被遗忘。

“第三种是醉生梦死的人生。当一个人放弃努力、苟且偷安时，他的命运是冰冻的，没有任何机会来敲门，不快乐也无所谓痛苦。这是一个注定悲哀的人，像水母的空壳漂浮于海中，不存在现实世界，也不在梦境里……”

弟子们大悟。播种怎样的人生态度，就将收获怎样的生命高度和深度。

人的一生中，紧要处只有几步，如何使自己的生命更有意义，态度至关重要。正如英国历史学家弗劳德所说：“一棵树如果要结出果实，必须先在土壤里扎下根。同样，一个人首先需要学会依靠自己、尊重自己，不接受他人的施舍，不等待命运的馈赠。只有在这样的基础上，才可能有所成就。”

为人所不肯为，成人所不能成

故天降大任于斯人也，必先苦其心志，劳其筋骨，饿其体肤，空乏其身，行拂乱其所为也。

——孟　子

的确，一个肯做别人所不愿意去做的事情并且能将该事情做好的人必将有所成就。

佛家注重悟，更看重“行”。行动胜过语言，一万句空话也比不上一个有力的行动。面对天下的难为之事，只有勇于尝试别人所不敢做或不屑于做的事，才能收获别人所无法体会的成就和辉煌，生命也会变得更加圆满。

归省禅师担任住持期间，由于天旱，很少有人能拿出粮食来养活这些僧人，僧

人们只能每天喝粥吃野菜，个个面黄肌瘦。

有一日，归省禅师外出化缘，法远就召集大家取出柜里储藏的米做起粥来。粥还没做好，归省禅师就回来了，小师弟们一下就消失得无影无踪。归省禅师看到法远居然把应急用的米都用了，生气地说：“谁让你这么做的？”

法远毫无惧色地说：“弟子觉得大家面如枯槁，无精打采，于是就把应急用的米拿出来煮了，请师父原谅。”

归省严厉地说：“依清规打三十大板，驱逐出寺！”

法远默默地离开了寺院，

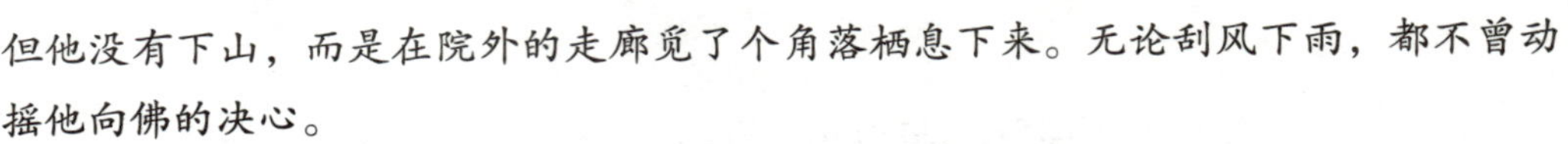

但他没有下山，而是在院外的走廊觅了个角落栖息下来。无论刮风下雨，都不曾动摇他向佛的决心。

归省禅师有一次偶然看见他在寺院的角落睡觉，十分吃惊地问道：“你住这里多久了？”

“已半年多了！”

“给房钱了吗？”

“没有。”

“没给房钱你怎么敢住在这里！你要住，就去交钱！”

法远默默托着钵走向市集，开始为人诵经、化缘，赚来的钱全部用来交房钱。

归省禅师笑着对大众宣布：“法远乃肉身佛也！”

后来法远继承了归省禅师的衣钵，将佛学发扬光大。

在人生中，能够去做别人所不愿意做的事情，不仅需要巨大的勇气，更需要我们踏踏实实地去做的一种精神。而且，机遇往往蕴涵在别人不愿意去做的事中，正因为别人不愿意去做，因此机会才会被愿意做的人所把握。

成功，从选定方向开始

对于一艘盲目航行的船来说，所有的风都是逆风。

——（英国）哈伯特

一个人无论他现在多大年龄，他真正的人生之旅，是从选定方向的那一天开始的，以前的日子，只不过是在绕圈子而已。

比塞尔是西撒哈拉沙漠中的一颗明珠，每年有数以万计的旅游者来到这里。可是在肯·莱文发现它之前，这里还只是一个封闭而落后的地方。这里没有一个人走出过大漠，据说不是他们不愿离开这块贫瘠的土地，而是尝试过很多次都没有走出去。

肯·莱文当然不相信这种说法。他用手语向这儿的人问原因，结果每个人的回答都一样：从这儿无论向哪个方向走，最后都还是会转回出发的地方。

比塞尔人为什么走不出来呢？肯·莱文非常纳闷，最后他只得雇一个比塞尔人，让他带路，看看到底是为什么。他们带了半个月的水，牵了头两峰骆驼，肯·莱文收起指南针等现代设备，只拄着一根木棍跟在后面。

十天过去了，他们走了大约 800 英里[①]的路程，第十一天的早晨，他们果然又回到了比塞尔。这一次肯·莱文终于明白了，比塞尔人之所以走不出大漠，是因为他们根本就不认识北斗星。

在一望无际的沙漠里，一个人如果只凭着感觉往前走，他会走出许多大小不一的圆圈，最后的足迹十有八九是一把卷尺的形状。比塞尔处在浩瀚的沙漠中间，方圆上千千米没有一点儿参照物，若不认识北斗星，又没有指南针，想走出沙漠，确实是不可能的。

肯·莱文在离开比塞尔时，带了一位叫阿古特尔的青年，就是上次给他带路的人。他告诉这个人，只要你白天休息，夜晚朝着北面那颗星走，就能走出沙漠。阿古特尔照着去做，三天之后果然来到了大漠的边缘。阿古特尔因此成为比塞尔的开拓者，他的铜像被竖在小城的中央。铜像的底座上刻着一行字：新生活是从选定方向开始的。

为了求生存、求成功，我们必须在杂乱中建立秩序，找出一个正常的步调，确

① 1 英里约等于 1.6 千米。

定一个方向。如果没有方向，就只能在人生的旅途上徘徊，永远到不了目的地，正如空气对于生命一样，方向对于成功也有绝对的必要。

勤勉，使人成为幸运之宠

凡流泪撒种的，必欢呼收割。那流着泪出去的，必要欢欢乐乐地带禾捆回来。

——《圣经》

在犹太人心中，成功的背后定有辛苦，勤勉和成功互为表里。常常有很多人因为勤勉而成功，却很少有因懒惰而成功的人。虽然勤劳并不一定能获得成功，但无论如何，人们都要辛勤工作，因为这是获得成功的最基本条件。远古人取火，要花很长的时间去摩擦木头或石头；要吃果实，就要爬到很高的树上去摘。

范仲淹幼年丧父，家境清寒，但志操高洁，力学不辍。他求学时“昼夜不息，

冬月惫甚，以水沃面；食不给，至于糜粥继之，人不能堪，仲淹不苦也”。

1014年，迷信道教的宋真宗率领百官到亳州去朝拜太清宫。浩浩荡荡的车马路过南京（今河南商丘）时，整个城市轰动了，人们都争先恐后地看皇帝，唯有范仲淹闭门不出，仍然埋头读书。

有同学特地跑来叫他：“快去看，这是个千载难逢的机会，千万不要错过！”但他只随口说了句“将来再见也不晚”，便头也不抬地继续读他的书了。果然，第二年他就得中进士，见到了皇帝。

英国哲学家罗素也说，当人可以毫不费力地得到他所希望的东西时，单是生活中努力的缺乏就必然使他失去了获得幸福的一个重要因素。“大人不化，君子务实”，只要务实兴利，不务浮言虚名，方能致福于人，有福于己；而治国者只有做到正德、利用、厚生、惟和，才是万民之福。幸福总是与“造福”的艰辛与勤勉相关联的，毕竟天道酬勤。

持志如心痛，必须专一

> 持志如心痛，一心在痛上，岂有工夫说闲话，管闲事。
>
> ——王阳明

用心不专是成功路上的大忌，一事无成常常是人用心不专的恶果。歌德也说过：“一个人不能骑两匹马，骑上这匹，就会丢掉那匹。聪明人会把凡是分散精力的要求置之度外，只专心致志地学一门，学一门就要把它学好。”在现实生活中，为什么许多人会学无专长、一生碌碌无为？仔细观察，会发现他们的突出缺点就是难以专心致志。他们做任何事情都不能竭尽心力，于是就像凿井，花了许多时间和精力开凿许多浅井，却不知道花同样的时间和精力去凿一口深井，所以，也就喝不到甘甜的井水。

从前，有一对仙人夫妻，很喜欢下围棋，在他们下棋的地方，刚好有一棵大树，树上住着一只猴子。

就这样，这只猴子长年累月地躲在树上看这对仙人下棋，潜移默化，练就了一身高超的棋艺。

不久，这只猴子下山来，到处找人挑战，结果没有人是它的对手。

后来，只要是下棋的人，一看到对手是这只猴子，就甘拜下风，不战而逃了。

最后，这个国家的国王实在看不下去了，全国这么多围棋高手竟然连一只猴子也敌不过，这实在是太丢脸了。

于是，国王下诏：一定要有人赢过这只猴子。然而猴子的棋艺卓绝，举国上下，论实力根本没有人是它的对手。

这时，有一位大臣自告奋勇地说他要与猴子下一盘。

国王问他："你有把握吗？"

他回答说绝对有把握，但是在比赛的场地一定要放一盘水蜜桃。

比赛开始了，猴子与大臣面对面坐着，在大臣桌子的旁边放着一盘鲜艳欲滴的水蜜桃。

整盘棋赛中，猴子的眼睛始终盯着这盘水蜜桃。结果，猴子输了。

做事要专注，心无旁骛才能达到自己的目标。人的能力是无限的，也并不是完美的，他可以执着地挖掘一个问题，却不适合同时做太多事。不管你拥有多么聪明的头脑，具有多么突出的能力，如果你同时做各种事情，你的思维就会变得混乱而复杂，你的能力也就无法得到很好的发挥。

清代名臣胡林翼说："凡办事皆须神情贯注。若心有二用，则不能有成。"你做事够不够专注？一个专注的人，必然不易为周围的事物分心。如果办什么事情都不专心，必将一事无成。

世界上没有任何可以坐享其成的事情，要想取得成功，就必须脚踏实地地去做。成就人生最根本的一条法则就是：把精力集中在所做的事情上，想办法把事情做好，而不去理会那些与事情无关的东西。

人不是生来就要被打败的

人不是生来就要给打败的。他可以被摧毁，但不能被打败！

——（美国）海明威

世间万物都是因为进取才创造了欣欣向荣的美好世界。小溪因为进取，才能体验到百川归海的气势；雄鹰因为进取，才能感受到搏击长空的壮美；蛹因为进取，才会脱壳而出化成翩翩飞舞的蝴蝶；候鸟因为进取，才有飞越太平洋的毅力，最终拥有一个幸福的家庭……

由此可见，进取心犹如罐子里的火药，随着罐中火药数量的增加，它离引爆点也就越来越近，最终将以一次巨大的爆炸释放自身的能量。人生也将在这次能量的爆炸中得以提炼和升华。佛家的精进要求，做人要效仿水，像水一样奔腾不息，不断前进，才能成功地到达大海。同样的道理，人生思想、观念都要不断地进步。满足于今日的成就，即是落伍。

夜色中，法演禅师和佛果、佛眼、佛槛三个弟子在一座亭中闲话。这三位弟子号称“三佛”，禅功不相上下，都很得法演的赏识。此时只听他们纵论滔滔，气氛相当热烈。

不觉中已至深夜，他们裹紧袈裟，准备回去休息。

归途中，忽一阵风吹过，把走在前面的佛眼手中提着的灯吹熄了。四周一片黑暗，法演不失时机地对几位弟子说：“快把你们此时领悟的心境说出来。”话音刚落，佛槛答道：“彩凤舞丹宵。”黑暗和光明并没有分别，此时在禅者的心里也像是五彩斑斓的凤凰翩翩起舞于红霞明丽的天空。

法演把头转向佛眼，佛眼说：“铁蛇横古路。”只要心地空明，就没有什么能阻止求法者的脚步。

轮到佛果了，佛果指指路面："看脚下。"灯火灭了，脚底下的任何东西，都要注意。所以在黑暗中走路也和悟禅一样，都要看脚下自己凝视的地方，实实在在地踏出一步。

法演这才点头叹道："能够胜过我的，只有佛果了。"

也许，进取的人生不等于成功的人生；但是，成功的人生一定是进取的人生。

同样的时间和生命，有的人用它来书写辉煌；有的人却碌碌无为，任年华如流水般逝去，只留下庸碌和遗憾。世界"创价学会"的会长池田大作先生说过："平庸的生活使人感到一生不幸，只有波澜万丈的人生才能让人感到生存的意义。"一个人应当积极进取，努力开创卓越的人生，而不应当满足于安逸的生活，不思进取，为自己的人生定下平庸的基调。

在整个宇宙中，人类不过是微不足道的浮尘微粒，但我们的意志和进取心却可以冲破肉体的束缚，摆脱本能的恐惧与懦弱，向艰难和失败勇敢地说"不"，去追求与头顶星空一般永恒的荣耀。

有愿望的石头能走多远

希望绝不会离开，即使在坟墓之旁。

——（德国）歌德

如果你曾经相信自己有过人的才华，或者曾有过还未实现的如济世般伟大的理想，就不要轻言放弃。因为有无数事实告诉我们，即使在情况恶劣的时候，只要静心等待，只要不失去希望，只要仍有信心，只要不断努力，就能等来柳暗花明的那一天。

一个冬天里，一位老人为了找柴火砍倒了一棵枯树。他本以为那棵树已经死掉了，但是第二年春天，被砍断后留下的半截树桩周围绽出了新芽。

老人看着嫩芽感慨不已，说道："别忘了这个重要的教训，不要在冬天砍倒一棵树。"

老人之所以会选择砍那棵树，是因为他认为树已经死了，但是事实证明那棵树是活着的，也就是说老人在冬天做出的那个判断是错误的。每个人都可能遇到生命中的冬天——在沮丧、倒霉、低落的时候，当我们觉得自己已经陷入了无法摆脱的困境时，也不要轻易给自己下“绝望”的诊断书。

在法国的乡村，有一位邮递员每天奔走于各个村庄，为人们送信件。

一天，他在山路上不小心摔倒了，不经意发现脚下有一块奇特的石头，看着看着，他有些爱不释手，最后他把那块石头放进了邮包。

村民们看到他的邮包里还有一块沉重的石头，都感到很奇怪。

他取出那块石头晃了晃，得意地说：“你们有谁见过这样美丽的石头？”

人们摇了摇头说：“这里到处都是这样的石头，你一辈子都捡不完的。”可是，他并没有因为大家的不理解而放弃自己的想法，反而想用这些奇特的石头建一座奇特的城堡。

此后，他开始了另外一种全新的生活。白天，他一边送信一边捡这些奇形怪状的石头；到了晚上，他就琢磨用这些石头来建城堡的问题。

所有的人都觉得他疯了，因为用这样的石头建城堡是不可能的事。

20 多年以后，在他住处出现了一座错落有致的城堡，可在当地人的眼里，他是在干一些如同小孩建筑沙堡一样的游戏。

20 世纪初，一位记者路过这里时发现了这座城堡，这里的风景和城堡的建造格局令他慨叹不已，为此写了一篇文章。文章刊出后，邮差希瓦勒和他的城堡成为人们关注的焦点，甚至艺术大师毕加索也专程拜访。今天，这个城堡已成为法国最著名的风景旅游地之一。

据说，当年被希瓦勒捡起的那块石头立在入口处，上面刻着一句话：“我想知道一块有了愿望的石头能走多远。”

有了人生的理想还不够，还要看有没有坚持追求理想的勇气和信心。如果做事情总是三心二意，即使是天才，也会一事无成。只有仰仗恒心，点滴积累，才能看到成功之日。勤快的人能笑到最后，而耐跑的马才会脱颖而出。梦想是人生的舞台，但是很多时候，它被时间锁在环境的空楼里。只有坚持做一个快乐的小丑，全力以赴地与时间抗衡，最终才能以胜利的姿态笑傲生活。